南方的社會，學

STUDYING THE SOUTH.
THE SOUTH, STUDYING.

上

趙恩潔　主編

THE HER-STORY OF OUR COMMUNITY.

目錄

PART 2

愛情與人生

南方的愛情腳本與非典人生

南方的南方：她者亦是共同體

曾有人說過，所有的社會學都是南方社會學，因為社會學必然論及不平等，而關照了不平等，就形同關照了南方。如果這種說法成立，追求一個「南方的」社會學，將只會是畫蛇添足。但果真如此嗎？從台灣的南方出發，我們希望指出，上述觀點忽略了「南方」社會學出現的脈絡，也並未理解「南方」概念與近年來常用的學術語彙「全球南方」，如何有著關鍵性的區別。與此同樣重要的是，這種說法低估了近年來社會學與其他親緣學科之間的協作共生，尤其是從人類學而來的，處理差異與培養同理的滋養。這套書的作者群檔案呼應著對「南方」問題的多聲道叩問。除了文化研究學者、人口學家、文學評論家、哲學家與法律學家之外，本書作者群中有十八位為人類學家或社會學家。帶著不同的訓練與概念齊聚一堂，我們串連彼此的關懷並將其展開，探問「南方」在具體人生與抽象理論之間的可能意涵。

南方的真諦

當舊的冷戰秩序褪去、現代化理論失靈，「全球南方」概念的興起，誓言要正視世界的發展失衡與資源的分配不均。[1] 乍看之下，「全球南方」意味著，我們將不再以政治系統（第一、第二、第三世界）或貧窮程度（已開發、開發中）來分類國度。取而代之的，我們將強調受害於新自由主義的經濟後進者之間的共通性，[2] 而這些共通性，大部分由地理上相對於歐美為「南方」的複數區域所繼承。

過去十年間，「全球南方」逐漸成為另一個不證自明的通用語彙。只是，正是在這樣的時刻，我們忍不住反躬自問，比起「第三世界」與「開發中國家」，「全球南方」是否更有洞察力？我們所欲提倡的「南方」，與這個「全球南方」有什麼實質上的差別？

在回應這些疑惑以前，或許我們必須先釐清兩個問題。首先，全球南方在哪裡？「全球南方」在語境中涉及一種空間的指涉，但在經驗層次上其實無法作為連續的地理區塊。畢竟，南北的內部都是高度異質的。在華盛頓與北京，名牌跑車與貧民共存一地；巴黎實質種族隔離的郊區之生活品質，遠不如雅加達的穆斯林新興豪宅社區；摩洛哥卡薩布蘭加高級住宅區中的花園水池宮廷，當然也遠比槍林彈雨的巴爾的摩街道舒服愜意。換言之，地理北方的內部其實充盈著南方製造，而地理南方的人生勝利組嫁接、挪用，游刃有餘地創造出比北方更北方的生活特權。這些超越國界與區域的社會不平等與其加劇的現象，在在顯示出全球南方本身非地理可解釋。簡言之，無論是「第三世界」、「開發中國家」或「全球南方」，只要是鋪天蓋地的概念，均無法處理區域內部的異質性。

其次，「全球南方」與「開發中國家」的區別是什麼？以經濟發展為地方價值之定奪的基礎預設，與其隱含的以進步為前提的單一線性史觀，並未因全球南方概念的興起而改變。不論是作為原料的提供者、產品的消費者、污染的接收者，或是龐大的經濟體以及快速的經濟成長載體，「全球南方」的語境依然圍繞著經濟至上論打轉。透過「全球南方」的論述，世界／銀行再次打造出一個虛幻的美麗願景：「全球南方有崛起的可能，有燦爛的希望。」在全球南方的許諾下，社會生活與文化抵抗僅僅是無關緊要的雕花裝飾，不是核心的人類價值。換言之，即便我們表面上不再以貧窮程度或政治系統來分類國度，但在「經濟最大」的預設之上，「全球南方」與「開發中國家」在大多時候有可能是兩套換湯不換藥的概念。

著眼於這些限制，我們認為有必要提醒，南方不是一種地理方位，也不是一種開發程度，而是一種真正強調多重交織性，重視內部異質性，並以挑戰普遍理論為己任的碰觸與實踐。在南方的實踐中，我們必須記錄與見證難以被規訓的「不倫不類」，必須反駁「總會等到『已

1「全球南方」一詞至少在一九六九年就已出現，九〇年代稍常見，但要等到二十一世紀的頭一個十年後，才變成慣用詞彙。請見Pagel, Heike, Karen Ranke, Fabian Hempel, and Jonas Köhler. "The Use of the Concept Global South" in *Social Science & Humanities*. University of California, Berkeley 125 (2014): 13-9.

2 What's Wrong With The Global North And The Global South? Thomas Hylland Eriksen. https://web.archive.org/web/20160923171120/http://gssc.uni-koeln.de/node/454.

開發』那天」的單一線性史觀，必須訓練積極發掘南方俯拾皆是的能力，必須培養出一種「邊緣觸生」的生活態度。簡言之，南方必須是一種「異文化就在你身邊」的開放同理，並有賴「他／她者亦是共同體」的悔悟與決心。

因此，「所有的社會學都是南方社會學，因為關照了不平等就形同關照了南方」的陳述，是無法令人滿足的。南方的社會學在新的時代中更強調內部的異質性，以更多元的方式來反對經濟至上的論點，也更堅持體悟多重交織性之下的，南方之中的南方。當社會學者與人類學者將此「南方的南方」視為己任時，我們相信，雙方彼此的互補交融，將有助於深化各自的初衷。

交融兩種抵抗的顏色

對許多人類學者而言，社會學往往背負太多看不見的歐美包袱，同時又太少異文化的震撼洗禮。（當然，有顯而易見的反例，比如布赫迪厄的柏柏爾田野與階級秀異論彼此貫穿。）同樣是談論「公民運動」，當社會學的參照對象是歐美日韓的「國民」或「公民」時，人類學卻會忍不住考慮後進國家內部的「宗派」或「族裔」，比如貝魯特郊區的什葉派慈善團體，或是馬達加斯加島上的斐索人。同時，人類學者對於以國家為單位的論述以及權利語言的力量，也更常抱持懷疑態度。[3] 於是，當社會學家處理許多火熱議題卻直接繞過「文化差異」時，人類學者可能會下意識地感覺到：這根本不夠「南方」。

確實，就異文化感知力的掌握而言，人類學可能比社會學更為「南方」；只是一旦來到執行批判與推動改革的層面，社會學卻可能比人類學更為「南方」。在此，南方不只代表著被宰制與非主流，更有反抗的行動意味。（當然，我們依舊有顯而易見的反例，如發起占領華爾街運動領袖之一的人類學家大衛．格雷伯。）當澳洲學者康乃爾（Raewyn Connell）推廣她的「南方理論」時，即反映出一種特殊的政治企圖：抵抗當前狀態，尤其是抵抗「發展中國家」或「發展」等語彙所掩蓋的不義。簡言之，「南方理論」重申並重新定義了抵抗的必要性。

因而，我們來到了另外一個南方的著力點：抵抗。

平平是「抵抗」，人類學版本與社會學版本，非常不同。九〇年代，英語人類學界盛行「權力為萬物之母」之際，人類學家往往很自在地將日常生活的種種當成「弱者的武器」。鬧鬼是抵抗、神靈附身是抵抗、穿垮褲是抵抗、加入幫派是抵抗、在森林吟唱是抵抗、戴伊斯

3 這種傾向的差異，有其學科系譜，肇因於某種歐洲早期社會科學分工的「原罪」：左手把「現代西方社會」交給社會學、右手把「原始非西方社會」交給人類學。儘管這種粗糙的劃分早已過時，這份原罪卻在學科的精神樣態上遺存下來。

蘭頭巾是抵抗、參加新興宗教聚會也是抵抗。雖然這些研究幫助了我們理解底層人民的能動性，但當萬事萬物、花草樹木都可以是抵抗時，抵抗也近乎喪失了它的內涵。

相較而言，社會學著作對於抵抗有較為穩定而清晰的主軸，抵抗的變形也相對較有節制。面對金融資本主義的掠奪、國家公權力的壓迫、主流社會的歧視，以及各種現代形式的不平等，社會學家的控訴與解方的提供，都是相對清楚的。當然，這些解方有一大部分源自相信「個人自由」，但「個人自由」對人類學者而言，卻算是一種被現代性過譽的觀念。除此之外，相較於人類學者更常關注族群政治、宗教儀式、實質經濟、文化混合，以及語言變遷，社會學者可能更常研究社會運動、勞權、污名、政治社會，與政策評估，因而更有能力提供可以操作與改進的對話平台。

當然，上述兩者間相對的差異，並不是絕對的。而且，不論我們體認與否，我們仍是歐美帝國主義遺產影響下學院知識分工結構的逆女孽子。[4] 人類學者因為其研究社群本身就已經十足「南方」，因此在議題上，似乎也就不需要再如社會學者那般刻意的「南方」。「社會問題」是北方社會的特權；南方社會的一切都是「社會問題」。但正因為如此，我們相信，與其更念茲在茲地劃清界線，還不如突破重圍、相濡以沫地彼此滋養。是而，這本書將以坦然的姿態面對社會學與人類學各自的優缺，期盼兩者的並置，足以激盪出南方的南方的多種路徑。

在這樣的抱負下，「南方的社會學」可以是一種更願意執行改變的人類學，同時也是一種更關照深層差異的社會學。在向各種南方的社群學習時，我們將預設所有社會面向均有文化差異。同時，我們相信社會結構中非主流行動者的文化生命，曾在歷史中與主流系統協商，而協商的歷史所構成的新社會網絡，長期而言可能撼動權力結構。如此卑微但堅毅的「南方」立場與方法，深知文化與社會作為意義之流與行動的匯集，可以孕育扎根、灌溉創新，但也能反叛挑戰，樹立目標；最重要的是，我們永遠必須重新體悟到南方之中總有南方，南方也必須捍衛南方的南方。

一言以蔽之，南方是一種與差異同在的靈魂，也是一種肩負批判各種資源分布不均的任務。在南方的南方取徑中，社會學從人類學獲取更多洞察差異與同理的細膩，人類學從社會學展開更多批判與實踐的魄力。我們相信，這樣的集結，在這個時代——這個美國醫療資本主義失靈、歐洲民主的危機與右派興起、中國言論自由的箝制與天災人禍、各國對中國的膚淺認識所鋪陳的全球瘟疫，以及人畜共通疾病盛行的多災難時代——將更趨重要。在民主的脆弱與民粹的喧囂之際，我們堅持肯認異文化就在我們身邊，並嚴肅地追溯遙遠的異國如何是我們也深涉其中的不平等外包。正因為知道南方之中總還有南方，邊緣之中也還有邊緣，北方與南方的相對概念在益發多元分歧的社會中，有助於我們揚棄對東方與西方之間浪漫與

4 Wallerstein, Immanuel et al. 1996. *Open the social sciences: Report of the Gulbenkian Commission*. Stanford University Press.

理智差距的誇大，並轉而培養更謙卑的行動與同理。

從他者到她者

行動與同理是重要的，因為我們的社會對南方——遑論南方的南方——存有根深蒂固的偏見。在生活中，台灣社會充滿對來自其他亞洲國家的外籍配偶與勞工的歧視，更時常以恩人自居，以一種傲慢態度籠罩並掩飾剝削的事實；在國際新聞裡，我們對歐美的一切文化風情與科技發展歌功頌德，但對於伊拉克、阿富汗，以及其他歐美少數族裔在帝國強權殖民遺緒下的遭遇置若罔聞。不論是台北車站大廳席地而坐的印尼穆斯林移工、在漢人為主的社會求存的原住民、或是遠在敘利亞內戰中家破人亡乃至在地中海上飄零或溺死的難民，這些人，都是不同主流社會乃至全球社會中的他者。他者是一種沒有特權可以挑三揀四生活風格的人們，是隨時準備要逃亡或被遺棄的生命。

但，這樣的「他者」，往往也在刻板印象中，被奪走了發聲權與能動性。其中一項重要卻較少被討論的剝奪，也來自於我們對「他者」這個詞彙的去性別化。他者（Other）原來的翻譯是「異己」，但學術界因各種歷史因素的約定俗成，當年曾一度被視為「洋腔洋調」的「他者」一詞，如今儼然已成為標準的翻譯選擇。所謂的他者，指的是非我族類的人們，他們源自不同的階級、種族、國族、宗教、政治意識型態，以及性傾向等等。「他者」代表了所有「他者」與「她者」。而「她者」，則永遠是被標記的主體。

在本文進行「南方的南方」宣言的同時，不可避免地，我們仍會遭受使用中文漢字的種種侷限。為什麼是這個她？一般而言，「他者」，不是都用他嗎？我們一定非她不可嗎？

語言人類學者一百多年來不厭其煩地告訴我們，我們的思考如何由語言深刻地中介，儘管並非完全地決定。近年來，最依賴萬事萬物均有陰陽性的幾種歐洲語言，如德語及法語，也開始字詞性別的改革，如發明「無性字彙」，辯論是否該繼續以陽性當成人事物的原型及代表。至於「自然性別語言」(即人稱代名詞有性別，但大部分詞語無性別差異的語言。當然，這個詞其實本身就帶有某種二元性別觀的偏見)，如英語及瑞典語，也陸續朝往語言的性平化方向前進，比如第三人稱單數不再以男性的他為主。事實上，即使是無性別語言，如印尼語及土耳其語，還是能依靠字詞組裝而構築以男性為優先主體的語言。回到我們熟悉的華語及台語，口語上較少性別的差異，但在具有深層累積性與超強複製性的現代書寫中，中文的「她」是一種專屬於少數「他者」的指涉標籤。她必定只能是一位生理女、跨性別，頂多是一個國家、一種大自然或某個星球。她是被標記的主體，既無法作為全人類的代表，亦無法代表「他者」。

這篇導論的最後一個作用，即打破這種對於「她者」的禁錮。是什麼阻止了「她們」來代表全部的「他們」？是什麼讓「她者」代表所有「他者」的正當性受到了質疑？是否因為我們心中與筆下總有約定俗成的概念與實現，使得那人字旁的他可以代表了普同的人類與一個特定的男人；而她，即便在現代中文後才出現，卻永遠只能依存於女體、女心，或某種他人可以為之情緒高昂、開發與征服的客體？為何男人與普遍的人之間在字面上足以等值互換，女人就只是特定而絕非普遍的主體？

只要稍加端倪，很難不去發現漢字系統中以女字部來施加「他者化」作用的傾向。在女字部的負面化能力中，「妒」與「嫌」都是一種加了女字部就成了負面道德指標的字，而「姦」更是將絕大部分為男性所犯下的性暴力開脫成女色污染男性道德的造字法則。在他者化的領域裡，「奴」與「妖」更是一種女性即為他者的說明。[5] 奴是被宰制、被壓迫，與被決定的「他者」，其本質為一種肩負照顧責任的「她者」。至於妖，則是常的悖論，是所有正統、正常、普遍，與具有正當性的一切之叛逆的「她者」。因而，就某種意義而言，這是一套妖書，從中，我們想解放各種奴性（菸～）。

在此，南方的南方作為一種取徑，由於體悟到南方中還有南方，且南方必須捍衛南方的南方，「她者」因而代表了所有受到不平等對待的「他者」之中的「更南方」。她是士兵的母親，是戰場上的照護者，是悲涼時期的領導者，是衰退時期的復興者，是勞工回家後發怒的對象，是逃亡者之所以可以逃亡的定錨。因為擁抱了南方的南方，「她者」不但可以代表所有的「他者」，更應該被去污名化，成為一種光榮而期待的、與所有受難者、受傷者一起，感其所感，痛其所痛的符碼，以及靈光。

她者亦是共同體

據此，「她者亦是共同體」意味著以一種策略性選擇女字部的她，來指涉所有的他者，無論他們是漢人主體社會中的原住民、現代社會的民間宗教實踐者、台灣認同下的客家、相對於北客的南客、人數極少的穆斯林、非異性戀者、同性家庭、跨國婚姻、第三性，或是馬來亞時代的華人、中緬邊境走私者、流亡印度的藏人、印度與中國的媒工、台塑越鋼受災戶、阿根廷「沒有老闆的工廠」、有年金改革需求的勞動者，以及追求呼吸平權的高雄人。這些她者在我們的兩冊四部曲中，將以各自的旋律，呼應著南方的南方。

上冊以台灣的多元身世拉開首部曲。「台味的原、漢、新」首先來到台邦・撒沙勒的〈繪

5 「奴」為會意字，女指女奴，又指用手掠奪之；一說又指女奴從事勞動。而形聲字的「妖」，《康熙字典》解釋為「豔也，媚也，異也，孽也」，《左傳》則言「人棄常則妖興」。所謂「常」，是指主流人事物，非主流族裔因而是妖，非典人生因而也是妖。簡言之，即使有「安」、「好」、「妙」這類女字部的正面語彙，但平安來自「家」的屋簷，而美好來自將人「子」性別化，且美妙是青春年「少」。

製傳統領域〉。從加拿大到台灣，部落地圖是一種文化性的知識，也是一種文化性的抵抗。結合獵人的知識、記憶傳述及GPS等科技，部落地圖有潛力幫助族人拿回在土地上生存的尊嚴，並進一步掌握河川、小溪及湖泊被主流社會污染的路徑。原住民一方面學習新的科技，另一方面更深耕原民獨有的知識形構，將森林與萬物她者視如己出，同時視己如出。

延續原住民尋回尊嚴的文化復振運動，邱韻芳的〈持續走在「回家」的路上〉細數了好幾位原住民族青年返鄉，試圖從頭學起並重新定義傳統技藝的故事。從太魯閣青年的復耕、泰雅織女的練習、排灣族送情柴的復振，再到布農族重返舊社行動，乃至與人事更新後的林務局重新協商山林守護的原則等歷練，原民從原本被污名化的弱勢她者，如今捲土重來，成為挑戰文化流失不可逆論、反對汲汲營營平地生存模式的創造性她者。

在領會原民的扎根與流動之後，迎接我們的，是漢人文化領域最柔軟的一塊：深埋在父權身體裡，被壓抑與被掏空的母女之情。在〈民間信仰的邊界與翻轉〉裡，丁仁傑帶領我們進入那個長期被打壓為「不理性」的怪力亂神之地，以人類學與精神分析的獨特視角，呈現出台灣會靈山運動中史詩般的母女神話。在會眾重演神話的儀式中，信徒對女神——王母、金母、地母、九天玄女、準提佛母——表達了濃稠而撕裂的依戀關係，而母女相認的劇烈情緒逼使我們重新思考將自我昇華為另一種「她者」——女兒——的特殊精神意義。

無獨有偶地，當我們來到了客家領域，我們將再度發現「她者」亦是共同體。張維安與張翰璧的〈南客北客大不同〉將為我們系統性地梳理南北客家的大異其趣，而洪馨蘭的〈看得見與看不見的「客家」〉則透過六堆客家的敬外祖習俗來討論客家的崇母意識。確實，在刻板印象中，勤儉持家的「細妹恁靚」代表的是一種經典的族群她者。幸而，透過上述這兩篇客家的章節，我們將以更流動與更深層的探討來理解「感念母方祖先」如何成為一種將她者接納為共同體的實際行動。

在首部曲的最後，趙恩潔以台灣穆斯林的古今社群為例，以本質上難以共享、必然分布不均的「文化」概念，作為正面理解少數族群所經歷之認同與文化變遷的取徑。當「文化」是一種河流時，一般本質主義預設下的「文化流失」現象，將瞬間還原為貨真價實的文化本身。同時，不同於國際主流媒體裡永遠受害的穆斯林女性「她者」，〈如果在台灣，一個穆斯林〉給予了所有穆斯林行動者應得的能動性，描繪他們作為足以應變、融入、照護，與幫助的啟蒙她者。

第二部曲「愛情與人生」側重在南方的愛情腳本與非典人生。陳美華的〈重構親密領域〉系統性地分析常規以外的愛情腳本如何在霸權的異性戀體制底下蠢蠢欲動卻仍具污名。種種表面上由中性稱呼代言的社會現象——諸如「晚婚」、「不婚」，與「少子」——其實每一項都預設了異性戀婚姻與傳宗接代是最自然與最理想安排的人生藍圖。因而，在「南方的南方」使命中，我們除了要提倡非異性戀與非典人生的尊嚴，也要將異性戀與婚姻去自然化，還原未被標記的主體——「正常」異性戀結婚生子者——本身的不自然性。

王宏仁與陳美華的文章〈愛最大？〉以台灣過去三十年的跨國婚姻現象為核心議題，透析自由戀愛的論述如何被選擇性地挪用成為國家控制與種族化的邊境措施。「沒有愛情的婚姻」不只是過去相親制度的常態，亦存在於後來婚姻仲介的媒妁婚約，以及目前仍是進行式的現代門當戶對的隱形內婚制度。婚姻與愛情的不重疊在古今眾多社會中均非意外，因為婚姻往往有政治、經濟或階級的考量。是以，當社會以「用錢買來的外籍配偶」的名義來質疑跨國婚姻的正當性時，該質疑本身很可能不過是以自由戀愛為名的種族歧視，而這正是無法將她者視為共同體的表徵。

接續質疑愛情作為一種治理術的母題，楊芳枝在〈愛情是一種意識型態〉一文中，以偶像劇常有的貧窮女與富帥男相愛為題，指出用愛情治癒階級鴻溝的後果，可能使得女性觀眾成為去政治化的「她者」。當愛情是一種意識型態，各種階級的對立就能被化約為私人恩怨情仇，而階級的傷口也因此得以被真愛癒合。以這種主旋律為基調的偶像劇製造出正義與勤奮的女主角，並將其餘女性妖魔化，使其成為妒忌、貪戀權貴與愚昧的她者。不論是在愛情中獲得向上流動機會的女主角，或其他被醜化的她者，始終都依照著資本主義邏輯活著，卻被包裝為個人特質的善惡果報，使得女性文類被去政治化的同時，也更加深了女性對愛情的嚮往，使得愛情成了一種治理的技術。

然而，這並不表示實質的抵抗與變遷是毫無可能的。事實上，從量化的生命歷程角度來看，翁康容的章節展示台灣人的人生正在「去典型化」當中。當然，我們必須小心翼翼，不去低估過去社會的多元性，只是在此，我們策略性地以理想型作為破除迷思的基礎。在〈去標準化的生命？〉中，當代社會中個體的生命歷程不再絕對地依附在既有社會類屬上，而是產生出更多的社會角色劇本，也更少依賴性別刻板印象。從量化研究的觀點出發，我們看到人的生命歷程更少依照被給定的劇本走，更加不可預測，也更可能由個人來創造專屬於自己的人生。愛情與人生在此，便開始了更多迎向多元她者的軌跡。

是而，即使是一般認定新自由主義經濟作為鋪天蓋地的經濟預設，在人的價值被深刻地市場化的世界秩序之下，人們仍然可能在在主體與「去主體」之間，形成真實的自我。洪世謙的〈從生命政治到生命經濟〉，思考的恰好就是在資本主義體制下，非資本主義主體存在的可能性。如果說傅柯的生命政治之終極論證是新自由主義對主體的治理術在於生產的而非禁制的，那麼對拉扎拉托而言，「生命經濟」概念的提出更進一步地利用了「負債之人」概括所有以關懷為名、而將主體帶入終生奴役體系的社會過程。幸而，在生命經濟的框架中，仍有出口，因為協作可能讓人掌握主體而集體逃脫。透過協作，我們可以構成不穩定而充滿變化的「她者」，正如這本書實驗性的協作那般。

最後，我們呈現性少數、族群少數、宗教少數三者集於一身的排灣adiu（阿督），以一場融合非典、非二元的性別革命與文化變遷的正在進行式，作為本書的結尾。董晨晧〈adju：排灣族的跨性別「姊妹」〉，正好是本書宣言「真正強調多重交織性，重視內部異質性，並以挑戰普遍理論為己任的碰觸與實踐」的身體力行。adju深刻地集結了性別與族群的意涵，而更為糾結的是，「排灣文化」與教會勢力同時是打壓姊妹，卻又是匯集姊妹生活的場所。從排灣族的姊妹出發，我們得以見證正在發生的傳統，接觸正在誕生的她者。

從「台味的原、漢、新」到「愛情與人生」，我們提供了一個重新用「她者」來涵蓋所有次人的、污名的，與邊緣的他者的途徑，搭建了一座展演台灣生命的舞台。我們也交融了兩種抵抗的顏色，在追尋差異與批判實踐中，學習捍衛南方的南方。透過台灣歧異的眾生相，我們試圖異中求異，為的不是各自分立，而是去探索更堅實的共同體。為此，我們期待「她者亦是共同體」的那天，將不斷地到來。

趙恩潔　二〇二〇年八月十七日。鹽埕埔。

PART 1

台味的原、漢、新

扎根重建與文化創新

繪製傳統領域：
魯凱族獵人踏查與部落地圖精神*

Taiban, Sasala台邦．撒沙勒｜國立中山大學社會學系

* 本文改寫自芭樂人類學，「從地圖到自治：魯凱族傳統領域的實踐願景」，網址：https://guavanthropology.tw/article/6576。

在氣候變遷與環境浩劫的全球反思中，生物多樣性的經營與保育越來越受到重視。許多關於生物及生態方面的珍貴知識，都取自原住民族的傳統智慧。自八〇年代以來，原住民的「生物多樣性繪圖運動」在美、加、印尼、菲律賓、泰國、尼泊爾及新幾內亞等地區展開。這個繪圖運動不僅促進原住民族傳統知識的保存，也間接促成國家與原住民族在自然資源管理上新的合作契機。然而，有些學者正確地指出，原住民族群及部落有著多元的空間概念，卻在現代國家對邊界的想像中遭到過度的簡化：原住民的傳統領域是流動的，但現代的行政界線卻是僵化的；各族群日常生活中的空間知識與實踐是立體的，「點線面」的地圖再現卻是二度空間的。因此，當原住民族空間知識與感知，透過現代科學技術進行部落地圖的繪製，往往很難展現空間地理與人群社會長期歷史互動的過程與結果。此外，一旦由行政部門確認傳統領域的權屬，土地權利的爭奪就會在現實政治中成為個人、部落或族群紛爭的源頭，從而失去族群共同體的積極意義和目的，甚或可能模糊傳統領域之族群性與跨域的特質。本文透過全球各地的原民經驗與魯凱族近年來的突破創新，或可幫助我們思考：在現代情境中，原住民族該如何繪製與推動傳統領域。

「部落地圖」作為文化的實踐

台灣有關傳統領域的調查，最早來自「部落地圖」概念的啟發。部落地圖起源於七〇年代美加邊境的五大湖區，該區域的原住民族印第安人為爭取在傳統領域內使用自然資源的權利，透過地圖繪製的方式將部族（tribe）的地名、傳說、故事、狩獵與採集的傳統知識，臚列於自製的地圖上，藉以證實他們在這些空間領域上生活的事實。由於這些地圖不僅具有文化詮釋的象徵意義，又可成為族人爭取土地權的有力證據，而在美加地區逐漸廣為流行。

透過地圖繪製，有的原住民社區成功達成了「還我土地」的目標，有的則獲得政府當局的重視，成為自然資源管理的新夥伴。例如，加拿大育空領地（Yukon Territories）的克魯瓦尼國家公園及保留地（Kluane National Park and Reserve）周邊的香檳（Champagne）和艾西克（Aishihik）原住民，便是透過部落地圖的繪製，畫出傳統領域的範圍，並和國家公園當局合作，以當地原住民老人傳統的生態學知識為基礎，進行野生動物的復育計畫。此外，在西北領地（Northwest Territories），當地的努納武特人（Nunavut）也藉由部落地圖的繪製，記錄當地傳統的知識，包括資源採集區域、旅行路線、地名意義、故事、聖地等等，並製作成導覽地圖，為部落發展打下基礎。

除了美、加地區原住民部落的積極推廣，世界其他地區的原住民部落也相繼投入繪圖的行列。例如亞洲地區的印尼、菲律賓、泰國、尼泊爾及新幾內亞等國，自八〇年代即如火如荼地進行所謂「原住民族土地與生物多樣性繪圖計畫」（Indigenous Peoples Land Biodiversity Mapping Project）。這個計畫教導當地原住民族利用先進的科學技術，如地理資訊系統（GIS）、全球衛星定位系統（GPS），記錄部落利用土地和自然資源的傳統方式。部落地圖繪製的範圍可以涵蓋獵場、河流、山脈、森林、耕地、神聖空間，以及動物的棲息環境等等，並透過繪圖和資料整合的方式來標定、記錄和保存各種自然、生態、人文方面的資料。此計畫的成果之一，是讓原住民學習並認清管理土地資源的重要性，保存祖先關於土地的知識，並提供在地發展的契機。

部落地圖記錄了豐富的動物、植物、礦產等資源的歷史記載及動態特性，而為當代資源管理者所矚目，例如世界自然基金會（World Wildlife Fund, WWF）、大自然保護協會（The Nature Conservancy）、國際自然保護聯盟（International Union for Conservation of Nature, IUCN）、世界資源研究所（World Resources Institute, WRI），以及美國國際開發署（United States Agency for International Development, USAID）等組織正在國際間推動的生物多樣性支持計畫（Biodiversity Support Program, BSP）。有學者指出，他們的經驗發現推動部落地圖可以促進原住民參與生物多樣性保育工作，培養原住民參與生物多樣性之能力，同時解決生物多樣性在科學研究所遭遇到的最大困難——資料的收集與整理。由於近來生物多樣性的經營與保育越來越受重視，原住民的傳統知識更顯彌足珍貴。許多關於生物及生態方面的知識，都可藉由原住民的傳統智慧獲得更多的資料。例如秘魯的原住民阿瓜魯納人（Aguaruna）在部落地圖中呈現了植群的型態以及分布，同時記錄了植物的名稱與相關的傳統知識；德拉西（Terry De Lacy）和勞森（Bruce. Lawson）記錄了澳洲的原住民Mutitjulu community如何協助烏魯魯國家公園（Uluru-Kata Tjuta National Park）進行脊椎動物的普查，並融合原住民阿男姑人的傳統知識（Anangu information），提供國家公園管理處關於引火管理、稀有物種管理、野生生物生命史、野生動物控制等資訊與建議（Lacy & Lawson 1997）。

除了記錄傳統知識，部落地圖的繪製也是原住民爭取權益的重要途徑，例如加拿大原住民族議會曾經進行的「老鷹計畫」（Eagle Project, Effect on Aboriginal of the Great Lakes Environment）。這個計畫的目的是搜尋流入河川、小溪及湖泊中那些有毒工業廢水的路徑，以了解白人工業發展對原住民部落在環境、社會、經濟和健康上的影響，它連結了分布於美加五大湖區約六十個部落單位，從環境污染的調查開始，擴展到部落文化的復興和重建。另一個案例是印尼的達雅族（Dayak），他們為了反抗政府不合理的發展計畫，自一九九五年起連結了一百四十九個社區進行地圖繪製的行動。透過地圖的繪製，當地居民不僅強化了自身的族群認同，也成功記錄了當地有關土地管理的生態智慧和森林經營的傳統知識，甚至還意外發現了社區外部潛藏的威脅。最後，透過完成的社區地圖，他們和政府談判，成功阻止了一個大型農場的興建計畫（Janis 2000）。

現代版的國家地圖往往成為國家與政府主權行使的依據，但卻忽略了在地社群與土地的有機連結，特別是當地原住民族的自然主權。在這樣的情境下，部落地圖進一步又具備了文化振興意義。透過全球衛星定位系統與地理資訊系統的巧妙使用，並結合原住民傳統的土地知識，部落地圖比國家地圖更具文化和族群性的張力，得以成為許多部落社群用以伸張主權與抵抗國家的力源，因而有抵抗作圖（counter-mapping）之稱。

不過，富有抵抗意義的部落地圖，也有可能是另一個權力地圖的產製。例如，將傳統的流動式領域邊界概念在套用西方的疆界觀點時，有可能簡化並固化了邊界的意義，甚至忽略了邊界的多元族群關係互動與重疊的特有文化脈絡。另外，參與或協助作圖的外來團體（民間團體或學術單位），也有可能在地圖產製過程中，有意或無意地偷竊或侵犯了原住民族的知識或智慧財產權。這些可能性，如赫利（Peter Herlihy）和納普（Gregory Knapp）指出的，多少顯現部落作圖的權力競逐與無法避免的政治本質（Herlihy & Knapp 2003）。換言之，部落地圖本質上的高度政治性，使其無法逃脫既有的政治環境的影響，更無法立即有效解決長期以來存在於國家與地方資源之間衝突和敵對的緊張關係。因此哈吉森（Dorothy Hodgson）和史奈德（Richard Schroeder）認為，部落地圖或社區作圖運動需要完整的配套措施，以能尋求法規與政治的支持，發揮其應有的潛力（Hodgson & Schroeder 2002）。

台灣的部落地圖概念最早可溯及日治時期的馬淵東一，馬氏將原住民社會的地理知識類型化，區分為「生活圈」地理知識、「見聞圈」地理知識及「傳說圈」地理知識。生活圈意指在日常生活中直接涉及的空間範圍，如基於農耕、狩獵與採集需要而形成的地理知識。見聞圈則係透過各種管道的所見所聞，而擴大延長出比生活圈廣泛的空間理解範圍。傳說圈指的是日常往來或見聞所及都接觸不到的遙遠他方，且主要是以口傳型態保留下來的地理知識。一般說來，傳說大多帶有超現實的色彩，但也某種程度反映出地理認知的有效範圍（馬淵東一，一九七四）。

近代台灣原住民族的部落地圖應始自劉炯錫九〇年代初在台東縣魯馬克部落的田野工作。當時他以手繪方式標註部落周遭環境與資源利用的地點，只是未將這個做法取名「部落地圖」。另外，汪明輝透過文獻回顧與耆老訪談，探究鄒族傳統領域範圍與知識，繼而透過社會運動與民族發展的角度探討原住民族的空間性，也是部落地圖與傳統領域的先驅研究。一九九五年，亞洲原住民族聯盟（Asia Indigenous Peoples Pact, AIPP）在花蓮玉山神學院舉辦社區地（作）圖研習會，可說是國外部落作圖觀念的首次引進。一九九七年，筆者結合好茶社區發展協會及魯凱族自然資源保育基金會籌備處辦理的「尋找雲豹的腳蹤——舊好茶古道尋根、地圖繪製、獵區標定」行動，可以說是台灣原住民第一次以部落組織的形式進行的部落地圖行動。

以上這些行動，都並沒有使用「部落地圖」這個詞彙，直到二〇〇一年，筆者在《中國時報》發表專文〈設立國家公園之前請先劃一張部落地圖吧！〉，部落地圖一詞才真正出現於文本（台邦．撒沙勒，二〇〇一）。之後，筆者與劉炯錫更以魯凱族的好茶部落為試點，以當地耆老Kainuwane（盧朝鳳）的口述歷史為基礎，藉由地理資訊系統的技術，在電腦上模擬好茶部落周遭的基本地形地貌。隨後透過訪談部落耆老和資深獵人，並將所得包括傳統耕地、獵場、漁場及聖地等地理空間的地名資料，以地理資訊系統標記和繪製，形成了國內最早的部落地圖具體個案。在台灣的傳統領域與部落地圖的劃設歷史上，魯凱族可說扮演了非常重要的先驅角色。

富有抵抗意義的部落地圖

八〇年代，各國均有「原住民族土地與生物多樣性繪圖計畫」，透過GIS與GPS等技術來標定、記錄並保存原住民族傳統領域中各種自然、生態、人文方面的資料。除了記錄傳統知識，部落地圖也提升原住民參與生物多樣性保育工作的機會，並成為原住民爭取權益的重要途徑。比如，加拿大原住民族議會的「老鷹計畫」，研究流入河川、小溪及湖泊中那些有毒工業廢水的路徑，以掌握白人工業發展對原住民部落在環境、社會、經濟和健康上的影響。

被固定的傳統領域：現代製圖學的限制

原民會委託進行的「原住民族傳統領域土地調查計畫」，緣起於陳水扁總統二〇〇〇年競選時提出的「台灣原住民族與台灣政府新夥伴關係」，該政見內容包括承認台灣原住民族之自然主權、推動原住民族自治、與台灣原住民族締結土地條約、恢復原住民族部落及山川傳統名稱、恢復部落及民族傳統領域土地等等。陳水扁執政後即由原民會著手進行相關政策之推動，開始辦理原住民族傳統領域土地調查計畫。

自二〇〇二年起，中國地理學會研究團隊在原民會委託下，以參與式行動研究為研究取向，部落地圖（社區地圖）為核心，運用地理資訊系統作為傳統領域資料整合平台，開始在全台各地重要部落，展開傳統領域的調查及地名意義的整理，除完成三十個部落之傳統領域調查，更應用參與式地理資訊系統（Participatory Geographic Information System, PGIS）率先於司馬庫斯進行研究（張長義等，二〇〇二）。二〇〇三年起，數年內，持續透過普查，以及結合各原住民族自治推動團體、培育其自主調查研究能力的方式，陸續完成、校正兩百多個部落的傳統領域調查（張長義等，二〇〇三）。

不過，儘管傳統領域土地調查已進行數年，但有關原住民傳統領域歸還、領域邊界確認、自然資源的權屬等問題，仍有待釐清。汪明輝（二〇〇七）質疑傳統領域調查似乎偏離民族（nation）主體性，更少與民族建構（nation building）之權利運動積極互動，而淪為地名資料收集或部落地圖的繪製，失去族群共同體的積極意義和目的。事實上，傳統領域涉及民族層次的土地空間知識，包括土地分類與使用區分、土地權利分配制度與資源分布，乃至土地利用模式，包含土地之移轉、繼承、割讓、交換、協商，以及邊界的紛爭和衝突解決模式等等，其複雜性非部落層次可以解釋，其衝突性也非單一部落可以解決，最後都須透過民族與民族的協商化解衝突並取得共識。而為求行政方便，歷來傳領調查的方式係直接委由學術單位與地方政府辦理，導致傳領調查成為行政業務，造成公務員負擔。同時，承辦公務員以習用之行政區範圍為領域調查範圍，變相成為鄉內行政

圖1——魯凱族傳統領域調查計畫學員上課情形。（圖片提供：台邦・撒沙勒）

區之土地調查，反而模糊了傳統領域之族群性與跨域特質。此外，過去部落地圖製作的方法較多仰賴地理資訊系統技術，雖然效果也不錯，但該軟體昂貴、技術性高、難以親近，不易學習，無法達成賦權部落的預期。

金尚德（二〇〇六）也提出，原住民族群及部落繁多，各部落有不同的地理認知與空間想像，卻在政府部門兌現選舉政見的承諾下被過度簡單地想像，導致各族多元的領域觀一律被統整為一張國家想像的部落地圖。其次，各原住民族的傳統領域，與今日我們所劃定的行政界線並不一致，故以行政區劃作為調查單位會造成調查計畫結構性的限制。第三，現代製圖學是實證主義下的產物，核心精神在於精準、無誤地轉化與再現地理空間，接受的是「點線面」二度空間概念，但原住民族的傳統領域是一種存續於無文字族群日常生活中的知識與常識。因此，當我們透過現代科學技術來進行部落地圖的繪製，往往無法表現當地實際的情況。最後，各地鄉鎮公所等公部門單位屬行政體系下的分支機構，對於當地的文化脈絡經常不甚了解，且每個地方皆存在不同的派系關係，與行政部門關係良好者便形同獲得發聲權，得以繪製出該派系心目中所想像的那份部落地圖。

以上種種，皆是歷年來傳統領域調查的缺失，因為土地概念的歧異、民族主體性的消失、行政部門不假思索地沿用既有行政邊界、技術寡占及學術獨霸，導致傳統領域土地調查工作失去後續進行的能量，使得這個計畫最重要的目標和期望——「恢復部落及民族傳統領域土地」的實現，遙遙無期。然而，原住民族傳統領域調查對於賦權原住民族具有重要意義，其調查過程與結果雖然備受爭議和批評，但歷來執行團隊的努力卻也為傳統領域調查技術及理論的建構，奠立不可抹煞的基礎。這些基礎與貢獻對於深化原住民族自覺、強化原住民族參與、提升原住民族治理與管理環境資源的能力，以及形塑原住民族社會文化發展的願景等方面，均有劃時代的意義。

現代地圖製圖學的限制

原住民傳統領域的邊界是流動的。然而，在現代領域邊界具有固定疆界的框架下，現代地圖有可能簡化並固化了邊界的意義，甚至忽略了邊界的多元族群關係互動與重疊的特有文化脈絡。另外，在地圖產製過程中所必然牽涉的劃界，也可能有意無意地侵犯乃至偷竊原住民族的知識。最後，原住民族群及部落繁多，各部落有不同的地理認知與空間想像，然而往往只有與行政部門關係良好者獲得發聲權，得以繪製出該派系心目中所想像的那份部落地圖。換言之，部落地圖勢必涉及權力競逐與政治運作。

獵人如何找回傳統領域：魯凱族傳統領域調查行動

那麼，找回傳統領域，是否在上述重重困難中成了不可能的任務？好茶部落是魯凱族傳領調查的先驅，或許能給我們一些啟發。好茶族人分別在一九九六及一九九七年進行了兩次古道尋根與踏查的活動，這也是傳領第一次的實際繪製與標定行動。兩次古道尋根活動在耆老的解說之下，踏查隊伍一一記錄了他們經過的傳領地名，包括耕地、獵場、禁地、溪流、遺址、動植物資源分布、祖先遷移路線，以及特殊的歷史地景等資料，不僅將地景上銘刻的趣聞軼事和歷史事件記錄下來，更對部落的空間地理概念有更多的認識。同時，踏查隊伍也把預備好的領域牌一一釘在行經途中重要的地景地物之上，例如大石頭、神木、聚落遺址或遭盜伐的巨樹等，藉以象徵好茶部落傳統領域的自然主權。尤其行經巴魯谷安的時候，踏查隊伍也仿照古禮，在耆老帶領之下舉行簡單隆重的獻祭儀式，祈求聖地的祖靈賜福族人永保平安。

回到部落之後，踏查隊伍即將沿途所記錄的地名加以整理，並製作原住民第一個傳統領域地圖模型，同時也利用地理資訊系統的作圖技術，將傳統獵場的分布位置與現有林班地套疊。這是原住民自製的第一個部落地圖，當中標示了傳統獵場的座標位置及動植物資源分布的情形，也顯示獵人及傳統體制如何有效地經營和管理土地資源的知識。古道尋根不僅是對古老雲豹傳說的追尋，也是將舊好茶重建的歷史與空間範疇，從舊好茶聚落連結到更早期的遷移史蹟。

好茶部落傳領調查的結果引發其他部落跟進，包括阿禮、大南、青葉、萬山等部落相繼推動傳領調查的實際行動，也累積不少成果，特別是高雄市茂林區的萬山部落。尋根活動結束後，發起人馬樂要求每位族人從舊部落家屋敲出一片石塊，在回到部落時插在萬山部落立體模型上，代表老家與新家的連結，也是祖先與子孫歷史與血脈相連的重要信物。

好茶部落在一九九七年古道尋根與踏查行動結束後，總共記錄了三百個地名以及地名的意義，這些資料不僅是二〇〇〇年 Kucapungane（古茶柏安）部落首次繪製地理資訊系統部落地圖的基礎資料，更是二〇〇八年原民會推動魯凱族傳統領域調查計畫的基礎。二〇〇八年起，筆者與屏東科技大學野生動物保育研究所教授裴家騏共同主持「排灣族及魯凱族傳統領域調查計畫」，參與調查人員共計三十餘位，包括部落頭目、耆老、獵人等等，此項計畫總共新增一、〇六四筆地名資料，並首度提出傳統領域的面積（九六、一一四公頃）。

資料依據當時耆老訪談及實地踏查所得。我們發現由於各部落的認知不同，耆老記憶的誤差、部落勢力的盛衰以及人口遷移，加上歷史社會的變遷等因素，有諸多未能詳盡之處。但調查團隊尊重各部落自我表述的權利，未來傳領劃設還須魯凱族各部落族人發揮智慧，進行後續與國家和其他族群的協商、談判和確認。同時，也期待各部落年輕族人，投入未來傳

圖2——1997年魯凱族好茶部落傳統領域調查行動。（圖片提供：台邦・撒沙勒）

統領域的深化工作，進行有關地名意義、資源分布、古道路線、文化遺址、古聚落、聖（禁）地等方面的調查，不讓傳統領域運動停留在劃邊界的層級，而是文化、歷史、語言、社會制度復振的行動力量。

二〇〇九年莫拉克風災重創原鄉，導致許多族人被迫遠離家園。為提供部落族人返鄉重建，早日恢復生機，筆者與裴家騏、盧道杰等學者從二〇一〇年起開始協助霧臺鄉公所展開一項實驗性的山林巡守計畫，希望能對傳統領域及自然資源管理議題發展出具體可行的應對方案。這項計畫第一年共召募、培訓並聘用十八位（包括八個部落、每個部落兩、三位）族人組成「魯凱族山林巡守隊」，使用傳統知識以及全球衛星定位系統、軌跡紀錄器等，負責魯凱族傳統領域的山林巡護、自然資源及環境監測資料的收集和整理。

「魯凱族山林巡守隊」一方面實地標定與數位化西魯凱的傳統領域、舊部落、水源地點，以及歷史地點，同時也系統地、科學化地標定、記錄及數位化在巡守過程中所發現的中大型哺乳動物及其痕跡，包括稀有或瀕危樹種和民俗植物，最後也現勘、記錄、收集與數位化八八風災對霧臺鄉及其傳統領域造成的災害。後者完成後不但有助於描繪潛在的災害區域，還可結合在地的傳統生態知識，以務實探討並規畫未來部落避災、逃災的地點與路線，以及防災的可行方案。另一方面，長期持續對各類自然資源進行調查，不但可結合地理資訊系統，分析傳統領域內的現況，也有助於分析區域間、季節間及年度間的數量變化和動態趨勢；若能進一步與過去資料進行比較，還可以作為未來國土復育過程各階段行動綱領調整需要的科學性依據。此外，山林巡守隊也進行盜採林木等違法案件的舉發，具有嚇阻的效用（台邦・撒沙勒等，二〇一二）。

這個計畫的初步成果彰顯了在地族人，尤其是傳統獵人傑出的山林知識和能力，獲得原民會的肯定與支持，於是從二〇一一年起將山林巡守計畫擴大到其他原住民鄉鎮。截至二〇一六年，原民會已在全國十五個原住民鄉鎮推動山林巡守計畫，聘僱了上千位山林巡守隊員。

建立在獵人踏查的部落地圖

好茶部落是魯凱族傳領調查的先驅，早在一九九六及一九九七年就進行了兩次古道尋根與踏查的活動，踏查隊伍一一記錄了他們經過的傳領地名，包括耕地、獵場、禁地、溪流、遺址、動植物資源分布、祖先遷移路線等，並特別標誌具有意義的大石、神木、聚落遺址或遭盜伐的巨樹等，藉以象徵好茶部落傳統領域的自然主權。這些地名稍後利用地理資訊系統的作圖技術，將傳統獵場的分布位置與現有林班地套疊，形成台灣原住民自製的第一個標示有傳統獵場的座標位置以及動植物資源分布的部落地圖。

部落自治的實踐：「魯凱自然保護區」芻議

魯凱族傳統領域若能交由魯凱族自治管理，或由魯凱族與國家共管，可積極促進傳領範圍內的資源保育與永續利用，以及魯凱族傳統山林文化的保存和維繫。因此，在原住民自治尚無法源前，國家與魯凱族或可先成立「魯凱自然保護區」，作為魯凱族自治的先行試點，為將來自治累積經驗和實踐基礎。

在傳統領域調查過程中，大多數族人都認為各部落的傳統獵場應劃設為永續利用區，而由於緩衝區的規定與自然保留區的維護管理並不違背，可能發展生態旅遊的路線與區域，不管位於何處，應都有劃為緩衝區的潛力。至於部落的聖地與禁地則可優先劃為核心區。簡言之，選定一個不違背保育原則，又有利於地方部落發展的方案，是魯凱自然保護區劃設的重要精神。

要讓在地文化與現代保育機制連結，就必須劃設可以操作與實踐這個構想的基地。建議以目前調查出的魯凱族傳統領域範圍為基礎，納入目前屏東縣霧臺鄉、高雄市茂林區、台東縣卑南鄉東興村的傳統領域，範圍涵蓋中央山脈東西兩側及台東縣與高屏縣市境內土地，包括原住民族保留地、國有林班地、雙鬼湖野生動物重要棲息環境、關山野生動物重要棲息環境、利嘉野生動物重要棲息環境，以及大武山自然保留區、出雲山自然保留區等。

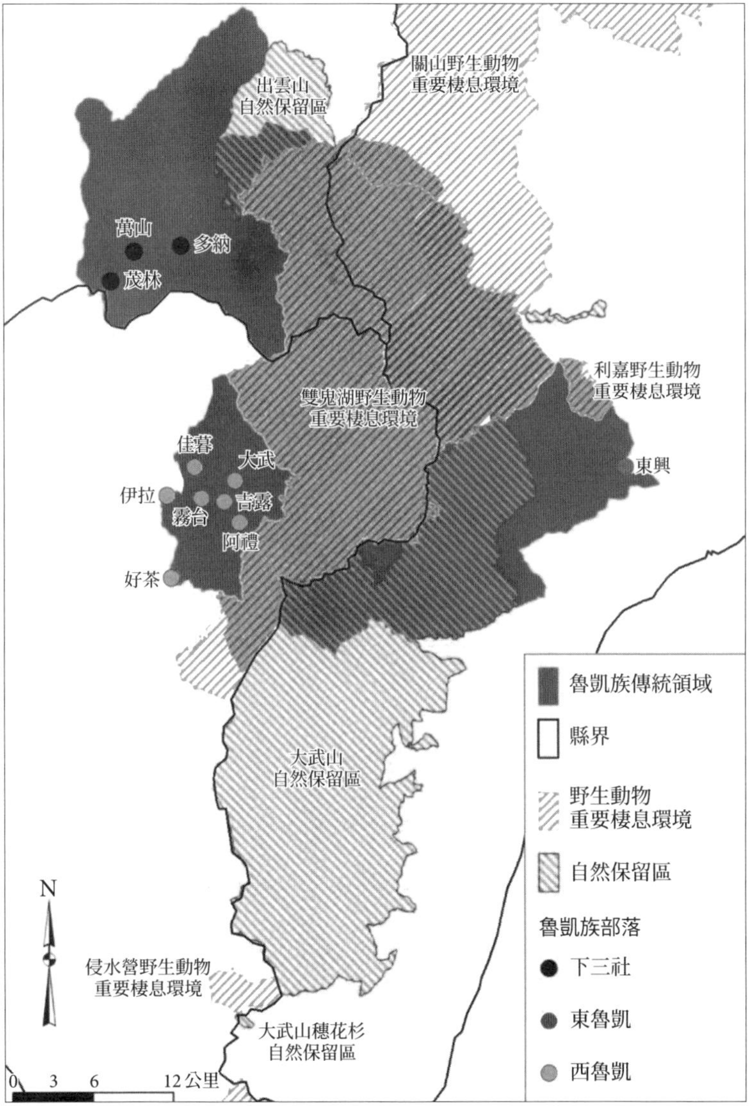

圖3——魯凱族傳統領域與其他土地重疊處。（筆者自繪）

魯凱傳統領域可援引《原住民族基本法》第廿二條規定訂定之《原住民族地區資源共同管理辦法》第六條，及《森林法》第十七條之一，申請劃為自然保護區，並依《自然保護區管理設置辦法》第八條委託當地社群管理，包括管制人員進出，進行資源調查、環境監測、環境教育與宣導的工作。在該保護區內若有生態旅遊發展機會者，可再依《觀光發展條例》第二條第五款公告為自然人文生態景觀區，依該法第十九條設置專業導覽人員。

上述工作最重要的就是人，魯凱族傳統獵人文化提供了非常好的實踐人才。魯凱族傳統上有嚴謹的社會階層制度，頭目名義上擁有部落所有的獵場，長老及貴族在部落事務與空間資源的分配上擁有相當的發言權，其獨特的獵人榮譽百合花頭飾制度，可成為魯凱族自治或實踐在地保育計畫與行動的最佳基礎。百合花頭飾可視為魯凱族內部對獵人的認證，蘊含了個人榮譽、成熟的狩獵技術、豐富的山林知識、祭儀禁忌的遵守，還有最重要的分享倫理，是根植於部落的文化機制。除認證外，獵人文化可與當代知識結合，如生態學、保育生物學、地理資訊系統與全球衛星定位系統的使用、判圖、測量方位與收集相關野生動植物資訊、溝通解說、民族動植物學、山林救護、野火防制等，以進一步跟國家現代化山林治理連結。

自然保護區的機制一方面可以促進林業主管部門對部落的培力，另一方面也可促進部落文化的復振，最重要的是，提供部落重新鍵結人地關係的機會與誘因。自然保護區的規畫與分區的過程，也是融入部落在地知識的最佳管道：傳統漁法、獵法、獵區劃分與民族生物學的知識，恰可成為保護區規畫與分區計畫最適合的參考基礎，也是後續生態旅遊解說導覽的最佳素材。部落傳統的社會組織也可藉經營管理體制的建構，有了重新詮釋與組建的可能。此外，配合林務局與／或其他單位的培訓，吸收現代生物生態、觀光旅遊產業發展、森林保護防災、測量科技等知識，或再以社區林業計畫陪伴培力部落組織，可適度增進自然資源的巡護保育，提升部落與自然土地的互動，更在部落組織的可持續運作與發展上有所助益。而國家政府對部落的傳統領域經營管理的合法支持，提供了部落排他的正當性，也是部落（社區）自治的實踐。

綜觀以上，從部落地圖的濫觴，到傳統領域調查，再到魯凱族自然保護區構思，皆幫助我們透過具體的例子來思考，部落地圖可以如何翻轉地圖的概念，並協助我們思考如何達到部落賦權、乃至部落自治的長遠目標。

參考書目

金尚德。二〇〇六。《知識、權力、部落地圖：「太魯閣族傳統領域土地調查」的社會學解析》。花蓮：國立東華大學族群關係與文化研究所碩士論文。

台邦．撒沙勒。二〇〇一。〈設立國家公園之前先劃一張部落地圖吧！〉。《中國時報》，一月二十三日。

台邦．撒沙勒、裴家騏、盧道杰、柯文福、賴正杰。二〇一一。〈生態保育、在地發展與遷村：山林守護在西魯凱的實踐經驗〉。《台灣原住民族研究學報》一（三）：一〇九～一三八。

汪明輝、台邦．撒沙勒、海樹兒．犮剌拉菲、根誌優、張國楨。二〇〇七。《九十六年度原住民族傳統領域土地調查後續計畫【成果報告】》。行政院原住民族委員會委託，鄒族文化藝術基金會執行。

馬淵東一。一九七四。〈山地高砂族的地理知識與社會、政治組織〉。東京：社會思想社。

張長義、伊凡諾幹、汪明輝、林益仁、紀駿傑、陳毅峰、孫志鴻、裴家騏、蔡博文、關華山。二〇〇二。《原住民族傳統土地與傳統領域調查研究》。行政院原住民族委員會委託，台大地理環境資源學系執行。

張長義、蔡博文、劉炯錫、李建堂、汪明輝、官大偉、林益仁、倪進誠、范毅軍、裴家騏、劉吉川、盧道杰。二〇〇三。《原住民族傳統領域土地調查》。行政院原住民族委員會委託，中國地理學會執行。

劉子銘、台邦．撒沙勒。二〇〇一。〈畫一張會說話的地圖：魯凱族部落地圖的經驗〉。收錄於李秋芳主編，《部落地圖與資源保育，把人找回來——在地參與自然資源管理》，頁一二九～一三八。花蓮：太魯閣國家公園管理處。

Herlihy, Peter H. and Gregory Knapp. 2003. "Maps of, by, and for the Peoples of Latin America". *Human Organization*, 62(4): 303-314.

Hodgson, Dorothy L. and Richard A. Schroeder. 2002. "Dilemmas of Counter-Mapping Community Resources in Tanzania". *Development and Change*, 33: 79-100.

Janis B. Alcorn and Antoinette G. Royo, Eds. 2000. "Indigenous Social Movements and Ecological Resilience: Lessons from the Dayak of Indonesia". Washington, D.C. Biodiversity Support Program.

Lacy, T. and B. Lawson 1997. "The Uluru/Kakadu Model: Joint Management of Aboriginal-owned National Parks in Australia," in *Conservation Through Cultural Survival*, edited by Stan Stevens, p155-187. Washington, D.C.: Island Press.

持續走在「回家」的路上：後「認同污名」時代的原住民*

邱韻芳｜國立暨南國際大學原住民文化產業與社會工作學士學位學程原住民族專班

＊本文部分段落改寫自芭樂人類學，「成為原住民：世代之間」、「重返山林：找回生活中的原住民知識」和「在部落，看見青年的身影」，網址：https://guavanthropology.tw/author/84。

出生於一九九〇年代的原住民青年，與其出生於六〇年代的父母不同，成長在一個強調多元文化且原民文化被視為代表台灣本土特色的氛圍中，「原住民」不再是個被污名化的標籤，而成為一種被鼓勵的抱負，甚至是必須的責任。但在此同時，主流社會對原住民的隔閡、誤解、歧視仍深，大部分族人仍因求學、就業各種理由不得不離開原生部落，遠離母體文化。在二十一世紀台灣，「成為原住民」究竟意味著什麼？

復耕小米、拾起織布機、搭建傳統家屋、重振「送情柴」傳統，以及返回山林，本文透過當代幾個「原民現身」個案，描繪台灣原住民青年在看似轉好但仍艱難重重的大環境中，如何追尋自我和族群的認同，並透過身體力行，實質地建立和部落、土地的連結。但敘述這些「回家」故事，並不是要把原民文化的存續或復振浪漫化，也絕非主張只有回歸部落才是唯一的解答。對於當代原住民，尤其是青年而言，他們越來越難像祖先一樣固著在某處，而必須在都市與部落之間不斷往返。也就是說，在扎根又流動之間，所有的「原青回家」都必然是個「大於地方性」的故事。

由「番」轉「原」：走過「認同的污名」

一九八〇、九〇年代，全球各地廣泛可見原住民復興現象。原住民社會經歷了過往殖民主義的戰爭屠殺、強制遷移屯墾、文化傳統的摧殘、「文明教育」認同改造等種種衝擊，面臨人數凋零、語言流失、社群瓦解。然而，仍有為數不少的原住民挺住壓力，將橫遭破壞的生活方式之殘餘予以改編和重組，並且往根深而有適應力的傳統中取材，在一種錯綜複雜的後現代性中闖出新的途徑（Clifford 2017: 9）。

上述「原民復返」的現象也出現在台灣。我所認識出生於一九九〇年代的原住民青年，他們成長在一個強調多元文化且將原民文化視為台灣本土特色的政治氛圍中，當「原住民」是被鼓勵的抱負，甚至是必須的責任。而他們出生於六〇年代前後的父母，則有截然不同的經驗——被政府稱為「山胞」，被許多漢人喚作「山地人」或「番仔」，在求學、就業過程中遭受種種歧視和不公平對待，以致深陷於所謂「污名化的認同」（stigmatized identity）之中（謝世忠，一九八七）。

如此大的世代反轉，關鍵的轉折始於八〇年代中期。一九八三年，幾位台大原住民學生共同創辦《高山青》雜誌，發出民族覺醒的呼聲；隔年「台灣原住民權利促進會」成立，陸續發起正名、自治、「還我土地」一連串運動；一九九四年，「原住民」一詞取代「山胞」，並且正式進入憲法；一九九六年行政院原住民委員會成立；一九九八年《原住民族教育法》通過；二〇〇五年《原住民族基本法》公告實施；二〇一六年蔡英文總統代表政府向原住民族道歉；二〇一七年《原住民族語言發展法》通過，明定原住民族語言為國家語言。

如今，原民文化不再像標本般只出現在人類學文獻或博物館裡，而是以各種形式如百花齊開般在台灣各地綻放。但同時，主流社會對原住民的隔閡、誤解、歧視仍深（參 Salone 2017; Ciwang 2019；洪任賢，二〇一九），大部分族人仍因求學、就業各種理由不得不離開原生部落，遠離母體文化。[1] 究竟，在二十一世紀台灣，「當個原住民」（be indigenous）意味著什麼？

本文將透過當代「原民現身」的幾個個案，描繪台灣原住民，尤其是青年，在看似轉好但仍艱難重重的大環境中，如何追尋自我和族群的認同，並努力重新建立與部落、土地的連結。所謂的「原民現身」，是指原住民有自覺地再現其族群身分和文化，並讓聲音被大眾聽見（Clifford 2017: 21）。藉此，本文期盼讀者能對於原民文化與山林的關聯、當代原住民的真實處境，以及他們在其中所展現的各種能動性（agency），有多一些理解。

認同的污名

謝世忠在一九八七年出版之《認同的污名：臺灣原住民的族群變遷》一書指出，因為歷史的挫敗經驗、文化的失能，以及漢人從我族中心出發的種種刻板印象與歧視等因素，導致當時台灣原住民對自身族群認同普遍有著強烈的污名感。一九九四年「原住民」正名成功之後，大環境的一些改變讓原住民的族群認同逐漸轉為正向，然而，漢人對於原住民的刻板印象，比如愛喝酒、很會唱歌跳舞、擅長運動，皮膚很黑等，至今仍舊根深蒂固且相當普遍。這些「原住民都很怎麼樣」的刻板印象不僅造成原漢之間的隔閡、誤解與衝突，有時也會內化到原住民的自我認知之中，以致忽視了自身其實有更多往各種不同面向發展的潛力。

成為原住民：沉浸於文化脈絡中的青年

近年來越來越多青年回到原鄉，透過日常生活裡的身體力行，摸索著如何「成為原住民」（becoming indigenous）。他們討厭被冠上「返鄉青年」如此新聞標題式的封號，也不覺得自己身負了什麼偉大的「文化使命」，就只是「簡單」地回到部落，努力生活。因為對他們而言，

1 參二〇一八年四月十六日，獨立評論@天下：學歷越高，離部落越遠？當大學教授遇到原住民族考生，網址：https://opinion.cw.com.tw/blog/profile/52/article/6794。

文化是鑲嵌在生活紋理之中的。以下，且讓我分享三組不同族群青年回到部落尋找自我與文化的歷程。

太魯閣青年復耕小米、重拾織布

第一個故事，屬於Lbak、Ipiq和Apyang。他們曾是「台灣原住民族太魯閣族學生青年會」的核心幹部，一起籌辦過反核、反亞洲水泥等運動，卻始終覺得和族人距離遙遠，於是決定回到家鄉——支亞干部落。二〇一四年，Ipiq和Apyang成為社區發展協會理事，Lbak則擔任會計，並在隔年三月申請了文化部青年村落計畫，從此每個週末聚在一起做部落地圖。這些「縮小版立體山水」隨後無所不在地出現在

圖1——「赤腳支亞干—青少年文化生活營」海報。
（資料來源：花蓮縣萬榮鄉西林社區發展協會臉書粉絲頁）

協會、村辦公室、教會舉辦的各項活動裡，引發族人關注，同時也讓其他對文化傳承有意願、或單純想要替部落做一些事的青年從中找到集結夥伴的方式（Apyang 2017b: 49-50）。

就這樣，青年越聚越多，三不五時圍聚在一起烤火、聊天、討論接下來還可以一起做些什麼「部落的事」。他們發現部落附近原來有高達十六家礦場，於是針對環境議題開部落會議；他們還舉辦青少年文化生活營，營隊的主要精神是把整個部落當作上課教室，以耆老為講師，學習的科目即是傳統文化在日常生活裡的實踐，包括殺豬、祭祀分食、狩獵、看水源地、砍竹子做竹筒飯、吟唱古調等（同上，頁五〇～五一）。

如此強調日常實踐而非把「文化」神聖化、展演化的體認，不僅呈現在上述活動內涵，也進到個別青年的生活之中。某次火爐圍聚裡，Apyang和幾個青年聊到消逝的小米，

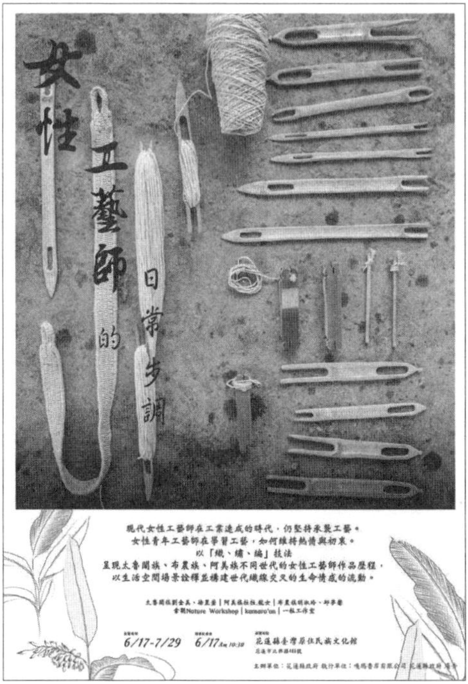

圖2——Ipiq參展的「女性工藝師的日常步調」海報。

（資料來源：Ipiq臉書）

覺得與其總是想像，不如把它種回來。他們於是開始四處尋找種子，分給不同的年輕人，讓他們回去找自己的老人家帶著種小米。親身投入小米復耕的Apyang在跟著長輩學習*tmuguy*（播種）、*knbabaw*（間拔）、*tmigan*（脫殼）、*tnbus*（篩選）的過程中，逐漸愛上身體勞動的感覺，且越來越被部落的土地迷住和黏住，終至成為有自己田地的農夫（Apyang 2017a；鄧湘漪，二〇一九，頁九〇~九一）。Ipiq則是因為族人屢屢提起自己過世*payi*（祖母）精湛的織布手藝，開始學習織布，並因此喚醒了一幕幕兒時記憶，包括*payi*織布時身體往前傾的撥線動作，以及理線時左右搖擺的背影。Ipiq的父親亦重拾舊日手藝，為女兒和其他部落年輕織女製作各種用具，連失傳已久的「捲線器」都在父女聯手努力下重新再現。[2]之後Ipiq在一個女性工藝師的聯展中展出織布成品和父親做的織具，但卻沒讓祖母留下那台最珍貴的*ubung*（織布機）現身展場。她說：「這個展要一

圖3——Ipiq在掛有祖母照片的房間織布。
（資料來源：Ipiq臉書）

個多月，我在家還要織呀！」因為，織布不是為了展覽，而是已經成為Ipiq的日常。

泰雅織女、獵人與他們的傳統屋

第二個故事，屬於來自都市的女主角Pisuy與生長於部落的男主角Wilang。同為泰雅的他們相識相戀，結為連理，但成長背景的差異使得初嫁到部落的Pisuy經歷了一段辛苦摸索的過程。直到Pisuy開始下田種作、跟著她暱稱為「獵人先生」的夫婿走進山林執行傳統領域調查計畫、克服心中複雜情緒親手處理獵人先生的獵物，她眼前的路，而且是兩人同行的路，才開始越來越明朗。

二〇一六年一月，夫妻倆決定在外婆留給Wilang的耕地上搭蓋泰雅傳統家屋。這不是容易的事，過往同一血親家族互助的模式如今也難以執行，於是兩人透過臉書發起「泰雅家屋工作假期」，將傳統共作共享的精神擴展到血親之外能夠認同其理念的夥伴上。臉書的召喚獲得相當多來自台灣各地、甚至香港朋友的響應，有著「十八般傳統武藝」的Wilang終

2 相關報導請見：〈太魯閣女孩化身織女　延續祖母織布故事〉，《中時電子報》，二〇一七年六月十七日，網址：https://www.chinatimes.com/realtimenews/20170617003118-260405?chdtv；〈太魯閣族技藝傳承，布毯培力創生〉，《今週刊》，二〇一八年十二月二十日，網址：https://reurl.cc/9zlAVY。

於完成了把想像中的舊部落家屋「移植」到平地的夢想。不過為了應付低海拔、靠海的地形，和每年夏天可能來襲的颱風，他在施工上必須有所調整（例如加H鋼）。傳統屋完工後，好奇的部落族人問何時「開幕」，殊不知Wilang與Pisuy這棟家屋並非為了觀光或展示而興建，只是單純地希望它成為兩人能夠在此生活的家——一棟會呼吸的「*ngasal*」。[3]

家屋落成後，Pisuy開始了對自己的另一項挑戰，在沒有織布工具，也沒有傳統織布概念和家族老人教導的狀態下，透過臉書找到一位太魯閣族老師學習織布。學會平織和挑花後，老師不斷鼓勵她：「Pisuy，妳是泰雅，妳走錯路了，要回去找妳自己的路。」之後，Pisuy找到了屬於自己

圖4——泰雅家屋裡的織布課。

（資料來源：Pisuy臉書）

系統的泰雅織女老師學習、解謎般閱讀書裡的老織布圖片，並在Wilang陪伴下到中研院分析南澳群的傳統服飾織紋、四處尋訪各部落還在織布的老人家，更重要的是「一個太陽、一個月亮，日子，慢慢的，織著」[4]，讓技藝非常扎實地在身上積累。

從展演到實作的原民實踐

當台灣主流意識型態從早期的獨尊中華文化轉變為強調多元文化後，在許多慶典活動和觀光情境中都可看到原住民文化的展演。然而，越來越多原住民體認到，為他者而展演的文化往往過於形式，內容上也必須因應觀者的期待做改動。更重要的是，去脈絡化的演出讓「文化」彷彿只是燦爛卻短暫的煙火，難以真正和生活發生關聯。這就是為何Ipiq覺得把祖母留下的織布機用來織布比放在展場裡展覽更重要，Pisuy和Wi-ang蓋了泰雅傳統家屋，卻不願把它當成供人參觀的樣版，因為他們認知到，只有透過自身的實踐才能讓文化生根。

3 *Ngasal*，泰雅語的「家」。更多資訊見「泰雅家屋」臉書粉絲頁：https://www.facebook.com/taiwanindigenoushouse/，以及紀錄片《*Kalay Ngasan* 我們的家：一棟會呼吸的泰雅家屋計畫》，黃皓傑導演，二〇一七年。

4 引自Pisuy的臉書。

一年多後，Pisuy覺得已經初步融會貫通出一套對織布整個體系的理解，於是開設了兩期「沉浸式泰雅傳統織布工藝工作坊——地織機初階班」，用陪伴的心情將一路走來的心得與經驗分享給想要學習織布的人，上課地點就在泰雅傳統屋。

上了 *qongu*（地織機）後的織女，
叫吃飯叫不動、提醒休息不休息、
下課時間到了不下課，說太陽還沒下山，
不能浪費了還可以織布的時間和光線。
在經緯穿梭中，不時迷路，不時回頭，
在一次一次的錯誤中，仍然穩住，慢步前行。[5]

進到泰雅家屋彷彿走進了電影場景，織女們在昏暗光線下織布的畫面是如此古典，但又如此生活。這正是為何Pisuy用「沉浸式」來命名織布班，且笑稱這是「織女品格養成班」的緣故。因為，在這個氛圍裡，織女、織布、織布機，以及泰雅屋，是如此交融、合為一體。

排灣的浪漫復興：青年與「情柴」

第三個故事來自於台灣南端的排灣族。在當代重建或復振原住民文化的潮流中，有個非常浪漫且與山林密切相關的項目，就是排灣族的「迗情柴」，亦即部落未婚男子將砍回來的柴薪捆綁整齊，迗到心儀女子家門口以表達愛意。聽來簡單，其實不然，因為情柴要選擇哪種樹木、該怎麼砍、怎麼綁，都是有學問的。下面就以二〇一九年屏東萬安村收穫祭第一天的迗情柴活動作為分享。

萬安村包含四個小部落，分布在萬安溪的左右兩側。活動一開始，眾人聚集在河右岸達里部落的頭目家廣場，先由頭目祝禱、青年會演唱古謠、耆老勉勵，之後逐一到六個少女家戶迗情柴。中午休息過後，再轉往河左岸的六個家戶進行，最後在萬安部落的大頭目家前結束。每到一個少女家，男主角會先在同伴歡呼簇擁下扛著情柴進場，接著青年會圍舞高歌，男女主角自我介紹，少女回贈禮物，家長勉勵致謝，有時也在眾人起鬨下出題考驗男主角，最後在兩位主角聯杯共飲的歡樂氣氛中畫下句點。

萬安傳統的迗情柴分兩種，一是個人式的，稱為*papuljipa*，通常利用夜間將情柴悄悄

5 同上註。

送至心儀的女孩家；另一種公開、集體的形式稱做*papuzeluk*，女方已獲通知，會事先準備招待陪男方前來的賓客。萬安目前所復振的送情柴是以青年會為主體，把傳統的*papuzeluk*進一步組織化、活動化，集中在收穫祭第一天辦理，並加入相當比重的圍舞，讓現場更具節慶的歡娛氣氛，也藉此向長輩展現青年會的凝聚力以及平日學習古謠的成果。

這一天擔任主持的Kui正是萬安送情柴活動內涵的主要構想者。二〇〇四年從清大人類所碩士班畢業後，Kui應當時理事長之邀擔任社區發展協會總幹事，自此一頭埋入部落事務之中。多年來，他和從東華大學原住民

圖5——2019年萬安收穫祭第一天的送情柴。
（陳怡君攝）

學院畢業、回到部落的祖珠，除了寫計畫、執行計畫外，同時還花許多心力陪伴、帶領青年會。二〇一六年，協會開始執行原民會的部落活力計畫，Kui和祖珠選擇了情柴作為文化復振項目之一；二〇一八年，他們把種植了許多情柴植物的「心達達山」定位為情柴文化的孕育地，用傳統工法在此修築「環山情柴步道」，希望將情柴與部落周遭生態環境結合得更緊密，以推展別具特色的部落小旅行。

在許多排灣族部落，製作情柴的代表性植物為*dja'as*（九芎）和*zingla*（黃荊）這兩種堅硬、耐燒的樹材，但在萬安卻是採用*ci'a*（白匏子）、*vaw*（血桐）、*kataljap*（克蘭樹）、*civedu*（野桐）、*ljauzung*（山黃麻）等速生材。這些樹種不僅生長快速，在砍伐乾枯後質鬆易燃且容易剝皮。為何有如此差異？Kui推測，可能是當初從舊部落遷下山開墾新地時，各種樹都被連根拔起，以致九芎和黃荊這類生長較慢的植物從此少見；還有一種說法是，萬安的男子特別貼心，選擇了燃燒時煙很少的樹木做情柴，女孩子用來生火煮飯比較不會被燻。另一個與眾不同的特點是，這裡的情柴是要把樹皮剝掉的，Kui笑稱這可能是萬安老人家獨有的美感，他們覺得剝了樹皮後更加光滑、漂亮，適合作為送給心儀對象的禮物。

舊日生活裡，送情柴代表的是男子運用山林資源照顧家人的能力。時代變遷，青年因外出求學不認識山林及彼此，情柴文化的復振不僅能凝聚情感，更深刻的意義是讓年輕人走入山林，實地認識部落周遭的生態環境。Kui說，近幾年帶著青年找情柴時，發現克蘭樹多生長在河流、懸崖邊不易採取，淺山地帶比較多的是白匏子和血桐，但血桐多枝，不像白匏子長且直，因此以萬安青年目前的技術，主要是用白匏子來製作情柴。祖珠也說，這幾年從寒假開始，青年會就會相約一起到心達達山收集情柴植物，若這區砍多一些，隔年就會換到別的區域。

剛開始復振情柴文化時，部落裡有人提出疑慮，認為山上的樹是國家的，不能隨便砍伐。依照中華民國法律，森林的確是國家的。但，中華民國才來七十幾年，而排灣族祖先生活在這塊土地已經數千年了。

重返山林：找回原住民知識的「棲地」

除了直接射殺我們之外，最有效消滅原住民的方式便是將我們和我們的土地分開。（一九八五年全球原住民會議）6

從前面三則故事裡可以看到，在這些青年們摸索著「成為原住民」的過程中，部落的土地皆扮演了關鍵角色。土地為原住民族生存與文化的根，但也是歷代外來政權覬覦的目標，從「資源開發」到「生態保育」，受益的都是主體社會，犧牲的則是原住民的權益。石門水庫的興建對北台灣民生及產業發展有極大貢獻，卻導致原居於淹沒區的泰雅族卡拉部落被遷村三次，終至流離失所；林務局在一九五〇到七〇年代全面砍伐天然林銷售出口，卻禁止原住民在這些祖先土地上種香菇謀求生計；國家公園將動、植物視為必須保護的珍貴資源，卻無視於嚴禁採集、授獵等規定對原住民生計和文化造成的傷害（官大偉，二〇一三，頁七三～七四，二〇一九，頁十五；張文彬，二〇一六，頁九四）。這些突然「從天而降」的政府機構，以「國家」之名侵害族人家園、硬生生剝奪其使用自然資源的權利；然而，當山區發生土石流造成重大損害時，又往往將責任歸咎於住在山上的原住民，甚至要求他們遷村，讓山林休養生息。[7]

二〇一三年，齊柏林導演的《看見台灣》上映，票房破億，成為台灣史上最賣座的紀錄片。這部片讓許多人透過空拍親眼目睹台灣山林的創傷，感受到這片土地的美麗與哀愁，而最後布農族小朋友在玉山頂上揮舞國旗高唱古調的一幕，更是讓不少觀者感動落淚。但感動的同時卻少有人知道並且在乎，玉山乃是布農和鄒兩個原住民族的聖山，其祖先在這座山中所留下的足跡，遠遠早於中華民國這個國家的建立。就在紀錄片上映隔年，玉山國家公園管

6 見歐蜜．偉浪，〈土地、原住民、永續〉，《新使者雜誌》，二〇一二年二月十日，網址：http://newmsgr.pct.org.tw/Magazine.aspx?strTID=1&strISID=128&strMagID=M2012021503016。

7 見李根政，〈誰是山林破壞者？論國土復育政策〉，二〇一〇年三月一日，網址：https://www.cet-taiwan.org/node/2833。

理處駁回了鄒族達邦國小畢業生行之有年的攀登玉山傳統，理由是自從住宿和露營區整建後，每日登山人數上限為九十二人，為了「維持公平性原則」，取消達邦國小的專案申請。[8]

然而，所謂的「公平」究竟是建立在什麼樣的基礎上？在這個以漢人為主的社會，原住民和其文化往往是在主流社會需要時，才像裝飾品一樣被搬上檯面作為台灣本土或多元文化的「象徵」，很少有人會進一步去理解所謂的「原住民文化」與台灣這塊土地之間的關聯，因此也難以體會，山，對於世代生活在其中的原住民，與將之視作征服／利用／休閒／保育／調查對象的漢人來說，有著非常不同的意義。

從日治時期起，絕大部分想要進入玉山的外族（國）人都必須仰賴當地原住民（主要是布農族）擔任嚮導和揹工。玉山國家公園在一九八五年建立之初，便招募了十位擁有豐富山林知識的布農族「巡山員」，工作包含緊急救難、協助專家學者之保育研究、園內步道維修及災害步道搶通、古道巡查等。他們雖然肩負多重任務，卻被置放於行政體制最底層的位置。第一代巡山員的正式職位是技工或工友，到了一九九九年，職缺已額滿但仍有相關人力需求，於是晉用了職稱為「約僱保育巡察員」的二代巡山員，薪資變差，也沒有退休金和考績獎金，僅有離職儲金。第三代巡山員則是二〇一〇年起招募的「外包保育巡查員」，薪資和福利更不如前，是不屬於編制內的「派遣人力」（高旻揚，二〇一四，頁五五～五六、六六～九〇）。

除了工作、薪資越來越無保障外，更難以解決的是巡山員老化和傳承的問題。第一代巡山員都是從小跟著父親、長輩上山的布農族人，透過傳統獵人教育積累了對山林深厚又細膩的知識。如今，國家公園嚴格禁獵，狩獵淪為只能偷偷摸摸進行的「違法勾當」，新世代巡山員也就越來越難累積和傳承上一代有關山林的種種經驗與理解。

脫胎換骨的「林先生」

> 森林是眾多生物與棲地組成的系統，對於與森林陌生而不熟悉的人來說，森林可能是一片遙遠的自然地景，但對於與森林親近的社群而言，森林則是承載了歷史與記憶之文化的所在（官大偉，二〇一九，頁十二）。

近二、三十年來，西方知識與現代科學之宰制性逐漸受到檢驗，加上環境危機與資源衰竭等現象，導致其對環境的理解與管理方式日益遭到質疑。相對於此，原住民之家園與保存良好的自然環境有相當程度的重疊與一致性，以致原本受到貶抑、邊緣化的「原住民知識」

8 見〈登鄒族聖山需候補　達邦國小反彈〉，原視新聞，二〇一四年十一月二十一日，網址：http://titv.ipcf.org.tw/news-9917。

（indigenous knowledge）[9]開始受到重視，並且被認為是永續發展（sustainable development）的重要關鍵（Sillitoe 1998; Butler & Menzies 2007: 16-17；陳毅峰，二〇〇八）。動植物的生長與其周邊環境息息相關，適合動、植物生長之地稱為「棲地」，保護稀有動植物最好的方法就是維護其生長的棲地，文化亦然。原住民如果失去了山林，不再與山林有實質的以及情感的連繫，所謂的原住民知識也就難以滋長，這也是為何「重返山林」常常成為當代原住民打開自身與文化、祖先之連結的關鍵鎖鑰。

過去在許多場合聽到部落族人提起「那位林先生」（指「林務局」）時，總是恨得牙癢癢地特別加重音強調。然而近年來，部落和林務局的關係卻從衝突、緊張，轉為和緩，甚至開始了一些友善的合作。二〇一八年五月，林務局局長林華慶接受原民台節目專訪，談論其推動符合「原住民族轉型正義」政策的過程。[10]他表示，林務局主管的兩個重要法律——《森林法》與《野生動物保育法》——之理念，是自然生態的永續，而原住民傳統文化與智慧歸根到底也都是永續，兩者有著共同的核心價值。過去之所以產生衝突，是因為國家制訂法律時沒有考慮到原住民族長久以來在這塊土地上的生活方式和文化慣習，因此他上任後持續推動原住民族和林務局之間的相互理解，朝向雙方協力、共管自然資源的目標而努力。

二〇一九年七月頒布的《原住民族依生活慣俗採取森林產物規則》，就是上述理念的實踐。雖然二〇〇四年修訂的《森林法》第十五條裡明定：「森林位於原住民族傳統領域土地者，原住民族得依其生活慣俗需要，採取森林產物」，然而相關子法卻始終難產，直至十五年後才終於在林局長手上誕生。依此規則，以後族人採取森林副產物（如野菜、野果、黃藤等），只要是自用，皆免申請；至於主產物（林木、竹子）與少數受保護的副產物之使用，原住民個人、部落，以及依法立案的原住民團體都可提案，[11] 經部落會議審核通過後，交由國、公有林土地管理機關審理。林局長強調，此規則只是對幾千年來原住民傳統生活的消極肯認，更大的期盼是透過林務局其他試辦計畫，積極鼓勵、促進族人永續地運用森林產物以提振部落經濟，進而回復原住民過去和森林的親密關係，也讓山林能因此得到更好的守護。[12]

此外，狩獵文化長期以來被污名化的問題，也終於有突破性的發展。二〇一五年，林務局委託屏東科技大學和東華大學針對鄒族試辦「原住民族狩獵自主管理示範計畫」，[13] 透過巡

9 所謂原住民知識是指「被稱做原住民的一群人，因和其土地（特定地理尺度）互動的特殊方式（性質）所產生的知識」（官大偉，二〇一三，頁七四）。

10 見二〇一八年五月十九日，原民台【部落大小聲】第二二五集：森林資源政策　部落自治與共管，網址：https://youtu.be/gnq1tJdn6cA。

11 基於生命禮俗、祭儀或其他公益使用可無償，若是個人自用則為有償。

12 更多資訊見二〇一九年八月三日，原民台【部落大小聲】第二八八集：森林產物採取合法化　守護山林國家是夥伴？網址：https://youtu.be/ZeopqDcqXOg。

13 到了二〇一八年，這個試辦計畫已擴大到林務局其他七個林管處辦理，全國共有六個族群的二十二個部落在進行。

視、訪談，統整出一年狩獵量，並訂出監測模式與標準。二〇一八年五月「嘉義縣鄒族獵人協會」成立，隔年三月頒發全台首開先例的「獵人證」，並於八月和嘉義林管處、嘉義縣政府簽訂狩獵自主管理合作意向書。

除了兼顧野生動物保育與原住民傳統狩獵文化之外，此試辦計畫之核心概念是「自主管理」，且最終目標是朝向「自治」，故作為計畫主體的原住民團體所扮演之角色便格外重要。鄒族獵人協會理事長表示，他們花了兩、三年時間，到全鄒族七個村八個部落一一說明，尋求同意，並收集傳統狩獵相關知識與規範，形成自治自律公約。族人一旦取得協會授予的獵人證，往後狩獵即可不限制時節、數量，也不必事先申請，僅需在狩獵後回報成果，再由獵人協會每年度一次性地回報縣府即可。但獵人若未遵守內部自治自律公約，最嚴重將被除名，並須接受現行法律的制裁。

原民狩獵與《野生動物保育法》

一九八九年《野生動物保育法》公布實施後，原民狩獵成了違反中華民國法律的行為。二〇〇四年，因應《原住民族基本法》中對原住民狩獵權的保障，《野生動物保育法》於新增的第二十一之一條中，對原民狩獵做了有限度開放，卻因缺乏相關申請及核准等執行細節而無法落實，直至二〇一二年才終於訂定由上述第二十一之一條所延伸之

《原住民族基於傳統文化及祭儀需要獵捕宰殺利用野生動物管理辦法》。然而，此管理辦法中有關申請狩獵所需資料之規定，如明確填具狩獵日期、地點、欲獵捕物種及數量等，與原住民的狩獵文化和禁忌之間存在著巨大衝突，以致滯礙難行，且造成諸多紛爭。[14]

持續走在「回家」的路上

〈爐灶——獻給一起 *Min-Bunun* 的你們〉

若是山如此綿長緩慢
思念就足以輾轉所有鄉愁
從此靈魂就跟土地有了連結
「希望你的身體如櫸木強壯高挺；
希望意志如九芎一樣堅定。」

14 相關事件爭議可參見二〇一五年一月八日，獨立評論＠天下【讀者投書】：為什麼原住民就是不好好申請狩獵？網址：https://opinion.cw.com.tw/blog/profile/52/article/2267。

生命就開始成為了人
而爐灶上共吃的那一鍋飯
同步每個呼吸的頻率
穿越喧囂、瘴癘平地
確立每個同在的步伐
就一起前進了[15]

二〇一九年暑假，因為辦理「*Min Bunun*成為人——中區原住民青年領袖營」[16]，我和一群原住民學生一起上山，造訪南橫公路上的初來部落以及紅石部落後山的mamahav舊社。這趟行程除了有在地資深布農族獵人領路之外，同行的還有合辦單位「布農族東群部落學校原住民族教育中心」幾位布農族年輕人，其中活動總召Aziman是在地青年，同時也是近幾年相當活躍的原住民青年組織「東布青」（全名為「社團法人臺東縣布農青年永續發展協會」）之成員。難得的是，「地主隊」除了他以外，還有三位就讀高中的年輕獵人全程擔任活動小助理，顯見Aziman回鄉後這幾年花了許多心力陪伴部落弟弟妹妹們已有相當成效。

和Aziman搭檔的副總召Miaz曾任「東群布農族學校」（「布農族東群部落學校原住民族

教育中心」的前身）獵人導師，國小就被阿公帶著一起上山打獵，是個對山林有深厚情感且具「實戰經驗」的布農青年。此外，同行的還有霧鹿部落的Langus和台大人類所博士班的Fotol這對年輕夫妻，以及台大人類系一位考古研究生，他們和Aziman都是「新武呂溪流域舊社遺址測繪行動」的成員，這趟上山除了擔任講師，還帶著任務，期待能在獵人大哥協助下，找到新的家屋遺址。[17]

上山第一天晚上，我們在營地裡頂著頭燈，認真地跟著Aziman學唱布農童謠，然後映著營火，聽Miaz和三位年輕獵人分享各自的山林經驗，如此貼近心靈和土地的話語，完全不是室內的狩獵課程可比擬。隔天早上，大家從紮營處跟著獵人大哥一直往河流下切，某一個迴轉之後，眼前突然出現斑駁的石牆，我們就這樣加入了「新武呂溪流域舊社遺址測繪行動」，合力清理、測量遺址，幸運地成為這段歷史的見證者和參與者。

15 這首詩是就讀於屏東大學中文系的布農族青年Biung Ismahasan參加「*Min Bunun*成為人——中區原住民族青年領袖營」之後在個人臉書上發表的作品，其中這兩句：「希望你的身體如櫸木強壯高挺；希望意志如九芎一樣堅定。」是引自布農族傳統嬰兒祭中的禱詞。

16 「*Min Bunun*成為人——中區原住民族青年領袖營」是中區區域原住民族學生資源中心舉辦的活動。筆者自二〇一七年起，擔任教育部「中區區域原住民族學生資源中心計畫」之計畫主持人。

17 Aziman、Langus和Fotol三人從二〇一四年起開始製作新武呂溪流域的立體地圖、回部落田調、入山尋訪舊部落。二〇一六年年底起，以自費方式與台大人類學系研究生合作進行舊社的考古學測繪（謝博剛等，二〇一七）。

這趟山林課程還有一位講師是來自內本鹿工作室的Dahu。「內本鹿」指的是中央山脈介於卑南主山與雙鬼湖之間，屬於鹿野溪流域的區域，為布農族遷徙的最南界。直到一九二九年日本政府所出版的台灣地圖上，這塊區域都是唯一的空白，可說是台灣最後一塊被國家政權力量滲透的土地（劉曼儀，二〇一七，頁五〇～五四）。二〇〇二年的國際人權日，內本鹿霍松安家族後裔向文建會提出計畫申請，用直升機送耆老回到埋藏臍帶的出生地，同時把「內本鹿元年」旗幟插在日治蕃童教育所的升旗台上，並從此開展每年徒步上山換旗的回家行動，藉以宣示從未放棄傳統領域的自然主權（同上，頁七六～八三）。二〇〇六年起，霍松安家族每年用一個月左右時間回內本鹿重建石板家屋，從整理石板、堆砌駁坎圍牆開始，一直到第三年終於完成，之後卻因八八風災而傾倒；二〇〇八年，在山下成立「內本鹿*pasnanavan*」[18]，舉辦山林課程帶領更多年輕孩子走上回家之旅，加深與土地的連結；二〇一四年開始在內本鹿進行第二次家屋重建，於隔年落成（同上，頁一六四～一九一、二一六～二二四）。

Dahu正是第二回重建家屋的主要負責人，二〇一七年，他又帶領了一些志工在往內本鹿山區的延平林道十九點五公里處搭建工寮，供「內本鹿*pasnanavan*」學員和族人使用。我問他，當初蓋家屋和工寮時有向林務局申請或報備嗎？Dahu用一貫溫柔卻堅毅的語氣淡淡地回答：「去自己祖先的地方蓋房子是很理所當然的事，不需要和誰報備。」

在扎根與流動之間

> 回歸本源不是返回過去。更佳的說法也許是在一個擴大的現在裡（an expanded present）轉身，轉身後再回轉。（Clifford 2017: 34）

本文描述了幾個當代原住民「回家」的故事，用意並不是把原民文化的存續或復振浪漫化，也絕非主張只有回歸部落才是唯一的解答。在這個將距離不分遠近的人和地點全連結在一起、各種邊界越來越模糊的全球化時代，如何定義「回家」和如何定義「原住民」一樣，都不是個容易的課題。

根據原住民族委員會二〇一九年十二月份的統計，台灣在都會地區設籍的原住民已經逼近五成（占總人口數百分之四十七點七五）。對於當代原住民而言，尤其是青年，他們越來越難像祖先一樣固著在某處，而必須在都市與部落之間不斷往返。也就是說，在這樣「既扎根又流動的銜接性原民世界裡」，所有的「原青回家」都必然是個「大於地方性」（more than

18 布農語的「學習」與「學習之地」都可稱作*pasnanavan*（劉曼儀，二〇一七，頁二一七），更多資訊見「內本鹿*pasnanavan*」臉書粉絲頁：https://www.facebook.com/laipunukpasnanavan/。

local pattern）的故事（Clifford 2017: 64-69, 79-84）。

然而，大於地方性並不意味要犧牲對土地的依戀。對於所謂的「原住民」（indigenous peoples）來說，與家園和親屬的聯繫是基本的，移動可以視作是家園的擴大，但必須和一塊土地（包括和其祖先、歷史與生態）保持持續關係（同上，頁六五）。因為，和部落家園的牽繫若只憑藉想像、呼喊或書寫，可能很浪漫，卻往往蒼白無力，難以抵擋外界的審視以及自我內心的懷疑，而這正是本文描述的這些原住民青年重返部落、山林，透過身體力行，實質地將自己和祖先土地連結在一起的初衷。

部落青年所致力的「文化」並非是回歸到祖先的傳統，因為文化不是本質性的，而是一種持續的象徵性建構（symbolic construction），不停地被造出、打破、再造（Wagner 1975）。當代這種多元文化多樣性與新自由主義行銷術結合的體制，提供了讓原先被邊緣化的人群可以動員的機會，確立自己的文化與政治身影（Comaroff & Comaroff 2009）。然而，這雖為地方能動性創造出空間，卻並不是權力以外的空間，因為當代政府容許（甚至鼓勵）大幅度的立異自由（freedom to be different）之前提是，不得超出國家方案所加諸的限制和抵觸對資本積累的保護，因此，原住民乃在一個持續蔑視和誤解他們的宰制性政權之內奮鬥，而他們的存續本身便是一種抵抗形式（Clifford 2017: 18-50）。

在扎根與流動之間，原住民不只要與祖先有所連結，同時也一直設法成為這個日新月異世界的一部分。

參考書目

官大偉。二〇一三。〈原住民生態知識與流域治理：以泰雅族Mrqwang群之人河關係為例〉。《地理學報》七〇：六九～一〇五。

——。二〇一九。〈原住民族的森林教育〉。《原教界》八七：十二～十七。

洪任賢。二〇一九。〈原住民考試加分，是特權還是歧視？〉，https://womany.net/read/article/18856

高旻揚。二〇一四。《玉山、國家公園與布農人：從獵人、揹工到巡山員》。南投：國立暨南國際大學人類學研究所碩士論文。

張文彬。二〇一六。〈從環境正義的觀點探討台灣原住民狩獵與國家公園〉。《台灣原住民族研究》九（三）：九一～一三四。

陳毅峰。二〇〇八。〈生態旅遊中的自然與文化——以花蓮三棧為例〉。《台灣原住民族研究》一（一）：八三～一〇五。

劉曼儀。二〇一七。《Kulumah．內本鹿：尋根踏水回家路》。台北：遠足文化。

謝世忠。一九八七。《認同的污名：臺灣原住民的族群變遷》。台北：自立晚報。

謝博剛、邱夢蘋、許凱文。二〇一七。〈學習走上回家的道路——新武呂溪流域布農族傳統領域青年運動的經驗〉。《原住民族文獻》三二：二八～四一。

Apyang Imiq（程廷）。二〇一七a。〈Elug Masu——小米回家之路〉。《HISP 人文創新與社會實踐電子報》第四十二期，https://www.hisp.ntu.edu.tw/news/epapers/52/articles/184.

——。二〇一七b。〈更多的我們　—走在回支亞干的路上〉。《人類學視界》二一：四八～五五。

Butler, Caroline F. and Charles R. Menzies. 2007. "Traditional Ecological Knowledge and Indigenous Tourism." In *Tourism and Indigenous Peoples: Issues and Implications*, Richard Butler and Thomas Hinch eds. Pp. 14-27. Oxford, UK : Butterworth-Heinemann.

Ciwang Teyra。二〇一九。〈認識原住民族歷史創傷與微歧視〉。《原視界》，https://insight.ipcf.org.tw/article/160.

Clifford, James。二〇一七。《復返：二十一世紀成為原住民》。台北：桂冠。

Comaroff, John L. & Jean Comaroff. 2009. *Ethnicity, Inc.* Chicago: The University of Chicago Press.

Salone Ishahavut。二〇一七。〈傲慢的鱸鰻：談《大尾鱸鰻2》中被遮蔽的達悟語和被挪用的苦難〉。《人類學視界》二二：四二～四七。

Sillitoe, Paul. 1998. "The Development of Indigenous Knowledge: A New Applied Anthropology." *Current Anthropology* 39(2):223-235.

Wanger, Roy. 1975. *The Invention of Culture*. Chicago : University of Chicago Press.

民間信仰的邊界與翻轉：由欲望的制度化形式到母女相認的當代展演

丁仁傑—中央研究院民族學研究所

語言歸類，尤其是具有高低層次的分類，是一種象徵性的暴力。漢人民間信仰長期以來被各種語言歸類所污名化，這些象徵性標籤的操作者，同時也試圖對民間信仰加以規範化。民間信仰的實踐場域成為了權力的競逐之地。

追溯歷史，官方與儒家知識分子認為民間信仰違反禮教秩序；當代西方社會與華人社會接觸以後，在進步論的批判下，民間信仰又被視為是有待破除與改善的文化慣習。

漢人民間信仰可以被看作是對應於漢人父權結構下，一個複雜而多變的集體性欲望的制度化形式。形式中，有對應於現實社會官僚體制的超自然想像，也充滿了各種官方不承認的神明類別。換言之，漢人的超自然體系絕非僅是王朝治理的工具，也不僅是社會階層的投射。一個所謂「正統信仰」以外的邊邊角角，以及它與現實社會對應間產生差距之處，才是最有趣的解釋各類象徵之普及，與產生作用力機制的關鍵之處。

民間信仰存在著某種邊界，它不會是漫無方向地引導信眾，反而往往仍是會導向於父系繼嗣系統的生產與再生產。然而，在一九九〇年代初期的新型信仰形式「會靈山」裡，其中母女相認的情感宣洩與展演，似乎出現了邊界翻轉的契機，展現出民間信仰能適應於不同社會型態的潛能，與發展上所存在的新的可能性。

宗教與迷信

談到民間信仰，一般人很容易將民間信仰跟迷信畫上等號；相反地，同樣作為一種信仰形式的基督教，則往往被看作是具有普遍與終極救贖意義的所謂「宗教」。這種「歧視」，其實自古以來皆然，只是想像的方式不同。王銘銘摘要了在歐洲，宗教與迷信劃界的起源：

> 「迷信」概念的歷史與歐洲文明史一樣悠久。據說，西元前一世紀，這個詞就已存在於歐亞大陸的西部，用以形容腦子糊塗的「野蠻人」，意思常跟「他者」（alterity）相混。在教權支配的時代，歐洲的「文明人」曾用它來形容異教，到了近代，在啟蒙運動中被哲人們用來形容知識進化的一個低級階段。在我從事的人類學中，十九世紀西方學者們對於這個詞做了系統論述，弗雷澤（James Frazer）之類的古典人類學家採取「知識論」（intellectualism）對人類進化史加以論述，認為人的進化本質為巫術迷信向宗教、宗教向科學的「三級跳」（王銘銘，二〇一一，頁六七）。

孫英剛（二〇一〇，頁二二）對這段人類學史做了整理：早期古典人類學家如泰勒（Edward Tylor）的《原始文化》（*Primitive Culture*, 1871）和弗雷澤的《金枝》（*The Golden Bough: A Study in*

Magic and Religion, 1890）等，都將中國民間的信仰、儀式、象徵這類現象與原始文化視為同類。法國神父祿士遒（Henri Doré）在一九一二年所著的《中國民間崇拜》（*Researches into Chinese Superstition*）也用「迷信」（superstitions）一詞形容中國的民間信仰。

至於「迷信」一詞，據陳玉芳（二〇一二，頁三八三）考證，它於中國出現的時間甚晚，在一九〇〇年以前使用的次數並不多，所指涉的意義多為信仰神仙鬼怪或宗教。從一九〇二年開始，「迷信」的使用次數有了明顯的增加，意涵也更豐富，除了用以指涉信仰神仙鬼怪或宗教之外，主要是用來泛指未經考察，盲目的信仰崇拜。

而早經杜贊奇（Prasenjit Duara）所指出的，民國初年的國民黨為了將所謂「臣民」改造為「國民」，於一九〇〇到一九二〇年之間，在現代性的潮流之下，一批不同政見和黨派的菁英，也開始對內致力所謂「破除迷信」的運動（Duara 1995: 85-114）。

源自歐洲早期歷史的對他者想像，又經過當代進步論的包裹，成為鮮明的象徵性暴力施為，被西方用來自我區隔西方與非西方的文明差距，也被非西方知識分子用以作為追求進步的著力點。地方社會民間宗教活動的參與者始終沒有任何發言權，只能成為等待被破除、被瓦解的對象。

字面上看起來，「民間信仰」這個詞比迷信好多了。在台灣的人文學、社會科學界，甚至是媒體界，民間信仰一詞大致上已成為共享與公認的認識範疇，用來指稱漢人社會中的各類神明信仰。勞格文（John Lagerwey）給了漢人民間信仰一個極為直接的定義：「為一創造神明的機器。神明以附於人身上來證明祂的存在和能力，在給予人保佑的同時，神明要求人血祭的回報。神明當然也會以其他方式來顯現自己。」（Lagerwey 1999）簡言之，不斷的造神和顯現神，並以血祭作為對神的回報，就是民間信仰的核心活動。

對於漢人社會俗民大眾的各種信神拜神活動，包括與祖先或鬼的互動，總合起來習慣上常被稱之為民間信仰。只是民間信仰絕對不是一個中立的名詞，在不同時空，基於不同的政治意涵，各類拜神活動都曾不斷地被以不同的符號加以標識。不同名稱也許不會劇烈改變民間信仰（本文中我們暫時還使用著這個詞）的內在邏輯和外在發展，但這顯示了對這些活動加以劃界或規範時的政治欲望或知識欲望（知識欲望也可以被包含在政治欲望之中）；即便是劃界本身，就帶有階層化的企圖，而這當然也是一種象徵暴力的展現。

事實上，追溯歷史，民間信仰一詞也不是個乾淨如同白紙般的名詞。朱海濱（二〇〇九，頁六八）指出，這個詞最早可能出自日本的姉崎正治，於一八九七年在論文《中奧的民間信仰》中出現。

姉崎正治文中提到「任何國家都有作為有組織的一派正統宗教居上統一並感化民心，同時，在民間又有與該正統的被組織化的宗教多少相異的信仰習慣」（姉崎正治，一八九七，頁九九六）。姉崎正治認為，宗教現象的實態具有二重結構（組織的與非組織的）。姉崎將組織性，即具有教義、教團上的組織性，看作「正統宗教」的主要條件，並注意到民間所見「多少與正統的被組織化的宗教相異的信仰習慣」的存在，他認為這種信仰之中也包含「合理的習慣」，因此對其施以帶有貶意的所謂「迷」的價值判斷，並不妥當。

約瑟夫．北川（Joseph M. Kitagawa）曾指出，明治時期的日本急需一套新的宗教學術概念，來幫助國家走向近代化（Kitagawa 1964）。作為明治時期的重要知識分子，姉崎正治致力於此。比如說他在一九〇七年發明了「日本宗教」（Japanese religion）一詞，將神道教從「民間信仰」中分離出來，定義為一種「理性的宗教」，以適應日本新的國家認同。另一方面，民間信仰顯然已被姉崎正治視為一個廣大的剩餘性範疇，它不一定會反映落後，卻也絕對不是文明化的結果。

在台灣，留日的陳奇祿是最早使用民間信仰一詞的學者（轉引自張珣，一九九六，頁一七四），劉枝萬的著作後來也都沿用民間信仰一詞（劉枝萬，一九七四；一九八三），但同時期的李亦園使用的則是「民間宗教」（李亦園、莊英章，一九八五）。不過，最後經由台灣人類學家的沿用，越來越多的人使用民間信仰，以至於這個詞目前已為台灣學界所共用了。

至於對岸的中國，民間信仰這個概念曾在二十世紀九〇年代以前為中國民俗學與社會史的研究者零星借用，到二十一世紀初，中國社會科學院世界宗教研究所的宗教學領軍人物金澤（二〇〇二），借助人類學的相關論述，為它下了定義，認為它：不同於五大宗教，是一種

「原生性的宗教」。

民間信仰過去因為被當作迷信，而被排除在中國合法的佛教、伊斯蘭教、基督教、天主教、道教之外，現在當半官方研究機構用了民間信仰取代迷信一詞，意味其社會位置正在逐漸改變中，而中國重點發展的非物質文化遺產的申請，則是站在新的角度挪用地方民俗活動的使用價值，也開始為各類民間信仰取得了新的合法性。

民間信仰在中國的皇權時代

至於在迷信與民間信仰這些名詞被普遍使用以前，中國王朝是如何看待地方上這些非佛非道非儒，但又亦佛亦道亦儒的信仰活動呢?「淫祀」這個名詞是帝國政府和儒家知識分子看待它的角度，「封賜」則是權力折衝與意識型態衝突下，帝國政府所摸索出來的，與地方文化相處之道。

「淫祀」是指不合禮制的祭祀，包含了跨越分際和未列入祀典的祭典，可說是古代中國官方為了維護身分的治理與社會秩序，由負面禁止著手，透過「禮」來維繫倫理道德的一種方式。

與淫祀相關的是所謂的「淫祠」。淫祠是指未受官方祭典認可的祠廟，也就是民間自行設立的祠廟。淫是指多餘的，淫祠即多餘的祠廟，通常是指勞民傷財的意思。《禮記・曲禮下》說：「非其所祭而祭之，名曰淫祀。淫祀無福。」《宋書・武帝紀下》稱：「淫祠惑民費財，前典所絕，可並下在所除諸房廟。」

毀淫祠最有名的是唐朝狄仁傑和清代的湯斌，而歷代陳希亮、湛若水等毀淫祀的事蹟也極受傳頌，並獲得歷史上很好的評價。

毀淫祠之舉看似由皇帝所推動，實則讀書人才是幕後最大的推手，朱海濱（二〇〇八，頁六～七）提到：

> 明初原理主義的祭祀政策，純粹是儒者制定出來的東西，並非出於朱元璋本人的真實意圖。朱元璋本人的宗教祭祀思想，是傾向於宋元以來在民間廣泛流行的民俗信仰的。……早在洪武（一三六八～一三九八）、永樂（一四〇三～一四二四）年間，皇帝本人就已抬出一些不符合原理主義祭祀政策的舉措，如洪武年間，南京建立了十四座祠廟，並列於祀典。《欽定續文獻通考》卷七九的「編者按」寫道：「諸神雖不盡應祀典，然皆太祖所定，有明一代因之，而不敢廢。」……。雖然無法確定「神號改正詔」頒布後的洪武年間是否曾繼續授予各地神靈以封號，但從有關史料來看，至晚在永樂年間，中央王朝便又開始了對神靈進行加封、賜爵的活動，這顯然是與「神號改正詔」的精神背道而馳的。

這裡，「神號改正詔」是指洪武三年（一三七〇）朱元璋對全國寺廟與神明名稱的簡化和統一規範，儒家「原理主義」則是指儒士毫不妥協地堅持合乎禮制的祭祀模式，並且特別重視人格神生前的義行事蹟，而非其靈驗面向。但顯然地，連皇帝自己都不能謹守儒家原理主義，屢屢對神靈賜封，有時是新封，有時則是類以加封。

到了清代，清廷加封神靈的理由都被說成是為了感謝神靈顯靈護國所致（朱海濱，二〇〇八，頁十）。另外，澤田瑞穗（一九八二）也指出，道光年間以降，屢屢可以見到中央王朝對佛教、道教神靈，甚至自然神進行加封。總之，清朝中央政府對民間神靈的加封、賜額現象一直持續到清末。

這樣看起來，皇帝、儒生與一般百姓，彼此間有很大的交集，但也有很大的差異，皇帝有時與百姓站在一起，有時又與儒生站在一起，而儒生有時也會熱衷於地方信仰，這背後的後設基礎為何？

> 在漫長的中國歷史進程中，除了對天的崇拜，還發展出了一套複雜的民間信仰（popular cults），它對封建王朝的長治久安具有重要的倫理政治意義。祭天儀式和「天人感應」理論的官方解釋都是朝廷的特權，而老百姓是不能參與祭祀儀式的。……因此需要發展對

上天崇拜之外的民間政治倫理信仰，這樣百姓就有機會參與到宗教儀式中去，並不斷地感受「天」在政治生活與社區生活中超自然的權威。……在中國的宗教傳統中，超自然領域的構建和現實生活世界非常相似。在世俗生活中，普通百姓根本沒有機會和君王有任何的聯繫，不過有時不可避免地要和較低層的官吏打交道。同樣地，在祭祀儀式中百姓沒有資格直接祭天，但是他們可以祭祀那些從屬於天神的其他神。儒家傳統始終承認這種民眾政治倫理信仰的需要。也許對此種信仰最簡單明瞭的說明可以從《易經》註釋中孔子的那句話體會出來：「聖人以神道設教，而天下服矣。」……此外，還有更多的解釋來證明政治倫理信仰的存在，比如一九二三年的廣東佛山縣誌中寫道：「明有禮樂（道德規範），幽有鬼神，明不能治者，幽得而治之，固不爽也。」「以神道設教」的基本觀念通過民間信仰，成為傳統政治制度中一個固定的組成部分。（楊慶堃，一九六一〔范麗珠等譯，二〇〇七，頁一一五～一一六〕）

有交集的是，三者都接受這一套鬼神信仰。差異的是，皇權壟斷了其中一部分；讀書人則以禮樂為主，宗教是功能性的，但不能踰越禮樂制度；至於老百姓則是在地方社區中醞釀出自身的神明系統，但經常受到政治力的介入，神明也常被皇帝加以挪用。

官方的禁淫祀與封賜政策，骨子裡本就有很大的矛盾，前者出於儒家原理主義，後者則顯示出連官方自己都會踰越這種原理主義，表現為一種既壟斷又分享的權力施為模式。禁淫祀和封賜，成為帝國官方權力施為的不同面向展現，它對地方的管理是否有效已不是問題的重點，重點在於它如何塑造且鞏固了帝國官方的權威，並在某些時候成為規範性劃界的權力展演之必要。

作為集體性欲望形式的民間信仰

漢人社會中，同一位神明的形象與神話故事往往有各種面向紛歧的版本，以中國的關帝信仰為例，杜贊奇（Duara 1988）用了一個他稱之為「在上刻寫」的概念，來說明神話背後那種既連續又斷裂的性質，也可以解釋各種不同的權威與敘事，如何共存於同樣一個象徵符號裡的歷程。關於關帝信仰神話故事層層疊疊的不同版本，本文暫且不論，而只強調杜贊奇的結論：[1]

1 此段引文使用了陳仲丹的中譯（二〇〇六，頁九三～一一四），但我將其中的幾個名詞另外改譯，superscribing，陳文譯為「刻劃標誌」，我改譯為「在上刻寫」；semantic chain，陳文譯為「語義鍊」，我改譯為「語意鏈」；symbols 陳文譯為「標誌」，我改譯為「符號」。

把神話及其文化象徵看成是同時既連續又不連續。可以肯定，這一神話連續的核心內容不是靜止的，其本身易於變化。那麼神話的有些因素就會丟失。但與許多其他社會變化不一樣，神話和標誌的變化不會趨向于完全不連續；相反這一範圍的變化是在複雜的歷史背景下發生的。由此文化象徵即使在自身發生變化時也會在某一層次上隨著社會群體和利益的變化保持連續性。這種特定的符號演進的形式我稱之為「在上刻寫」。……「在上刻寫」的過程意味著存在一個活躍的領域，在那裡對立的看法為其地位相互妥協、競爭。在這一過程中有些內涵來自被認為已消失的神話，但就其性質刻劃過程並沒有抹去其他的看法；它至多只是改變其範圍，以確立其對其他看法的壓倒優勢。……

明代國家確保其控制的方法，不是消除這一神話中不能直接與官方說法相符的那些符號，官方將關帝塑造成一個忠於國家權威的武士，而是將關羽的不同方面都納入守護帝國的範圍，因而他成了無所不在的護衛者。因此其所做的努力使得關帝有了直到二十世紀仍在民眾心目中的諸多形象：一個英雄，既是保衛者也是施予者；一個武士，既忠於已有的權威也忠於自己的誓言。

……我們要看到不同的說法是如何。在一個語意鏈（semantic chain）的：一個重然諾的武士轉而忠於既有的權威；一個保衛廟宇、社區和國家的英雄轉而成為健康和財富的確

> 保者。這一語意鏈構成了在歷史上形成的關帝神話，反映了國家和社會群體在它們就以前的「在上刻寫」上增添內容時變化著的需要。有些因素尤其是那些在最早的故事中不為特定群體形象所需的因素消失了，但任何單獨解釋的意動力量——推動、激勵和激發的力量——卻在這一演進的語意鏈中來自其參與。……
>
> 符號隨著語意鏈的演變及其瞬間的延續和間斷的特徵使得我們去注意符號變化與社會變化的關係。即使是像中央集權的清朝國家這樣的機構要想徹底地主宰一個符號，其刻寫的機制自身也必然要求至少在符號周圍要保留某些其他聲音的存在。一個符號在文化中要從其回聲（有時是不和諧聲中），通常是半掩的意蘊的多樣性中獲取力量。正是因為這種對以前的符號進行的刻寫而不是塗抹，歷史群體能夠擴展其舊的意蘊的疆域，以適應它們變化的需要。

簡言之，神明文化象徵的背後，是層層覆蓋的過程，但並不會真的把舊的內涵消滅，最多只是改變其影響範圍。

在上刻寫（superscribing）

杜贊奇指出，漢人的神明，其背後的神話敘事，有各種不同的權威與來源，它會層層疊疊並存在同一符號裡。這是不同來源層層覆蓋的過程，但並不會把舊的內涵消滅，最多只是改變其影響範圍。而不同的內容間有一種隱含的相互關聯性，可被稱之為「語意鏈」。政治上的影響則是，政權對文化符號的刻寫，並不會完全壓抑其他的聲音，反而可能在半遮半掩中，由多樣性裡獲得力量，這也是華人文化重要的的特質之一。

桑高仁（P. Steven Sangren）二〇一七年的新書《孝順的情感偏執》（*Filial Obsessions: Chinese Patriliny and Its Discontents*）中稱中國父系為一種「制度化之欲望」（Chinese Patriliny as Instituted Desire）。這個「制度化之欲望」的描寫，很可以用來表示漢人民間信仰的性質。

民間信仰本身是一種制度化的集體性欲望。而欲望本身是一種迴路性的複雜結構，是一種在衝動與管制之間來來回回的過程，衝動與管制，甚或自我管制，都是一種權力。而自我管制的權力，有時甚至會與知識、父權或外在規範相連結，分不清楚其源頭究竟是來自內在或外在。集體性欲望，更增加了欲望迴路的複雜性。知識分子的欲望、父權權力的欲望、以國家之名而創造秩序感的欲望、讀書人想要將道德體系常模化的欲望等等，匯集在一起，創造出欲望的集體性和制度性的形式。這種制度性的形式有隱約的邊界，但很難有公認共享的核心內容，而經過歷史沉澱，它看似允許邊緣，卻不容易看到其對於邊界的超出；因為超出邊界，可能意謂著超出欲望迴路之外，而這也意謂著主體的崩解。

歷史沉澱乃是經由神話過程的演變作為媒介，神話在共鳴效應中慢慢地定型而普及化。也因為允許邊緣，讓大量個體性欲望得以在集體性欲望制度化的形式中得到安置。

只不過，讀書人和皇權不只要劃定邊界，還想要確立中心，使得神話與儀式也成為規範化所要競逐的場域。越多中心化的定義，讓邊緣的位置更明確，也讓個體性的欲望看到、並發現了邊緣，而越想要從邊緣中找到出口。於是，我們在民間社會往往會看到，集體性的欲望形式幾乎產生了倒轉，越是邊緣，越是受到大眾歡迎。中心化的定義動作，反而成為創造邊緣興盛的契機。

但隨著社會變遷，規範性的形式缺少體制或組織的基礎，能夠定義中心的外在權力基礎幾乎消失了。欲望本身的動能，一方面更樂於處在範圍越來越大的邊緣地帶；一方面也開始不斷去試探並挑戰邊界。主體性的迴路也發生重心上的轉移，欲望在試探邊界的同時，雖仍有規範性的力量在運作，但這也成了完全只在內在迴路裡的對話和獨白，而不假皇權或知識分子之手。

當欲望不斷地試探與碰觸邊界，會造成迴路進入一種不穩定的狀態。更多的活動、認知與實踐都是在碰觸那個邊界，甚至消融那個邊界，或甚至是試圖打破想像的、中心與邊緣之間的區別。新的欲望制度化的形式會是什麼？它還是父權導向的嗎？父權導向的崩潰會是主體解體的前兆嗎？或是男性與女性新的大和解的發生呢？

民間信仰與集體欲望

民間信仰為地方俗民大眾層次的信神拜神活動，也包括與祖先和鬼的互動。民間信仰中的崇拜形式與神話內涵，提供了在父權社會結構底下多元主體的幻想與宣洩，進而讓人們有可能成為文化生產過程裡所塑造出來的「特定家庭關係網絡中的個人」。但這並非僅是一個孝順規範的恪守者，而是帶有複雜欲望情結且有多重面貌的一個「心理-文化」人。官方和知識分子一直嘗試將這類地方活動規範化，民間信仰乃成為規範化所要競逐的場域，各類集體性的欲望創造出中心與邊緣間的拉扯，匯集為一個不斷變動中的集體性欲望的制度化形式。

邊界與邊界翻轉？

如果有所謂正統的話，那麼反映官僚階層的神明體系（Wolf 1974），或許構成了神明結構之中一個結構性的正統雛形。但以比例來說，不在這個結構當中的神明為數頗眾，祂們的信眾人數亦多，可說是大幅超出官僚系統以內的神明，如觀音、媽祖等。

夏維明（Meir Shahar）與魏樂博（Robert P. Weller）合編的《怪力亂神》（*Unruly Gods: Divinity and Society in China*）。可說是集非官僚體系神明大全的一本書（Shahar & Weller 1996: 8-16）。書中討論了：一、佛教神明；二、佛教中的女神如觀音，其他女神如媽祖、無生老母等；三、道教各種仙真；四、基於鬼神界限的模糊，許多低階的神並不遵循道德原則而成神；甚至於仔細追究，許多正神（如關公）也有其厲鬼般的來歷。此外，謝貴文（二〇一七，頁十五～十六）曾細心整理了該書不同作者討論中所出現的其他類型，包括突顯個性性格而不任官職的神，如華蓋三真君；呈現家庭關係或自我情緒，而非政治關係的神明，如哪吒或目蓮；正邪兼具的神明，如八家將；反常或反叛的神明，如濟公或孫悟空；質疑儒家道德的神，如妓女、醉漢、賭徒、罪犯所祭拜的神等等。

簡言之，漢人的超自然體系絕非僅是王朝治理的工具，也不僅是社會階層的投射。一個所謂正統民間信仰之外的邊邊角角之處，以及其與現實社會對應時所產生差距之處，才是最有趣的解釋其各類象徵之普及，與產生作用力機制的關鍵之處。

非正統神明世界

神、鬼、祖先是漢人地方社會相當普遍存在的超自然範疇，武雅士（Arthur Wolf）指出，漢人「神明世界」就像是一個超自然界的官僚體系，不同神也對應於漢人帝國官僚體系裡不同層次的官員，能降福百姓，也能懲罰惡人；而人們對待神的方式也如同於對待官員。但考諸實際，民間信仰中的超自然範疇不純然是如此，有各種不屬於官僚體系的神明存在，這些神明的內涵有時並不符合道德與正義原則，人神關係也更多樣。就種類、數量與影響力上來說，祂們可能比正統性的神明來得更繁複也更普遍。觀音、哪吒、王爺、濟公、家將神等都是其中顯例。

不過，這也不代表官僚階層式的神明想像是虛幻或不存在的，而是正統與「非正統」間，或正統與邊緣間，彼此相互參照而扮演了象徵投射上的不同功能，前者展演與強化現存社會秩序，後者提供了在這個秩序下，多元主體性的幻想與宣洩，進而讓人們有可能成為文化生產過程裡所塑造出來的「特定家庭關係網絡中的個人」。這個「特定家庭關係網絡中的個人」，將不僅僅是一個孝順規範的恪守者，而是帶有複雜欲望情結及多重面貌的「心理-文化」人。

討論各類非官僚系統所能涵蓋的神明，似乎讓我們看到了漢人民間信仰邊緣層次的無比豐富與無限敞開。當各式各樣的神明都可能存在，民間信仰具體的邊界又在何處？

在焦大衛（David Jordan）台灣南部鄉村的民族誌裡，提到了民間信仰中極為重要的兩種想像：圓滿與平安。而且，這是以父系原則所定義出來的圓滿與平安：

以父系原則界定出來的「圓滿」，是保安村民所追求的理想。圓滿，表示了一個父系家庭的循環史很完備（男人能結婚、女人能結婚並生兒子、小孩子不會夭折、老人保持健康並活到高齡），也表示了一個父系家庭沒有結構上的缺陷（父系繼嗣的那一條線可以一直傳下去）。……關鍵的要點是，要讓繼嗣的這一條線能夠一直延續下去，只要每一個人都有後代，就會使所有家庭都達到圓滿。

圓滿是「平安」的先決條件，如果家庭不圓滿，就有可能發生「不平安」，家中成員彼此爭吵、有人生病或死亡、經濟破產等，就是家庭層次的「不平安」。同樣地，村落或國家，也都有著「平安」或「不平安」，「不平安」是指村落或國家遇到了各種人事紛亂或天然災難。

在家庭層次，暫時的「不平安」也許還可以忽略不見，但是連續的災難，譬如說家中連續有人死亡、疾病找不出原因、經濟接連出現問題，這就表示家庭出了問題，而且必然是來自於超自然的因素。換言之，以疾病做例子，並不是因為家中某人生病而造成了家裡的「不平安」，而是說，因為家中「不平安」，才會造成了某人生病。而這個「不平安」，原因通常出在一個家庭的「不圓滿」，也就是「父系繼嗣原則」出了問題（Jordan 1972: xxii）。

那麼，這個「父系繼嗣原則」出了問題，會是由誰來加以宣告和診斷呢？答案是，乩童和「桌頭」（翻譯神明語言的人）：

只有當發生了一個災難而必須要尋求解釋的時候，這時鬼才會出現。而當災難發生時，神媒只要發現有一戶家庭有還沒有子嗣就死掉的人；或是有一戶家庭因為某些原因而使得繼嗣傳承斷掉了，某個鬼魂的存在馬上就會被具象化，而可以被拿來解釋為什麼會發生目前的災難。這些結構上的「非常態」，在人們有需要去找一個超自然性質的理由來解釋災難時，就成為了一個可能的原因，隨時可以被加以具象化，以來解釋為什麼會發生現在的災難。

當要去選擇解釋災難的原因時，在這兩個原因之間：一、原因是來自家中的鬼；二、原因是來自我們之前提到過的那種一般性範疇的鬼，人們會怎麼樣去做選擇呢？台灣人對這個問題所給的答案會是：這取決於造成災難的鬼是哪一種？而這個問題，要透過「問神」的過程才可能知道答案。

某些神媒會傾向於用特定的理由來解釋災難。……為了向神明尋求答案，通常案主會去進行好幾次「問事」，在各種答案中，案主會慢慢找出其中共通的部分，或者，我們可以說，他是在找出他可以接受的答案（Jordan 1972）。

顯然地，乩童和桌頭，他們是執行社區意志的人，會在競爭的生存環境中，盡可能維繫父系繼嗣系統的生產與再生產，這是乩童和桌頭在執行社區意志時，一個沒有被講出來的公開祕密。而不同乩童出於不同的觀點、角度、專長，或是個人的利益，會在有限的可能性中，選擇出一種可能的災難詮釋，但此詮釋仍必須符合公眾的期待和父系社會生產與再生產的原則。

簡言之，在社區微觀操作的層次，不管神明系統是否有著各式各樣的分歧，經由乩童與桌頭的媒介，民間信仰確實存在著邊界，它不會是漫無方向地對信眾的引導，而往往仍是導向於父系繼嗣系統的生產與再生產。

當然，父權制中，家長的權力並非絕對且不可質疑，仍然有著某種限制性、不確定性和脆弱性。限制性來自於這個權威並非家長可以一廂情願、任意而為，這個看似依賴性的關係仍會透過習俗和傳統加以檢驗與約制；不確定性來自於這個關係背後始終有著潛在的矛盾與衝突，人際依賴關係的背後，如果不能維持某種利益上的平衡和意識型態認知上的習慣，衝突隨時可能發生；最後是脆弱性，因為家長的人數少於從屬者的人數（不論從家戶內或跨家戶的總和來看都是），所以家長權力的基礎是脆弱的。

而在這種限制性、不確定性和脆弱性當中，宣洩和對抗的界線在哪裡？由最簡單的事實來看，根據韋伯（Weber, 1968: 1010），當從屬者的人數往往大大超出家長的人數，他們有可能

（跨家戶）集合起來去反對家長的權力，這當然完全符合於「對抗」的定義；但我們也可以想像一個同樣方向（抗拒服從與參與系統）但卻沒有如此強烈的作為，應同樣符合所謂「對抗」的定義，這些作為可能包括：家戶內的從屬者集合起來反對個別家長；個別從屬者在行為上反抗家長；個別行為者在家戶內雖不直接反抗，但行為完全不符合於從屬者的行為模式（不願意停留在假想的互惠性關係和依賴關係中進行互動）。在以上這些「對抗」形式中，雖不如從屬者直接進行跨家戶的合作而進行集體性的反抗那麼具有顛覆性的直接結果，不過一旦相同行為模式有所蔓延，各家戶間繼續相互感染，便有可能產生集體性的顛覆結果。

然而宣洩就不同了，宣洩僅是透過象徵或敘事，表達或表徵了父權社會框架中種種限制性、不確定性和脆弱性，但在行為指向性上，不僅並未導向前述種種對抗性的形式，甚至反而是創造出了其他形式，讓從屬者獲得了某種想像性的利益或主體性，進而，即使仍有諸多緊張性和不滿，還是會繼續保持參與系統，或至少與系統局部區隔，卻仍不否定系統的社會性意義（即認知到系統作為多數人的生活方式，並無被整體性替換的必要）。這構成了一種「另類的系統實踐」，讓被壓迫者或「與主流群體斷裂者」在其中有一個位置，使其仍有可能繼續與系統發生關聯，甚至得到滿足感，卻不至於直接否定系統的正當性。

這一方面，我們在漢人民間神話中幾個最具有反抗性格的人物裡（Sangren 2000；丁仁傑，二〇一七）看到了最典型的表現。例如，在《封神演義》中，雖然父子發生了劇烈衝突，但哪吒終究並未弑父，即便李靖的權威壓制不住哪吒，但最後透過燃燈道人給他的金塔，終究能將哪吒壓制，甚至到了後來，哪吒的反叛性格仍讓其成為正義之師中最有實踐能力的先行者。

同樣地，妙善公主的故事裡，即便過程中充滿了衝突，最後卻仍是以大和解收場，妙善甚至成為孝順行為最極致的典範。目蓮救母的故事，因為佛教修行人的立場，使其脫離了與原有繼嗣群間的連結關係，但是經由修行，卻又創造出了目蓮獨有的超越性和超能力，這種超越性或超能力，終究能被用來拯救母親，這成就了孝順的美德，也在道德性的層次使社會系統更加穩固。

我們幾乎可以這樣說，神話故事中的被壓迫者和斷裂者（與繼嗣群發生斷裂）的事蹟，激發出了讀者的認同，使其在父系社會中，在即便毫無利益的情況下，仍可能產生主體性和轉化世界的想像。而作為文化外來者的佛教，在經過了漫長的文化互動，也在此成為了父系社會建構主體化歷程中不可或缺的重要元素。在一個更為辯證性的層次，這不但穩定了社會體系，也為佛教自己找到了父系社會中一個可繼續存在，而且可以不斷被再生產出來的位置。

只停留在宣洩而非對抗，是另一種理解漢人民間信仰邊界的方式。而在其中，佛教神明的進入民間信仰體系，創造出了父系社會邊緣人的位置與功能，將邊緣納入體系之內，大大擴展了民間信仰的邊緣地帶，但也仍再一次劃定出民間信仰的邊界：只有宣洩而沒有對抗的社會性結果，是民間信仰最大保守性之所在。

但是，邊界有沒有可能翻轉呢？例如，當乩童和桌頭的敘述不再完全圍繞在父系社會延續的框架；當新出現的民間信仰神話故事不再以大和解作為收場；或神話主題中開始出現真正的母女相認的內涵。這時，我們或許可以設想，民間信仰邊界翻轉的契機可能要出現了，主體將冒著被解體的危險，而要進入一個新的欲望敞開的挑戰了。

以上的問題都需要大量當代經驗性的資料來加以檢視，不過，我要用一個例子來說明，其實，邊界翻轉的可能，也就是原來被禁絕或遺忘的主題，忽然成為了欲望世界裡最核心所面對的主題，而這已在當代台灣社會的民間信仰場域中出現。

一九九〇年代以後，台灣出現了一場驚天動地的母女相認的神話場景，這也是父權或儒家社會裡不易見到的情況：母女關係之想像性的化解。

「會靈山」或「會靈」（丁仁傑，二〇〇九，頁一〇五～一八二），是一個出現於一九八〇年代末期，而在一九九〇代末期開始在台灣全島活躍發展的集體性起乩運動。此活動本身帶有朝聖與個人靈修的雙重目的，形式是以個人或小團體至各地廟宇，尤其是被信徒稱為「母娘廟」的地點，進行所謂「會靈」。

雖然不同參與者認知不同，「會靈山」大致上指的是至特定地點與特定神明相通而產生靈動現象。信徒的「會靈」，以各種「先天母」的化身為主，主要是「五母」：王母、金母、地母、九天玄女、準提佛母。而其對應的聖地分別為：花蓮勝安宮、花蓮慈惠總堂、埔里地母廟、苗栗九天玄女母娘、嘉義紫雲寺。

信徒往往以小團體，集體朝聖至一些特定的母娘廟，並以靈體會見母娘，這些母娘神祇被認為是「先天母」，是宇宙初生人類未投胎之前、具有源頭性意義的母親。雖然會靈不限男女，但會靈場景中最常見的畫面就是母女相認，常常可見在一些母娘廟中，女性信眾對著前面的母娘神像泣不成聲。這種母女關係當然不純粹是生物性關係的母女，不過，這是以生物性關係進一步加以純粹化和超越化的想像，是在無父權概念污染下的母子關係（這裡同時包括了兒子和女兒，但母女間往往會有更強烈的情緒性宣洩般的展演）絕對性的合一與圓滿，其中當然已無所謂的母女間的「相互欠缺性」。

不過，這種所謂「先天性」關係所創造的母女的圓滿，當然也只能是想像的，而且也是在當代「去地域性」高度流動的社會情景裡，才較有可能蔚為一股流行的宗教運動。而且，它建立了新的母女相認的神話主題，但並沒有挑戰父權的內涵，只是敞開了新的可能性。不過不論如何，這已讓我們看到民間信仰之邊界翻轉出現的契機。新起的會靈山運動，正劇烈地改變著民間信仰的主流發展趨勢，並帶入了新的制度性的欲望投射的形式與內涵。

會靈山運動與台灣母女神話

「會靈山」是一個在一九九〇年代初期到二〇〇〇年代初期間在台灣全島極為活躍發

展的集體性起乩運動，至今仍方興未艾。其形式是以個人或小團體，至各地「母娘廟」進行「會靈」，信徒並產生強烈的靈動現象。母娘廟以「五母」為主：王母、金母、地母、九天玄女、準提佛母，並有其對應的聖地。雖然會靈不限男女，但會靈場景中最常見的畫面，就是信徒與女神間母女相認的劇烈情緒表達與展演，反映出現實母女關係中的缺憾感，和與所謂「先天母」間重新得到超越性的連結和圓滿化後，所獲得的情緒上的釋放與充實感。

參考書目

丁仁傑。二〇〇九。《當代漢人民眾宗教研究：論述、認同與社會再生產》。台北：聯經。

——。二〇一七。〈目連救母、妙善救父、哪吒大戰李靖：父系社會中兒子與女兒的主體性建構〉。《民俗曲藝》一九八：一～六二。

王銘銘。二〇一一。〈宗教概念的劇場——當下中國的「信仰問題」〉。《西北民族研究》二〇一一（四）：五九～七七。

朱海濱。二〇〇八。《祭祀政策與民間信仰變遷——近世浙江民間信仰研究》。上海：復旦大學出版社。

——。二〇〇九。〈民間信仰——中國最重要的宗教傳統〉。《江漢論壇》三：六八～七三。

李亦園、莊英章。一九八五。《「民間宗教儀式之檢討」研討會》。台北：中國民族學會。

金澤。二〇〇二。〈民間信仰的聚散現象初探〉。《西北民族研究》二〇〇二（二）：一四六～一五七。

孫英剛。二〇一〇。〈跨文化中的迷惘：「民間宗教」概念的是與非〉。《學術月刊》（二〇一〇）十一：二一～二七。

張珣。一九九六。〈光復後臺灣人類學漢人宗教研究之回顧〉。《中央研究院民族學研究所集刊》八一：一六三～二一五。

陳玉芳。二〇一二。〈「迷信」觀念於清末民初之變遷〉。《東亞觀念史集刊》二：三八三～四〇二。

祿是遒（Henri Doré）著，程群譯。二〇〇九。《中國民間崇拜：咒術概觀》。上海：上海科學技術文獻出版社。

劉枝萬。一九七四。《中國民間信仰論集》。台北：中研院民族所。

——。一九八三。《臺灣民間信仰論集》。台北：聯經。

謝貴文。二〇一七。《神、鬼與地方：臺南民間信仰與傳說研究論集》。高雄：春暉出版社。

姉崎正治。一八九七。〈中奧の民間信仰〉。《哲学雑誌》十二（一三〇）：九九五～一〇二五。

澤田瑞穗。一九八二。《中国の民間信仰》。東京：工作舍。

Duara, Prasenjit. 1988. "Superscribing Symbols: The Myth of Guandi, Chinese God of War," *Journal of Asian Studies* 47.4（1988）, 778-795.（中譯本：陳仲丹譯。二〇〇六。〈刻劃標誌：中國戰神關帝的神話〉。收錄於韋思語（Stephen C. Averill）編，《中國大眾宗教》，頁九三～一一四。南京：江蘇人民出版社。）

——. 1995. *Rescuing History from the Nation: Questioning Narratives of Modern China*. Chicago: University of Chicago Press.

Jordan, David K. 1972. *Gods, Ghosts, and Ancestors: the Folk Religion of a Taiwanese Village*. Berkeley: University of California Press.（中譯本：丁仁傑譯。二〇一二。《神・鬼・祖先：一個台灣鄉村的漢人民間信仰》。台北：聯經。）

Kitagawa, Joseph M. 1964. "Review of History of Japanese Religion by Masaharu Anesaki," *The Journal Religion* 44(3): 273-274.

Lagerwey, John. 1999. "Question of Vocabulary, or How Shall we Talk about Chinese Religion ?" 收錄於黎志添主編，《道教與民間宗教研究論集》，頁一六五～一八一。香港：學峰文化事業。（中譯本：譚偉倫譯。二〇〇二。〈詞彙的問題——我們應如何討論中國宗教〉。《法國漢學第七輯（宗教史專號）》，頁二六〇～二七〇。北京：中華書局。）

Sangren, P. Steven. 2000. *Chinese Sociologics: An Anthropological Account of the Role of Alienation in Social Reproduction*. New Brunswick, N.J.: The Athlone Press.（中譯本：丁仁傑譯。二〇一二。《漢人的社會邏輯：對於社會再生產過程中「異化」角色的人類學解釋》。台北：中研院民族所。）

——. 2017. *ilial Obsessions: Chinese Patriliny and Its Discontents*. Cham, Switzerland: Palgrave Macmillan.

Shahar,Meir and Robert P. Weller. 1996. *Unruly Gods:Divinity and Society in China*. Honolulu:University of Hawaii Press.

Weber, Max. 1968. *Economy and Society: An Outline of Interpretive Sociology*. Vol. 2. Edited by Guenther Roth and Claus Wittich. New York: Bedminster Press.

Wolf, Arthur P. 1974. "Gods, Ghosts, and Ancestors," in Arthur P. Wolf ed., *Religion and Ritual in Chinese Society*. Stanford: Stanford University Press, pp. 131-182.（中譯本：張珣譯。一九九七。〈神、鬼和祖先〉。《思與言》三五（三）：二三三～二九二。）

Yang, C. K.（楊慶堃）1961. *Religion in Chinese Society*. Berkeley: University of California Press.（中譯本：范麗珠等譯。二〇〇七。《中國社會中的宗教：宗教的現代功能與其歷史因素之研究》。上海：上海人民出版社。）

南客北客大不同：台灣客家文化的多元性*

張維安｜國立交通大學通識教育中心
張翰璧｜國立中央大學客家語文暨社會科學學系

* 感謝劉瑞超博士對初稿的建議與校訂。

社會上對於「客家」作為一種人群分類，常有一定的刻板印象，把客家當作是一個具有內部同質性的族群團體來看待。特別是以全球客家為範圍，這種客家文化同質性的見解很明顯並不成立，即使以台灣客家作為研究範圍，仍然有其多樣面貌特質，例如原鄉和語言腔調。台灣客家族群的原鄉，就人數達到一定程度的人群來說，最少具有六個以上不同的原鄉影響的客語腔調；受到腔調和原鄉文化影響，客家內部彼此之間各白保留了許多不同的特質。至於文化方面，和周邊族群互動，經常為客家文化加入新的元素，例如南部客家大致仍然保留著「祖在堂，神在廟」的古典精神，而北部客家可能是受到市場供應或福老文化的影響，大都在神龕上面同時供奉祖先牌位和其他的神像。政治認同上，以目前的政治板塊來看，一般說來，南部的客家偏「綠」，而北部的客家偏「藍」，這與該族群所處的歷史情境有一定程度的關聯。本文透過關於南客北客不同面向的案例資料，一方面陳述台灣客家的多樣面貌，同時也將分析「作為一個客家族群」的基礎是否有其必要。

本文以台灣南北客家為分析對象，特別是討論兩者之間所存在的「差異」。過去的研究及一般人的認知，多將台灣客家視為一個整體，思考閩南（福老）／客家之間的差異，或者用來和東南亞客家做比較，不知不覺中把台灣客家視為一個同質的團體。實際上，台灣客家內部，從其移出地即可看出具有相當大的差異性，原鄉之間的差異性又影響到他們在台灣的不同。以客家話為例，台灣客家人以使用的腔調為基礎，分為四（四縣）海（海陸）大（大埔）平（饒平）安（詔安）定（永定），也有人區分為「四海永樂大平安」，增加了長樂（五華）。這些客家話的命名是以這些客家話腔調在中國的縣名來命名，例如四縣話因其移出地為嘉應州屬下的四個縣：長樂縣（五華縣）、鎮平縣（蕉嶺縣）、興寧縣、平遠縣，故稱四縣話或四縣腔。而海陸客家話（腔）的海陸則是得名於廣東惠州府的海豐、陸豐兩縣，其他則為廣東大埔縣、福建詔安縣與永定縣。

台灣客家內部的不同並非僅有原鄉的差異，一般所謂南客與北客，甚至是南四縣和北四縣的差異，除了原鄉的不同，更多可能是來自長時期受到居住地之自然地理環境、與周邊族群互動，甚至在地的歷史和地方政治環境所影響。以自然環境與客家文化特質的關係為例，客家族群在北部大多居住在丘陵、台地，南部有許多是住在平原，經營的經濟作物不同，由此衍生的客家文化底韻也有差異。如北部客家居山腰丘陵及其衍生而來的原鄉論或先來後到說，以及最近發展的客家「丘陵世界觀」，就總是會被認為「這是北客的觀點」。

再以最容易接觸到的語言為例，同一社會，一個物件常有不同的稱呼，像「腳踏車」，有人稱鐵馬、孔明車、自行車、單車，客語也稱機車為「摩托車」或「歐多拜」，後者可能是沿用日本語中的外來語（auto bike）。南北客家語言的差異，「機車」和「引擎」的用法是個很常見的例子。客委會客家雲關於「安全帽」條目中提到「騎機車沒戴安全帽，會被警察罰五百元」，中高級客家語則是「騎機車（引擎）無戴安全帽，會分警察罰五百個銀」。北客聽到南客說「我騎引擎來接你」，常常需要消化，才能理解引擎就是機車。「轉和歸」用法的差異也很典型，以回家為例，你何時回（家）來？北客說：「你幾時轉來？」南客可能是說：「你幾時歸來？」「面帕粄」和「粄條」則是一種食物的兩種說法，一樣是四縣客家，一樣是從中國蕉嶺來的四縣客家人，卻因長期定居在台灣，帶來不同的在地化結果：北客的「粄條」，在南客的日常用語中卻成了「面帕粄」。此外，還有一些日常用詞，例如北部稱「阿姑」，南部稱「歐巴」（音）；北部說「拜拜」，南部稱「唱喏」；「番樣」和「芒果」也是，北部的客家人也會稱芒果為「番樣」，但這在南部客家卻是一種普遍的說法。南北客家語言使用的差異，應該還有很多案例可以討論，不過有時候這只是反映出當地（周邊）語言的特色，不一定表示客家人之間有什麼差別。

南客、北客並不是一個清晰的概念，就像我們一般對話中所謂的「我是南部人」或「我是北部人」一樣，並不是清晰地指涉某一個地理範圍的人群，而是一個理念型（ideal type），作為分析現象的思考分類。本文所謂的南客，通常指的是六堆地區的客家人，特別是美濃；而北客則是指桃、竹、苗的客家人，沒有特別的代表，但這並不是說六堆之內無差異或桃竹苗之間沒有差別。即使是「六堆」、「桃竹苗」，其空間範圍的內涵亦不相同，六堆可能已經是南客認同的人群整合空間，而桃竹苗可能僅僅是行政區劃單位，這些都需要進一步進行學術研究。因此，本文所說的南北客家文化的差異，也僅止於日常生活、社會性的觀察，尚待進行系統性的比較研究。

祭祖敬神拜義民，南北大不同

「義民信仰」可能是一般人對客家宗教文化最鮮明深刻的印象，一樣是客家，一樣是「褒忠」，「義民」的稱呼南北不同，客家民間一向有「北義民、南忠勇」的稱呼。

新竹縣的新埔義民廟，每年農曆七月都有義民祭典。以林爽文、戴潮春事件所犧牲的義民為基礎，枋寮義民祭由六家、下山、九芎林、大隘、枋寮、新埔、五分埔、石光、關西、大茅埔、湖口、溪南，及桃園的新屋、楊梅、觀音等十五大庄輪值。[1] 在台灣民主化過程中，許多需要客家選票的公眾人物，常到新埔義民廟給「義民爺」上香、造勢，漸漸形塑出客家義民信仰。

屏東大武山山腳下五溝水客家人，因為水源競爭與周邊族群發生衝突，地方人士立祠祭拜，稱為忠勇祠。供奉內埔客家當時對抗林爽文、莊大田的戰事犧牲者的祠廟，也稱為忠勇祠。近年來，全台各地祭拜義民的儀式有趨同的現象，例如「神豬比賽」、「奉飯」等儀式。南北部許多客家社區，每年七月都有祭拜忠勇公的儀式，但一開始並沒有把義民信仰視為客家族群的信仰，是由北部的「祭拜義民爺」開始，逐漸塑造台灣客家義民信仰的社會印象。

義民對台灣客家族群的重要性，南北客有所不同，如前所述，北部義民信仰逐漸創造出作為台灣客家族群信仰的象徵。南部義民信仰對於客家人在清代移民台灣、合法居住在台灣，提供了官方認可的正當性。以朱一貴事件為例，在反亂過程中，客家庄民一方面組織六大營隊的民團，協助官方打擊反亂，爭取地方官員的認同；另一方面則爭取正統名分，高舉大清皇帝聖旨牌，象徵客民是效忠的義民，有別於倡亂的「不義」閩、潮人（陳秋坤，二〇〇九）。這可能是相對於其他族群，客家比較在意所擁有的義民身分的原因。

除了義民信仰，伯公廟有是客家信仰中相當重要的一部分。近年來，由於商業預鑄型伯公廟的風行，各地伯公廟神龕的發展趨於相似。不過談到南北客家信仰文化的差異，伯公廟的造型仍然是令人印象深刻的一項。「里社真官」的伯公是造型特殊的「墓塚式伯公」（也有人稱「化胎式伯公」），外型看起來就像一般漢人的墳墓。這類型的伯公廟建築，在傳統放置墓碑處放置刻有福德正神名字的碑石，後方是圓形隆起的「化胎」，碑前有方形的「社神位」，蘊涵著客家人講究的「天圓地方」精神，不僅教導做人處事的道理，就連客家人晴耕雨讀的俗諺也巧妙地與建築結構結合。墓塚式伯公廟造型似乎只在台灣高屏六堆地區的客庄出現（黃佳琳，二〇〇九）。關於墓塚式伯公廟和風水的差別，南部客家有種說法是，墓塚式在意象上會做成比較像官帽的形象。北台灣新竹六家地區的伯公建築形式與六堆並不相同，特別是沒有墓塚外型的露天「伯公壇」，也沒有發現「伯公亭」樣式的伯公廟。在田野觀察中，我們發現多是立石祭祀的伯公，這應該是新竹六家地區伯公祭祀的原型，即便是具有相似廟宇外形的伯公廟，主要也是以文字書寫的香位（或香座）作為伯公的象徵，古典的伯公廟或伯公祠，甚至很少發現用木頭或石頭雕刻的神像（陳邦畛、張維安，二〇一八）。

至於家戶內的供奉，南部的客家庄仍實踐著「祖在堂，神在廟」的精神。也就是說，祖堂的神龕上只有祀奉祖先牌位，並無像關公、觀音或媽祖的神位。面對神龕，北客自左至右奉祀祖先牌位、神佛或其他神靈的做法，可能是受周邊族群的影響。我們曾經在中國梅州的祖堂發現堂內同時有祖先與神位的現象，不過神位和祖先的牌位並非放在同一個水平，而是有稍微架高，另立梯子登高上香。在空間的安排上仍維持「祖在堂」的格局，概念上，神是

1「二〇一八全國義民祭祭祀大典新埔登場」，網址：https://www.hakka.gov.tw/Content/Content?NodeID=34&PageID=40241，取用日期：二〇二〇年四月五日。

在另一個空間。

日常生活中的客家八音南北都有，南部客家八音團四人組：一個二弦、一個胖胡、一個打擊，以及一個嗩吶手，非常有名，保留了客家八音團的原型，曾被邀請到法國、瑞士演出。它與美濃南客婚禮中的「敬外祖」儀式密切相關：結婚前一天，新郎要跟著爸媽與八音團，到母親的娘家去敬外祖，行三獻禮，由客家八音團吹奏「行路四調」，之後到祖母的娘家，再到阿太的娘家，然後又回到庄中來，祭拜庄頭伯公、庄中伯公、庄尾伯公，之後才會敬內祖。北客雖也有八音，但受其他音樂如北管所影響，而敬外祖的儀式則較少聽聞。

其實並沒有所謂的「客家建築」？

南北客庄都有發現所謂的五星石。新竹新埔的五星石安置在正廳背後的中央下方，先放置一顆較大的卵石，再對稱地在其四周圍繞放置五或七顆卵石。石頭之選擇未有形狀之別，故亦無所謂的五行之說。南客，六堆地區之祠堂部分化胎前垂直向的部位會出現「五星石」的做法，其建造時間是建築體完工後，建築師傅會在化胎施作前，先選好適合代表五行形狀之石頭，例如金是圓形、木是直形、水是波浪形、火是尖型、土是方型。可見南客五星石文化和五行說之間的詮釋有較密切的關係（劉秀美，二〇〇五）。半月池則是南北客庄都看得到的建築特色，新埔雙堂屋、苗栗的客家大院和台灣客家文化館都看得到原有的半月池或創意的半月池，不過從萬巒鄉五溝水西盛路廣玉祖堂，與佳冬楊氏宗祠前的半月池所具有的「風水意象」來看，南部客家的住宅規畫設計似乎比較重視「地理」的意念。

建築風格方面，陳板和李允斐（一九九一）的〈日久他鄉是故鄉：台灣客家建築初探〉，指出了客家建築具有許多區域間的差異，並以台灣南部六堆地區客家建築的營建方法和空間使用習慣為觀察對象，指出了幾個特色，例如對屋頂的「轉溝」構造方式的堅持、「廊」空間的重視，還有白牆、黑瓦的使用，不過這些特質卻明顯和包括北埔天水堂在內的北部桃竹苗一帶的客家建築大不相同。該書兩位作者進一步針對北中南部各個客家地區所具有的、獨特而相對特殊的「地域風格」做了說明，從屋頂、屋脊、斗拱、屋架、牆面、山牆、堂號等，都有相當程度的差異性。例如屋頂，北部客家建築屋頂的高低說明居住其下的主人身分和地位，在中部則比較模糊，而南部僅在正身的「廳下」及左右兩「房」共計三間所在的部分，有象徵性的抬高，其餘的正身部分，包括橫屋在內，都沒有明顯的位階表現；堂號的部分，北部的堂號為自左至右依續書寫，而南部則將「堂」字置於正中央。可見台灣南北部之間，在建築規畫的理念上，存在著可見的差別。究竟什麼是客家建築，甚至有沒有本真性的客家建築特質，都是個有趣的議題。

難有客家共識的「客家日」與「客家花」

二〇一〇年九月十日，當時的行政院客委會公布以「天穿日」（農曆正月二十日）為「全國客家日」。這個日子據說是從和客家有關的日子如《客家基本法》三讀通過日、客家人掃墓祭祖日、天穿日、客委會成立日、義民節、還福收冬戲、國父誕辰紀念日及還我母語運動前八強中脫穎而出。過程中雖然經過兩階段投票，不過南部客家並不認同，六堆地區的客家人沒有過天穿日的傳統，許多人認為「天穿日」是台灣北部的節日，甚至也並非北部客家所獨有。以天穿日為客家日的做法，一直到二〇一八年都無法獲得南部客家人打從心底的認同。二〇一七年立法院三讀通過《客家基本法》修正案時，附帶決議辦理全國客家日公聽會，似乎就是回應南部客家人的觀點：「全國客家日」應具有普遍性、紀念性及展望性，希望藉由辦理公聽會的討論過程，形塑新的客家意識，俾作為後續研擬「全國客家日」修訂與否之參考依據。與此相同的是桐花祭，雖然南部桐花較少，不過高雄六龜與茂林交界的五公山、茂林涼山遊憩區等，仍都能賞桐花，只是南客並不像北客，和桐花有如此密切的關係，當然也不可能視油桐花為客家花。

當桐花祭成為「客家桐花祭」，油桐花與客家便已開始被畫上等號。在台灣北部客家地區，每年四月到五月間油桐花綻放，落花繽紛，被稱為五月雪。生長在北部客家地區的油桐花樹，曾經和他們的經濟生活有密切的關係，後來經過客委會大力推廣成客家地區旅遊經濟，帶動地方的觀光產業，同時亦變成一種客家族群的符號，不少客家族群創意產品經常以油桐花作為客家文化的代表。雖然有外來種、生態等批評的聲音，但是「油桐花」無形中已成為「客家油桐花」，甚至被說成「客家花」。就像天穿日作為「客家日」一樣，南部的客家族群不認為油桐花是客家文化的象徵，南部客家有自己的「客家花」：夜合花。

在〈夜合花：客家原香〉一文中，彭瑞金提到夜合的花卉意象：「夜合樹」樸實無華的外貌，以及「夜合花」幽微的清香特質，不僅貼切視勞動為人生神聖使命的客家婦女樸素外貌，也合乎客家族群含蓄內斂的民風特性。「夜合」是非常耐人詮釋的花卉，有人把它和早期台灣客家婦女黎明即起、深夜始眠，只有在一切勞動結束之後、沐浴完就寢前才能讓自己的丈夫聞到體香聯想在一起，有人說夜合就是整體客家婦女的共相，樸素、勤勞，終身如一，雖然是一種花，卻從不以滿樹盛開耀人，也不以花香濃烈誘人，它的花香只能默默體會（彭瑞金，二〇〇八）。夜合花所代表的客家文化意涵，對北部客家社群而言是陌生的，夜合花和油桐花在南北客家的詮釋中各有不同的內涵，誕生了「北桐花、南夜合」的南北客家文化意象。

除了「客家花」南北不同外，南部還有一項與花有關的祭祀文化：「六堆客家盤花」，也是北部客家人所不熟悉的文化。羅紫菱在其碩士論文中分析了香花在南部客家儀式文化中的重要性，她指出，六堆的客家祖先，在祭拜神明或祖先時，都奉香茶和香花，來表示對祖先或神明的尊敬和虔誠，後來發展出以盤花為祭祀供品。現今六堆地區在祈福活動、廟宇祭祀、村廟聯合祭典、年節活動中，使用的供品都有盤花，所需花材大多來自住家庭院、廟壇前種植的花樹。這些常民生活裡的花樹，除了觀賞，隨意組成一盤盤的花盤，拿來敬奉神明，既環保又虔誠。六堆常見的盤花植物，有白花仔、夜合、含笑、樹蘭、桂花、新丁花、絲仔花、芙蓉、吱糾花（野薑花）、雞卵花、玉蘭花、黃梔子、圓粄花、石練花、雞公髻花，都是六堆人喜愛的庭園植株，雖不名貴，但好種，可抗熱氣和雨水，花香郁郁，在六堆地區被廣泛栽種（羅紫菱，二〇一四）。

近年為推廣客庄文化節慶，原本在客庄默默進行的盤花習俗，幾度成為焦點，有時甚至做了主角，成為薪傳客庄的特色之一。在南部六堆地區的客家庄，庄頭庄尾都有伯公壇。神壇上除了放置神茶杯，旁邊一定還會擺放著盤花。愛香花的六堆人在自家庭院種植著淡雅清香的花樹，開花時期，花香郁郁，久久不散。六堆居民把庭院摘下來的香花，供奉在廟寺神佛前，禮佛、還神、奉祖的儀典裡，都少不了盤花（羅紫菱，二〇一四），甚至在忠義祠的祭祀活動中也增加了盤花比賽的活動。雖然，盤花與南部客庄歷史關聯性的學術性討論還不多，但盤花在南部客家儀式文化中所扮演的角色，是台灣北客所不熟悉的「客家文化」。

受自然環境與周邊族群影響的「客家」產業與「客家」服飾

南北客家所居住的地理環境不同，相對地，產業經濟特色也有差異，在北部的客家論述中，不斷把客家人居住在丘陵地當作一項「客家特色」，同時也把屬於丘陵地的產業經濟，例如茶園、香茅園和樟腦樹等景觀和產業，與客家人聯想在一起，甚至提出客家丘陵經濟的圖像。相對而言，清領以來北部客家社區所出現的產業，多具有丘陵經濟的特質，例如丘陵地的茶園、林業，以及與其相關的伐木業和燒炭業、香茅產業，還有和樟樹有關的焗腦，也成為北部客家族群想像的客家產業。樟腦一度是台灣重要的財政收入之一，這個產業幾乎為客家人所壟斷，由於深入原住民地區，也因此常發生衝突，「樟腦的代價就是人血」，道盡了客家族群從事這個產業的艱辛，但也使「近山而貧」的「粵庄」經濟有所改善。因為對於焗腦業的投入，客家人逐漸開始向各地移動，有些人因此就地安身，而這也成為解釋客家人在台灣分布的社會基礎之一。樟腦產業並不限於北部的客家地區，台南楠西、高雄甲仙、六龜等地也有，不過客家和樟腦的關係卻經常成為北部客家產業的想像特質。

到了南部客家，在以美濃為代表的客家產業中，經常可看到媒體這樣的報導：「菸業帶來可觀財富，培育出近四百位美濃博士。」由於美濃地區的客家人參與這個產業極為普遍，也因而發展出特定的在地人時間觀，洪馨蘭對於美濃宴席研究就是一個重要案例。從日治時期開始發展的菸業，促使美濃客家族群投入菸業的勞動，甚至發展出「公務農」的概念，將「交工」互助文化發展成在地客家族群的特色之一。此外，由於菸業的勞動性質必須維持大家庭的制度，而這也成為美濃客家族群的特色，並在六〇年代成為外國學者研究華南漢人社會的重要場域。這些菸業實作的社會支持系統，形成了不同的社會組織特色及社區景觀，逐漸成為人們想像南部客家族群的符號，尤其是菸樓的景觀，經常成為博物館展示的對象，客委會苗栗和六堆的客家文化園區就都有菸樓的展示。

菸業、香茅和焗腦都是屬於公部門所規定的專賣產業，目前都已經榮景不再，不過在客家產業經濟的記憶與研究中，仍然為人們津津樂道。這種因為國家政策、生態資源、氣候環境的影響而帶來的南北產業差異還有很多，例如水蓮菜、桔醬、客家小炒和檳榔扇等。

除了經濟產業的的差異性，日常生活的服飾與鞋款等細節，南客北客也是有同有異。在〈臺灣客家女鞋研究〉中，鄭惠美（二〇〇七a）曾經指出，台灣客家婦女鞋款大致相似，但有細部的差異。形式上，六堆地區的翹鞋外型有拖鞋式和包鞋式兩種，北部地區則多為拖鞋式。鞋面刺繡圖案方面，北部客家翹鞋圖案較大而具有主題性，例如喜鵲梅花諧音喜上眉梢，牡丹、花鹿、烏龜象徵富貴長壽等等，以鞋頭部位為裝飾重點；而南部地區則多見纏枝小花卷曲盤繞，從鞋頭延伸向鞋幫兩側以及後腳跟部位，呈現出繁複縟麗的氣氛。拖鞋鞋面的刺繡技法，南部地區有特殊的珠繡作品，此為北部地區少見的形式，在北部客家地區幾乎未曾見到珠繡拖鞋的傳世實物，因而推斷六堆客家珠鞋可能是受到台灣南部原住民排灣族珠繡服飾的影響。鞋面布料使用方面，拖鞋鞋面布料多為棉布或絨布，色彩以黑色最為常見；翹鞋在鞋面布料使用上較拖鞋多樣化，傳世實物中有棉布、絨布和絲緞等質料，色彩有米白、大紅、深藍和黑色，但以紅、黑兩色最為普遍（鄭惠美，二〇〇七a）。

台灣南、北客家婦女大襟衫的形式在外型輪廓上雖然類同，但其中存在許多細部的差異。我們可根據鄭惠美另一篇南北客家婦女大襟衫的研究，從材質、色彩、釦子造型與裁剪結構，比較台灣早期（從清末民初至光復初期）之南、北客家婦女大襟衫之異同。鄭惠美（二〇〇七b）指出，相對於北部客家婦女的大襟衫，六堆客家地區的藍衫屬於「中長大襟衫」，確實是保有較傳統的客家祖源服裝形式，傳承為客家標誌的「藍衫」。北部客家婦女普遍穿著的短大襟衫，在襟頭裝飾、袖口寬度等製作細節上，則受到閩南（福老）婦女服飾與流行風潮的影響。

是地方認同還是政治認同？

如果要舉出一、兩個「有特色的」台灣客庄，首先想到的應是美濃或更大範圍的六堆。台灣北部的客家人廣泛居住在桃、竹、苗三縣，從日常生活中社會互動的角度分析，竹苗、桃竹或桃竹苗之間，並沒有發生日常生活的細微聯繫，這個族群空間的概念僅止於相鄰的三個行政區，並未發展出桃竹苗的聯盟，或者是桃竹苗客家共同體的感覺。簡單來說，沒有泛北台灣客家的認同。以新埔義民廟為中心的信仰有建立起全台灣義民廟分香網絡，但桃園、新竹兩縣的十五大庄信仰圈只是維持以義民廟為中心的祭祀圈，並沒有成為桃竹苗客家人的在地認同核心。最近雖然有「浪漫台三線」的議題，首次把桃竹苗（包括台中）作為一個論述單位，但我們還不清楚，未來會不會有人說「我住在浪漫台三線」，就像南部的客家朋友說「我住在南部的六堆」那樣。

六堆作為一個論述單位是無庸置疑的，儘管很多人並不熟悉六堆的相對位置，不過大部分人都能夠說出六堆形成的故事。朱一貴事件發生後，南部客家墾民，在下淡水溪（今高屏溪）流域以東，聯合客家十三大庄與六十四小庄組成自衛組織。美濃雖然後來改隸高雄，但不影響屏東六堆的共同體想像。這個共同體裡面充滿著客家社會運動的故事：美濃反水庫運動，以及由此延伸出來的黃蝶祭；愛鄉協會，例如美濃愛鄉協進會；地方報和雜誌，例如《六堆風雲》雜誌、《月光山》雜誌、美濃客家雜誌；具有地方特色名稱的樂團，如交工樂團；自己的博物館，例如美濃客家文物館；地方著名的文學紀念館，例如鍾理和文學紀念館。其中，尤其特別的是六堆運動會，這個在一九四八年就由地方人士推動的運動會素有「大武山下的小奧運」的雅稱，具有團結在地認同的特色。美濃則是向來以文風盛、多文人為地區特色，也吸引了不少青年返鄉編修鄉鎮誌、營造地方的文化力，以知識論述的方式建構理想的社會，勇敢地向不正確的政府政策說「不」，而成為台灣最美麗的客庄。

至於所謂「北藍南綠」的政治版圖，與客家人在台灣的區域特質相近。二〇〇〇年總統大選時，曾有人做過族群和文化的政治版圖分析，指出「客家族群有所謂北藍南綠的說法。北部地區和東部的客家人一般較為偏藍，南部的客家人因為人口較少，和福老人的同化程度較高，所以投票傾向也和淺綠的福老裔相近」。南北客家沒有因客家而相近，而是與其所處區域的政治版圖相近：北藍南綠。林賢奇（二〇一三）進一步以二〇〇八年及二〇一二年立法委員選舉中的「第二票」，即政黨選舉票，和南北台灣客家文化重點發展區的關係來做分析，結果發現與前述觀察相近，二〇〇八大選時，全台灣六十九個「客家文化重點發展區」中，國民黨在五十六個北台灣客家文化重點發展區具有明顯優勢，只有桃園縣觀音鄉偏向民進黨（KMT：DPP＝55：1）；但是南台灣十三個客家文化重點發展區中，則只有五個偏向國民黨（KMT：DPP＝5：8），二〇一二年總統大選時，全台灣六十九個「客家文化重點發展區」中，國民黨在五十六個北台灣客家文化重點發展區，仍然具有明顯優勢，只有三個支持民進黨（KMT：DPP＝53：3）；而南台灣十三個客家文化重點發展區中，則只有兩個偏向國民黨（KMT：DPP＝2：11）。

如果將桃竹苗視為北部客家地區，高屏六堆視為南部客家地區，雖然在這三次的選舉之中，藍綠板塊有向綠的方向轉移的趨勢，不過整體看來，北部客家仍是藍或泛藍占有優勢，南部客家卻是綠或泛綠比較有優勢。

＊　＊　＊

本文以台灣南北客家文化為例，說明客家文化內部的差異性，從語言的使用、產業的特色，以及政黨偏好，可以看出客家族群內部的豐富性。除了文中所提，在食物方面，台灣北部具有客家族群特色的是桔醬、客家小炒，在南部卻是完全不同的面帕粄、水蓮菜。在一次南部客家文化的座談中，許瑞君提到，南部新娘服的頭冠用的是花冠，不用禽鳥、鳳凰、鴛鴦，看起來應是受原住民的影響；雲肩刺繡也是，而這據說可能和平埔較有關係。賴漢生也提到早一輩南部客家的女性可能是另一個重要的差異，他說在他祖母的那個年代，不分男女都一樣會嚼檳榔，而這可能與母系祖先方面的原住民族群特質有關。客家文化不只有南北的差異，洪馨蘭指出即使是在南部六堆內部，也有其差異性，例如剪紙、盤花是高屏溪以南六堆客家的特色，高屏溪以北的美濃、杉林等客家庄，就沒有這樣的習俗。

論及南北客家文化的差異時，有些人會認為「不要再（區）分了」，言下之意是客家文化的論述應該去異求同，以強化客家族群的凝聚和認同。然而，客家文化內部的去異求同，勢必也會產生主流者越主流、弱勢者越弱勢的結局。以客家話為例，就可能會發展成以四縣和海陸為主，甚至到最後獨尊四縣的地步。討論南北客家文化的差異性，並不是要分成兩個不同的團體，分裂對決，而是在論述客家文化內部的多樣面貌，增益客家文化的豐富性。

參考書目

林賢奇。二〇一三。《從二〇〇八、二〇一二年政黨投票看客家族群政黨傾向：以客家文化重點發展區為例》。中壢：國立中央大學客家研究碩士在職專班碩士論文。

客家新聞雜誌。二〇〇九。〈庄伯公軼事：六堆篇〉(一二七集)。

陳邦畛、張維安。二〇一八。〈六家客家伯公的面貌與變貌：新竹高鐵特區個案分析〉。《土地神信仰的跨國比較研究：歷史、族群、節慶與文化遺產》，頁一一七。台北：桂冠。

陳板、李允斐。一九九一。〈日久他鄉是故鄉：台灣客家建築初探〉。收錄於徐正光編，《徘徊於族群和現實之間：客家社會與文化》，頁三〇~四七。台北：正中書局。

陳秋坤。二〇〇九。〈帝國邊區的客庄聚落：以清代屏東平原為中心(一七〇〇~一八九〇)〉。《臺灣史研究》十六(一)：一~二八。

彭瑞金。二〇〇八。〈夜合花：客家原香，理事長序〉。《夜合花：客家原香》。高雄：高雄市客委會。

黃佳琳。二〇〇九。〈美濃伯公廟　造型奇特風水好〉。《自由時報》（地方版），三月十日。

劉秀美。二〇〇五。《六堆客家地區五星石與楊公敦墩》，頁十二～十三。台北：行政院客委會。

鄭惠美。二〇〇七a。〈臺灣客家女鞋研究〉，《國史館學術集刊》十二：二四五～二七二。

——。二〇〇七b。〈臺灣南北地區客家婦女大襟衫比較研究：以清末民初至光復初期之傳世實物分析為例〉。《臺灣文獻》五八（二）：一六七～二一三。

羅紫菱。二〇一四。《六堆客家盤花文化之探究：以內埔、麟洛地區為例》。屏東：國立屏東科技大學客家文化產業研究所碩士論文。

看得見與看不見的「客家」：藍布衫、油紙傘，與敬外祖

洪馨蘭｜國立高雄師範大學客家文化研究所

同樣是客家文化，不同區域以其文化彈性發展出不同的區域特色。除了「看得見」的藍布衫與油紙傘，還有「看不見」的特殊姻親關係。藍布衫與油紙傘並非華南客家固有的傳統，卻在台灣南部於一世紀中盛行開來；而南部客家特有的「敬外祖」風俗，藉由每一場婚禮以新郎感念母親的儀式，強化了姓氏族人與過去姻親家族間的關係。在傳統父系社會運作的邏輯中，這樣的婚俗也成為我們管窺南部客家特色的一種切入點；藍布衫與油紙傘作為新生的「傳統」，也說明台灣南部客家的物質文化與歷史特色。

六堆鮮明識別標記：藍布衫與油紙傘

在客家研究中，常常會透過爬梳地方風土與歷史事實發展的異同，突顯特定地方群體在面對變遷時的彈性與適應性。像是一般人印象深刻的客家醃漬品，不同客家地區各有其特色：北部客家風乾筆柿成柿餅，中部客家發酵河蝦為蝦醢，南部客家的醃漬品則保留了嶺南山區菜色——豬膽肝（洪馨蘭，二〇一七）。這些「可見的」文化背後，是一種對在地食材進行脫水乾燥與發酵技術的靈活運用，且經由世代不斷實踐操作，加上對資源匱乏的敏感，使之鑲嵌為客家文化中一種「惜物」的生活態度，展現為多樣的蔬果和肉類的保存技藝。也就是說，地區性的飲食文化雖有差異，其實背後的精神氣質和思維邏輯基本上是相通的。

提到南部客家文化特色，往往讓人想起藍布衫與油紙傘。它的傳統並非來自這個地區客家人的華南原鄉州縣，甚至與「客家」亦無直接緊密的關聯。但是在台灣南部一世紀發展下來，逐漸變成具有意義的客家文化象徵，甚至不僅代表南部客家，而成了代表台灣客家的特徵，像是客家委員會的會徽用的就是六堆藍布衫的色彩元素——靛藍。另外，在許多以台灣客家為主題的大型活動上，油紙傘也常常成為海報背景圖案或舞台裝飾擺設，甚至直接被稱為「客家紙傘」。當我們重新挖掘台灣南部的藍布衫與油紙傘的物的生命史（洪馨蘭、張筑鈞、謝逢軍，二〇一七），透過族群意象背後所隱藏的在地發展，似乎看到了包括客家人如何經由服飾選擇展現對身為漢人的身分堅持，以及二十世紀上半葉南部客家與華南之間的兩岸職人流動。

在日治時期的老照片中，可以看到南部客家女性身穿藍布衫的身影與此地藍布衫的造型特色：寬大、長版、單一靛色的大襟衫，以開襟和反摺袖口的顏色或布料，區別使用場合與年齡身分；搭配七分長的寬大棉褲、前襬中段反摺一截紮入褲頭的穿著。從不同地區的舊照片來看，我們會發現越是在像美濃這樣較為封閉的山區盆地，在二十世紀很長一段時間，藍布衫似乎可說是「唯一的」流行女裝。同樣與美濃有關，女性撐著紙傘、搭配藍布衫與黑棉褲，是攝影家擷取畫面的最愛，因而透過媒體傳播強化人們對南部客家的異文化想像。

藍布衫與油紙傘這兩個元素在美濃的成形，實際上有著職人流動的時代背景。清代的大戶人家漢人女性，通常穿的是帶有裝飾襟扣的半身長大襟衫，華南地區的晚清時期照片出現的也多是並不紮入褲腰帶的大襟衫。查閱六堆客家人廣東祖籍州縣的地方誌書，似乎並沒有特別以藍布衫為女性主要穿著的紀錄。若放大區域尺度，用藍靛染色的純色布衫是東亞地區一般百姓常見的日常服飾，在少數民族地區亦十分普遍。換句話說，藍布衫並非客家人特有的服飾。

但不可否認，將布料染成藍色的植物與染料，在嶺南客家地區是很重要的經濟作物與加工品，而當地人也投入藍靛貿易。作為重要的染料和商品，將布料染成藍布，包括從植物栽種到多次氧化最後晾乾，每個環節都是技術，也必須搭配接近水源的染坊，與擁有適當曝曬空間等條件。而南部客家聚落像是萬巒、內埔、美濃等地，在過去都有家族染布經營的故事。其實，單色無花紋的藍染技術較為單純，在製作與價格的門檻上不高。但是藍布衫之所以流行，並非單純在於它是人人可很快習得如何剪裁的入門款，更重要的是這項剪裁技藝有其傳播媒介，有教導製作長版大襟藍布衫的師傅開班授課，來自福建福州的裁縫師傅也曾受邀到美濃協助指導製作大襟衫，而村落中也將學習裁縫視作婚前必備女紅。日治時期，二尺袖和服與中式大襟衫已開始混用，然而中式大襟衫帶有漢族正統意識，身穿藍布衫儼然成為南部客家農村反映儒家思想「耕讀傳家」、堅持（自己認為的）漢族服飾以展現族群認同。影響所及，二十世紀中葉從外地穿著旗袍嫁進美濃的新媳婦，沒多久也得學習穿起藍布衫。

早期藍布衫在南部客家地區既能在勞動時穿，也是正式服飾；差別在於正式場合時前擺與袖口均不翻摺、在襟口處以別緻的金屬鈕扣取代一般布扣，而平日勞動時則將前擺位於腰間的一段衣布翻摺塞入褲繩內，並將袖口往上臂方向翻摺一截，用可拆卸的針枝稍微固定。兩處翻摺設計分別創造出位於腰間和臂袖的置物小袋，不僅減少袖擺與裙襬對勞動的干擾，同時還可攜帶小物移動。大部分的時間，女性總是從早勞動到晚，屋前屋外田裡菜園都可見其身影，所以前擺在腰際翻摺緊繫褲頭、並有色彩布樣反摺別於上臂的袖口，這種勞動裝扮異於其他文化對於藍布衫的使用與展現方法，就成為南部客家女性的經典造型。

直至今日，在嶺南少數民族的偏遠村寨，仍可常見耆老穿著素樸的藍布衫到市鎮墟場趕集。藍布衫在當地被視為少數民族服飾，但如前所述，台灣南部客家將它視為是在日本統治下保有漢人（原鄉）意識的表現。也就是說，藍布衫在台灣被定位為「傳統的客家服飾」，但這個「傳統」的時期與嶺南少數民族平日勞動衣著的相似，是平行存在的。

因此，認識六堆藍布衫的演進史，不僅可以理解台灣南部客家在物質文化上的發展，也讓我們窺見深藏於殖民時期、或說從有清以來在「非漢」政權統治下，對於漢人「正統」的孺慕。若翻開嶺南時期客家成形期的歷史研究，這種希望被當地接納、進入漢文化歷史正統的想法，早在那個時期就已經是這群「非本地人」（所以被稱為「客」）念茲在茲、為了求取安身立命而累積下來的族群心性。

日治時期受到來台中國籍職工（技術師傅）影響的，除了藍布衫，還有著名的「美濃紙傘」。原本，油紙傘並非「客家傳統」。翻閱粵東山區的地方縣誌，關於紙傘的紀錄很少，既非日常用品，亦不成製傘產業。油紙傘之所以演變為代表客家的物質文化，起因於二十世紀上半葉，南部客家的美濃人從廣東潮州邀來紙傘廠工匠。匠人們入境後來到日治下的美濃，帶入紙傘製作方法，讓這個農業小鎮發展出務農以外的手工製造業。至於為何會引進潮州籍紙傘師傅，則與台灣實施酒類專賣有關。一九二〇年代，台灣開始了酒類專賣制度，民間酒坊紛紛倒閉，其中有來自美濃的酒作師傅為了另謀出路，到民國時期的對岸尋找復業機會。師傅原本重作馮婦繼續釀酒，但技術上似乎無法突破，難以營生，這時看到潮州紙傘名聲響亮、銷路驚人，於是因緣際會改成帶著潮州紙傘的工匠回到美濃創業。之後，用油紙傘作為農田勞動時的陽傘，身穿藍布衫以腳蹉草（除草）的勞動樣貌，才成為南部客家特殊的人文風景。

對於其他地區的客家人來說，藍布衫與油紙傘都具備高度南部客家的識別性，而它在物質文化面向的內涵，有來自非客家的技藝來源，也有與客家相關的主觀意識，以及台灣整體社會的客觀環境。

一九八〇年代開始，關心客家源流議題的學者，採用了族群研究的建構論觀點，重新論述客家文化如何在不同地區有著因為當地歷史、生態、族群互動等不同情況，而產生的多元發展。這種文化上的多樣性，在「台灣客家人」論述的主導下生出區域客家文化的分類，並且以人數最多的北部客家（指桃竹苗地區），作為台灣客家主流／核心／代表。之後隨著各地客庄自主意識興起，後來的學者越來越多以其他地區的客家文化書寫，不斷地豐富大家對台灣客家多元樣貌的認識。

台灣南部的客家聚居區，以清代鄉勇組織「六堆」得名至今。作為一個具備鄉勇社會條件的地方，俗稱「南客」（南部客／六堆客）的一群人，以集村方式聚居於高屏溪流域湧泉豐富的地帶。這群人不僅因祖籍來源之故，在腔調屬性上相對於桃竹苗「北客」更為單純，他們的生存環境也不像北客較多住在丘陵區，而是以廣闊的平原為集村住地。廣闊平原的聚落、擁有自流水地下湧泉、清代時期組成「在台粵籍」這種「外省人」概念的自保團體，都是台灣南部六堆在人文特質上的地理歷史背景。

為何來自相同的廣東原鄉，卻會在南北兩地混生成樣貌不同的文化？區域性的差異除了女性服飾（例如南藍布衫、北大襟衫等）、產業（例如南紙傘、北樟腦等）這類「看得見」的文化，尚有「看不見」的制度、思緒、精神態度等。以下繼續以姻親關係為例，說明南部客家另一個特殊的文化。但在那之前，我們可以先對客家研究的發展有個概括認識。

從邊緣與整體對話

南部客家就地理上來說是位於台灣南部的客家，但就地域社會的概念（徐正光，二〇〇七，頁六）來說，南部客家是在一段相當長的時間演變下，發展或形塑出一套具有特色生活方式（或社會文化現象）的人文空間。台灣的客家研究受到一九八〇年代中期以後的新社會運動催化，成為族群建構工程的一環；另一方面，客家運動也形塑了台灣客家研究強調認同及語言流失危機的某種基調。台灣當前的客家研究之所以如此活躍，與台灣本土社會運動歷程緊緊扣連。而且，跨學科的研究氣氛，讓原本吸引偏向人文科學的歷史學、人類學、語言學範疇的討論，越來越多地採納社會學、政治學、經濟學、傳播學等社會科學的理論視野，吸取養分逐漸發展。

其中，人類學者的貢獻，還在於嘗試挑戰刻板印象：尤其是關於認為特定族群必然擁有特定文化的既有偏見。比如，一九八〇年代中期，莊英章與武雅士（Arthur Wolf）透過日本殖民時期經由普查所建立的人口資料，比較竹北地區客庄與閩庄的婚姻型態，反駁了美國人類學者巴博敦（Burton Pasternak）在《兩個中國村莊的親屬組織和社區型態》（*Kinship and Community in Two Chinese Villages*）一書中的推論。在更早之前，巴博敦曾比較了屏東縣新埤鄉的客庄家庭與台南縣六甲鄉的閩庄家庭，嘗試指出影響兩地婚姻型態的原因與族群差異有關。而莊英章與武雅士則是透過在同樣生態地理的客庄家庭與閩庄家庭，發現他們在婚姻型態上的差異其實不大；而在他們後續研究成果中，進一步提出婚姻型態更多是受到地區經濟環境的影響——也就是說，家庭是位於漢人聚落的中心還是邊陲，因為不同的生存處境，便會對婚姻型態的考慮與選擇產生作用。

除了婚姻型態，家庭規模是另外一個例子。一九六〇年代末，美國人類學者孔邁隆（Myron L. Cohen）在高雄縣美濃鎮的客庄進行蹲點田野調查，長期住在客庄家族伙房，參與多場婚喪喜慶和村落信仰或經濟有關的活動，並以大家族的婚姻、家族的分合作為民族誌研究主題。之後他出版了《台灣的中國家庭制度》（*House United, House Divided: The Chinese Family in Taiwan*）一書，描述了美濃客家人在二十世紀中葉仍擁有許多大家族，並探討原因還有影響，令國際漢學界印象深刻。後來，莊英章利用北部客庄與閩庄的歷史人口資料，重新思考了這個說法。他認為客家人並非就一定會擁有數量較多的大家族，而是和生產模式有關，與究竟是不是客家人並沒有直接影響。美濃鎮客庄的大家族，其中一定比例可能是由於居民高比例投入勞力需求大的專賣菸草種植。所以，看似來自族群差異的文化特徵，可能其實反映的是地理區位或產業差異。透過同樣族群但不同區域的相互比較，是挑戰刻板印象的好方法。

挑戰族群刻板印象

對於族群偏好的文化選擇，一般人往往會用刻板印象來形構自己對於族群的特定想像，而挑戰者往往選擇運用比較研究，顛覆人們既定的偏見。例如一般人從客家人常常自我陳述且讚揚的宗族拜祖活動，強烈感受到客家人家族似乎比較團結、大家族比較多。人類學者就嘗試透過閩客不同村莊的歷史人口資料，強調特定族群並不一定就有比較多的大家族或比較偏好大家族，包括婚姻型態的選擇（比較喜歡大婚或普遍盛行小婚）、家族規模的大小（比較喜歡較遲分家讓家族持續壯大或沒有懸念很快就分家）等等，實際上和一個地方對於婚姻穩定的需求以及當地生產模式等的關係可能較大；相對地，族群性的直接影響可能反而沒有想像中的大。

所以，台灣不同區域呈現的客家多元文化，不僅因祖籍地不同而存在南腔北調，相異的風土環境與族群互動都成為必須考察的要件。甚至到了當代，「差異」已經變成顯學，刻意突顯鄉鎮村莊的獨有特色，更有利於地方亮點的社區營造。不只是「南客」、「北客」，現在還有「中客」、「東客」，或是特定區域如六堆、台三線、台九線等各自與眾不同的地方。即使是客家重點鄉鎮，也不是只有客家人居住，因人口比例數的不同，展現出來的區域或鄉鎮客家樣貌，也會有強度上的差異。在歷史不斷地演變下，有些「客家」元素其實是經由傳播而來的，未必直接承襲自該地既有的客家民情風俗，例如擂茶。

區域內有鄉鎮差異，鄉鎮內有村莊差異，不同規模的地理區域內又可能存在族群差異，單就村落現象予以描繪，容易陷入「見樹不見林」的問題。如果我們還能多找到一些核心元素，對於理解「何謂客家文化」就會有很大的幫助。以下要談到的六堆婚俗「敬外祖」，即是一個用人類學角度去思索「南部客家」的例子。

台灣南部客家人的生活環境，讓這種客家文化中淡微卻持續存在的族群特徵，以半顯的方式被看到，而使「看見南部客家」成為「看見客家」的一條路徑。

南部客家作為一個區域／地方

一九六〇年代，受到當時盛行的傅利曼（Maurice Freedman）華南宗族假設的影響，吸引許多青年學者投入華人的婚姻與家庭研究（Freedman 1958; 1967）。其中，在選擇以台灣南部客家作為田野調查的研究成果裡，通常指出這個區域有相對較緊密的姻親關係。甚至，即便是並不擁有冬李輪種專賣菸葉許可權的左堆客庄，若與台南的閩庄相比，客庄的姻親關係網仍然表現得更為緊密。

南部客家人常說，「牽來牽去都係親戚」，而婚俗「敬外祖」更把這種日常的姻親互動，提升至祖先崇拜文化叢中，用「拜祖儀式」來強化飲水思源並同時鞏固姻親關係。一場傳統的六堆婚禮，不僅是新的姻親關係的締結，還強化準新郎「識別」族中其他姻親的能力。這種傳統婚禮中的儀式，目前僅盛行於傳統六堆。[1]

「敬外祖」在六堆當地也稱「拜外祖」。其中，「外祖」是指母方家的祖先——包括準新郎曾祖母娘家的祖先、祖母娘家的祖先，和母親娘家的祖先。這裡的「娘家的祖先」很容易被誤以為是「母系的祖先」，如果我們使用準新郎「去祖父的舅舅家拜祖」、「去父親的舅舅家拜祖」和「去自己的舅舅家拜祖」，就不會混淆了。這是一系列經過路程安排到三代外祖家——此為理想型，目前多僅敬祖母娘家與母親娘家，甚至只有回母親娘家——祖堂祭祖的儀式，在準新郎大婚[2]前一天的下午完成。

儀式進行時，由族中長輩陪同，彩旗和八音組成的隊伍作為前導（若無聘請八音團則播放錄製好的喜慶八音曲目），準新郎坐上單人轎子（現多開車），後方尾隨扛著牲禮粿品與金香紙燭的友人（現也開車隨同，物品置於車上），在管弦鑼鼓吹打下，浩浩蕩蕩前往不同的外祖家（舅家）。姻親族人均已獲得通知，指派族中長者在祖堂外迎接，並主持祭祖儀式，邀集敬外祖之準新郎與族人一同上香敬祖。共同完成拜祖儀式後，收下三牲同時回禮答謝協助扛牲禮的人，並將紅粄和菓品等直接分送給觀禮的族人或鄰舍親友們，之後鳴放鞭炮，儀式完滿，隊伍又再次啟程，浩浩蕩蕩前往下一個外祖家祖堂。

通常，在敬拜外祖前，隊伍會以同樣隆重的敬神祭品，前往聚落神明與土地伯公等處，祈求族人安康與婚禮圓滿。敬外祖的行程整個完成後，隊伍也會回到準新郎家祖堂，敬拜自

1 必須說明，此處將述及的「傳統」，是指一個具有延續清代漢人開墾農耕並進入在地化的六堆時期，而所謂的「六堆」，雖然目前在官方的定義下已經變成「高雄屏東兩縣市下淡水溪流域分布有客家村落的十二個鄉鎮區」，但這個詞彙在清初出現的時候，指的是義勇鄉團的組織，而這些組織的成員主要來自下淡水溪的粵人村莊集結的壯丁，所以嚴格來說是不包括二十世紀因取得山區資源或南下尋找耕地才形成的客家聚居區。因此，若僅用「南部客家」，其含義較接近當代，但接下來要談的婚俗「敬外祖」則是盛行於傳統的「六堆」聚落，而非現今客家委員會繪製六堆地圖上的那個較大的地理概念。

2 所謂大婚，是指漢人父系宗族制度下的正規婚姻。相對而言，童養媳婚、招贅婚等則稱為小婚。

家祖先，此為「敬內祖」。部分家族另外依照族中長者指示，於當晚子時進行拜天公與「還神」儀式。這一整天的行程即便在有機動交通工具的現在，都顯得十分忙碌，更何況早期還是坐轎步行、撐排過河才到得了姻親家。

可以說，這套婚俗是一個即將於隔天為家族建立新結盟關係的男子，重新與父系家族中曾建立的多代姻親家族再行契約的象徵，對於強化姻親關係和建立年輕男子的人際網絡具有實質上的意義（洪馨蘭，二〇一五）。雖然台灣漢人社會的姻親關係本就親密，且具有非正式政經結盟的特色，但像南部六堆客家人這樣，發展出鑲嵌於婚俗中敬拜多代姻親祖先，並以此「再結盟」的文化，背後必然有著六堆地方社會的歷史過程，或可能具有較特殊的族群接觸因素。

敬拜三代母方娘家的祖先，也意味著六堆客家對於「母親」這個關鍵角色的特殊感念：正因為從姻親家來的這名女子完成了婚後傳宗接代的生養責任，而今她所生養的男子也將扛起家族存續期許，所以要去母親的娘家表達感謝之意。就婚俗上來說，一名母親將因為她生養了多名男丁，她的娘家祖先會有多次被「敬外祖」的機會，而當她升格為祖母、甚至變成曾祖母時，娘家祖先仍會再度、多次、重複地獲得敬外祖的牲禮饗宴。這不禁讓人思考，在南部六堆客家展現得如此鮮明且直接的「感念母親（母方）」，對理解客家是否具有更深一層的意義？

姻親關係的締結與強化

透過婚姻進行橫向的網絡締結，是人類社會普遍的文化設計。然而，締結婚姻的兩方構成什麼樣的親戚關係，則存在各地不同的差異性。台灣南部六堆的敬拜外祖婚俗，讓準新郎有機會認識自己家族中的姻親，並直接到姻親家祭祖，不僅稟告姻親族人這則喜事，同時再次連結了由曾祖父、祖父、父親所締結的姻親家族。共同拜祖也「重演」了最初的締結過程。這種姻親關係的強化讓這個家族即將扛起結盟任務的「準新郎」意識到，姻親是這輩子都必須相互關懷的盟友，姻親的範圍不僅有自己締結的部分，還包括父系長輩多代締結的部分也都是自己的責任。

從南部客家的顯著特質看到華南客家的隱性特質

敬多代外祖的儀式目前已經淡微，其感念母方祖先——雖然這個母方祖先指的還是母方的父系家族——的隱性內涵，透露了客家人孺慕母親的特色，而南部客家人以鑲嵌於婚俗的樣貌，使其在鄉野裡被熱鬧地看見。台灣北部客家，無獨有偶地，似乎也有看來隱微類同的文化展現，只是藏在家族自己的宗祠裡。

十九世紀後半葉，位於今日新竹縣新埔街區的宗祠，因反映當地強調合族政經結盟之需，吸納民間信仰祿位文化，在宗祠內設置了「歷代姻親祖先牌位」，同樣隱含著「感念母方祖先」的精神意識。形式上是神化姻親家族先祖，實際上則象徵著對這些從不同姓氏家族來的女性的感謝，感謝其作為合族與傳宗接代的媒介。就社會意義上，此舉呈現當地客家人在面臨土地開發與宗族壯大的過程，姻親結盟乃是其中一種重要的策略。

從北部客家的內山墾殖史可發現，新竹縣新埔街區的發展不僅包含不同族群間的合作與競爭，還有朝廷權力的介入、樟腦利益的影響，而這些都是家族勢力能否在地方扎根並壯大的關鍵。以位於新埔鎮中正路的陳家祠為例，其祖籍為廣東嘉應州鎮平縣，由時任五分埔貢生的陳朝綱建於一八六八年（清同治七年）。在這個落成於一八七一年的家廟建築裡，除了敬奉陳氏列祖列宗，西廳還有兩個祿位，分別是「皇清誥授朝議大夫選用州同加知府銜欽賞花翎重建陳氏宗祠總經理陳朝綱長生祿位」，以及「外氏歷代祖考妣暨一派尊姻戚之神位」與並列書寫的「八戶歸祠」牌位。

無獨有偶地，在二〇〇六年成為新竹縣縣級古蹟的新埔林氏家廟（祖籍廣東潮州府饒平縣），也有類似設置。這間落成於一九一七年（日治大正六年）的家廟，西廂設為祿位廳，正中間是「外氏歷代始太高曾祖考祖妣暨一派尊姻戚之神位」並列「地基施主諡世昌諱瑞乾林公及派下裔孫長生祿位」，尊位一側是「本家廟今後有志樂施產業金品特殊效勞林先生暨列表長生祿位」，另一側則是「經建經理、創建經理人、募集委員及幫辦委員等人之長生祿位」。其中，家廟竣工周年的〈西廳冬祭祭文〉（引自楊仁江，二〇〇八a），以「周歲時祭家廟西廳外氏施主經理祿位」為標題，說明敬奉外氏姻戚神位之前因後果。祝文中對於姻親家族在女性締結姻緣的貢獻（「承合族之創建，然諾存莫，非姻婭之締結，而椒衍瓜綿何得」），以及那些對林氏家廟土地與資金上的支持者（「喜堂基之寄附……實棟宇起基之因」）均表特別感謝。而「外氏歷代始高曾祖考妣既一派尊姻親」被放置於祿位廳，更奉祀以「神位」，由此彰顯感謝姻親在為林氏家族提供女性、建立聯盟、綿延宗祧的貢獻。以敬奉姻親祖先神位為感念母方家族（及所有母親）的這種形式，在鄰近不遠的張氏家廟也是如此。

上述陳家祠、林氏家廟與張氏家廟三者，其在廣東省的祖籍地都不同，他們的祖籍地在方志或文獻上，也尚未發現當地家廟是否有類似安排，我們現在認為這種文化設計反映的是北部新埔客家地區特殊的清代地方社會歷史，或可能與十八世紀末新埔褒忠義民廟的祿位廳設計有關。不論如何，這種將「歷代姻親祖先」作為祿位奉祀的對象，確實可以看到締結姻親對於當地客家人來說具有特殊意義。

南北客家對於姻親祖先的敬拜文化，採用了兩種不同的實踐策略。新埔客家將姻親祖先另刻一個代表集體的神位牌，奉祀於自家宗祠的祿位廳，然而神位／祿位上並無說明姻親實際姓氏、所在地，家族子弟僅從持香敬拜與宣讀祭文，並無法獲得關於姻親家族的任何訊息。

相較之下，六堆客家經由婚俗設計，展演且高調地在村落裡或村落間，造訪近二至三世姻親家拜祖，讓這種感念成為眾所皆知的行動，雙方家族都以真實互動展現作為「自己人」的聯盟誠意。在田野調查中，常常聽到準新郎是在這個時候，才仔細認識這些族中母輩們是從哪一個村莊的哪一個祖堂所嫁出來的。神位牌文化主要是對族內人的象徵意義較大，而敬外祖則是展現給姻親家族持續結盟的功能意義較大。

兩種不同形式的姻親祖先敬拜，背後的關鍵人物是實踐傳宗接代任務的「母親」。若沒有母親完成任務，母方（姻親祖先）就沒有機會成為被感謝的對象。人類學者或許尚未找到這種姻親祖先崇拜在客家文化中的原型為何，但客家對開基時期的族中母親特別敬拜的「婆太墓」，或可作為參照。

「婆太墓」乃是開墾初期對開基祖正室的禮敬祭祀（見洪馨蘭，二〇一五，頁八三），兩岸皆有之。原本「婆太」（po^{11} tai^{55}）一詞並非指特定的某位族中女性長者，客語稱曾祖父稱為「阿太」（a^{24} tai^{55}）。另一方面，「婆太」也是特定的親屬稱謂，例如曾祖母就稱為「婆太」；但「婆太」和「阿太」通常也泛稱輩分更高的祖先尊稱。在父系社會通常夫妻合葬的文化下，單獨針對輩分極高「族（之）母」的墓祭，顯示對於女性在生養（綿延宗族）開創角色的崇拜與感恩。只是，我們也同時看到了傳統客家文人對女性勞動的刻意美化與要求，事實上並不必然催生女性享有的族中地位。因此「婆太墓崇拜」與其說是對「年長女性」的尊敬，更精確地說是對「母親」（擁有子嗣的女性）角色的信仰化。

目前並沒有確切的概念可以涵蓋敬外祖、敬拜姻親祖先牌位、婆太墓等文化，只能說它們都有個類似的特徵，就是一種對「母親」的崇敬。準新郎前往姻親家祖先共同拜祖時，感謝的是給妻方提供了足以達到傳宗接代生養功能的女子，也就是說感謝提供了一個「母親」，這種感謝是顯性的、直接表達在祭祖儀式的口語中；而感謝歷代姻親祖先牌位的文化設計，背後也是感謝姻親家族提供了這個家族的所有「母親」；婆太墓基本上是感念這個開墾群體最早的「母親」。如果我們以「崇母意識」來貫穿這個流轉在客家底蘊中的思維，也許可以嗅到一點點屬於傳統客家社會「看不見的」文化內涵。

雖然台灣南北分別為客家移民從嶺南的移出地，母親崇拜意識也發展出不同的形式，且鑲嵌著不同的功能，但對婆太與婆太墓的崇敬、奉祀歷代姻親祖先的神牌祿位，以及直接走訪進入外祖家拜祖等，皆可說是客家文化裡隱微卻共享的族群心性。其中，南部六堆客家人的「敬外祖」，由八音、彩旗引導行進的隊伍，祭祖後熱鬧的鞭炮聲，最讓人印象鮮明，也成了我們窺見此項隱微心性的一個重要窗口。

絕對父權父系的平衡

對於開墾時期的長者女性產生的崇拜，甚至延伸出相關傳說與單獨的祭祀，是對於絕對父系父權的一種平衡。在敬外祖中，女性婚後並非與娘家切斷了所有關係。一旦即將完成「生（男丁）」「養（成人即將結婚）」責任的同時，她娘家的祖先也將獲得祖先之禮的高規格敬拜。雖然這個敬外祖所稟告敬拜的對象仍舊是屬於母親兄弟的父系祖先，然而儀式肯定了女性的付出，也強化了族人對於給妻方以及母親角色的重視。當六堆人說「母親那邊的祖先也是祖先」時，「祖先」定義的同心圓是相對較大的。「同時」來自父母兩造的貢獻，對於我們去進一步認識何謂「客家文化」，提供了重要的思路。

＊　＊　＊

本文以六堆特有的藍布衫、油紙傘，以及敬外祖文化，提出一種重新看見客家的方法。我們先從南部客家文化的演進史，看到福州裁縫師與潮州製傘師傅如何分別進入南部客家，成為刺激南部客家文化有形區域特色的重要元素；同時也看到這些代表南部客家的文化特徵，涵蓋著兩岸（當時是日本殖民地與對岸中華民國）熱絡的往來史。接著，本文探討敬外祖儀式如何一方面強化姻親關係的連結，另一方面表達了客家文化對於「給妻方」成為家族「母親」的感謝之意。從這個線索出發，我們找到了北部客家的歷代姻親祖先祿位敬拜，以及海峽兩岸都有的開基祖婆太墓，看到隱藏在客家文化中對於具備掌理內外家務及傳宗接代能力的「母親」，似乎有著特殊的情感與意識。雖然從批判的角度來看，重視母親的能幹可能美化甚至加重了客家社會既存對女性在生育與勞動力的剝削，但若放在父系社會的族群中比較，客家文化對已婚女性／能幹母親的孺慕（也許亦有某種程度包含了感恩／依恃／畏懼／壓抑），或許是這個文化裡幽微但特殊的族群特徵。

從六堆藍布衫與美濃油紙傘的文化創發性格，到敬外祖強調的跨世代走姻親，我們不僅學習「看見南部客家」，也得以重新思考「台灣客家」、「客家」是什麼。

參考書目

李亦園。一九九五。〈說文化〉。收錄於羅鳳珠主編，《社會科學導論》，頁二～十八。台北：正中書局。

洪馨蘭。二〇一五。《敬外祖：臺灣南部客家美濃之姻親關係與地方社會》。中壢：國立中央大學出版中心，台北：遠流。

——。二〇一七。〈客家菜餚的傳統與變遷〉。收錄於楊昭景等，《醇釀的滋味：臺灣菜的百年變遷與風貌》，頁一五七～一八五。台北：墨刻。

洪馨蘭、張筑鈞、謝逢軍。二〇一七。《超越地方性——臺灣客家物件之鑲嵌與脫鉤研究暨青年扎根計畫》。一〇六年度客家委員會補助大學校院發展客家學術機構成果報告。（未出版）

徐正光、張維安。二〇〇七。〈導論：建立台灣客家知識體系〉。收錄於徐正光主編，《台灣客家研究概論》，頁一～十五。台北：行政院客委會、台灣客家研究學會合作出版。

徐正光。二〇〇一。〈客家社會生活調查〉。收錄於曾彩金總編纂，《六堆客家社會文化發展與變遷之研究：社會篇》，頁二九一～三三五。屏東：六堆文教基金會。

莊英章、武雅士。一九九四。〈臺灣北部閩、客婦女地位與生育率：一個理論假設的建構〉。收錄於莊英章、潘英海編，《臺灣與福建社會文化研究論文集（一）》，頁九七～一一二。台北：中研院民族所。

莊英章、潘英海。一九九一。〈臺灣漢人社區的民族誌基本調查：三個文化理論的實證研究〉。《臺灣史田野研究通訊》一七：五～九。

——。一九九四。〈緒論：邁向漢人社會文化研究的里程碑〉。收錄於莊英章、潘英海編，《臺灣與福建社會文化論文集（一）》，頁一～四。台北：中研院民族所。

莊英章、簡美玲。二〇一一。〈導言〉。收錄於莊英章、簡美玲主編，《客家的形成與變遷（上）》，頁xxi-xl。新竹：國立交通大學出版社。

莊英章。一九九四。《家族與婚姻：台灣北部兩個閩客村落之研究》。台北：中研院民族所。

——。二〇〇〇。〈親權與家庭分化：臺灣北部閩客社區之比較〉。收錄於徐正光主編，《第四屆國際客家學研討會論文集：聚落、宗族與族群關係》，頁一九一～二〇六。台北：中研院民族所。

黃卓權。一九九〇。〈獅潭山區的拓墾〉。《苗栗內山開發之研究》，頁十八～十九，苗栗：苗栗縣立文化中心。

——。二〇〇八。《進出客鄉：鄉土史田野與研究》。台北：南天書局。

新埔鎮誌編輯委員會。一九九七。《新埔鎮誌》。新竹：新埔鎮公所。

楊仁江。二〇〇八a。《新竹縣縣定古蹟新埔林氏家廟修復計畫》。新竹：新竹縣文化局。

——。二〇〇八b。《新竹縣縣定古蹟新埔張氏家廟修復計畫》。新竹：新竹縣文化局。

羅香林。一九八九（一九五〇）。《客家源流考》。北京：中國華僑出版公司。

——。一九九二（一九三三）。《客家研究導論》。台北：南天書局（台灣一版）。

——。一九九二。《客家研究導論》，頁十九。台北：南天書局（台灣一版）。

Ahern, Emily Martin. 1974. "Affines and the Rituals of Kinship." In *Religion and Ritual in a Chinese Society*. Arthur Wolf, ed. Stanford: Stanford University Press.

Chuang, Ying-chang & Arthur P. Wolf. 1995. "Marriage in Taiwan, 1881-1905: An Example of Religional Diversity." *Journal of Asian Studies* 54(3): 781-795.

Cohen, L. Myron. 1976. *House United, House Divided: The Chinese Family in Taiwan*. New York: Columbia University Press.

Freedman, Maurice. 1958. *Lineage Organization In Southeast China*. London: Athlone Press.

——. 1967. *Rites and Duties, or Chinese Marriage*. London: G. Bell & Sons.

Gallin, Bernard. 1960. "Matrilateral and Affinal Relationships of a Taiwanese Village." In *American Anthropologist* 62: 632-642.

——. 1966. *Hsin Hsing, Taiwan: A Chinese Village in Change*. Berkeley: University of California Press.

Lagerwey, John. 2005. "Introduction for Part II: Lineage Society and Its Customs." 收錄於勞格文主編，《客家傳統社會》，頁四九三～五二〇。北京：中華書局。

Pasternak, Burton. 1972. *Kinship and Community in Two Chinese Villages*. Stanford: Stanford University Press.

——. 1983. *Guest in the Dragon: Social Demography of a Chinese District 1895-1946*. New York: Columbia University Press.

Wolf, Arthur P. 1970. "Chinese Kinship and Mourning Dress." In *Family and Kinship in Chinese Society*, Maurice Freedman, ed., Stanford: Stanford University Press.

如果在台灣，一個穆斯林：文化作為意義之流

趙恩潔｜國立中山大學社會學系

本文描繪台灣以往至今幾種高度異質流動的穆斯林社群與個人的特殊經驗，以重新思考「文化」的概念。「文化」不是一種單一共享之意義體系毫無疑問的世代傳承，而是分布極不均勻且推陳出新的意義之流（flows of meanings），以及這些意義體系的物質運作與符號連結。透過穆斯林在台灣的真實經歷，包含「初一十五不吃豬肉」、「天啊你把你爸的遺體燒掉了」、「第十四世遷居中土波斯人後代」、「清真獵人與鍋邊清真」等故事，本文呈現「文化」如何在不同歷史背景與族群情境中，受到整體社會結構與權力關係影響而演變。河流的譬喻將幫助我們領會「文化」除了延續之外也有幽微變化、劇變，乃至反身性（reflexive）創新的可能。在台灣多元紛繁的宗教實踐之演變中，這個較為複雜且反直覺的「文化」概念，將使我們更貼近少數族群與次文化社群的經驗。

「台灣穆斯林」的誕生

在二十世紀末的最後十年，「穆斯林」在台灣都還不是一個家喻戶曉的詞彙。事實上，直到今日，老一輩受過高等教育者，往往也不假思索地使用「回教徒」一詞，鮮少想過「回教」含有的漢人中心意涵，以及從中心將宗教與族群混淆的權力關係。近年來，由於全球地緣政治發展、過去四十年來各地伊斯蘭復興運動的效應累積，乃至更晚近的九一一恐怖攻擊事件之遺緒，「穆斯林」一詞如今在國際論述中已成為日常用語。

台灣社會在重新認識「穆斯林」作為指涉特定認同的的過程中，也有其自身的特色。首先，在民主化與政權和平轉移後，「台灣」作為一種特殊的地緣、文化與政治的認同對象，更清晰浮現。據此，「台灣」的在地認同與「穆斯林」的全球認同銜接起來，構成了「台灣穆斯林」與「伊斯蘭在台灣」等概念出現的背景。與此相對，則是「中國回教徒」認同與「回教」概念在台灣的相對消退。比如，一九九二年台灣神學院的一篇論文題目為《二次大戰後台灣伊斯蘭（回）教之研究》（陳馥蘭，一九九二），突顯了加註「伊斯蘭」是「回教」的需求。二十一世紀以降，關於伊斯蘭的學術書寫已經有了較明確的「去回教化」發展。從《伊斯蘭教在台灣的發展與變遷》（蘇怡文，二〇〇二）、〈伊斯蘭東傳中國之再探討：中國伊斯蘭發展之歷史背景〉（林長寬，二〇〇三），一直到〈印尼伊斯蘭宗教音樂的現代化與西化〉（蔡宗德，二〇〇三）

等研究，皆清楚地肯認「伊斯蘭」作為更全球化、更普遍的概念，能涵蓋更多潛在同胞，並在宗教意義上較貼近其本真的意涵。是而，我們能看到二〇〇六年刊登在《中國回教》期刊上的文章，均以「伊斯蘭」取代「回教」，而「回教徒」的稱呼，也逐漸被「穆斯林」替代，顯現出穆斯林在台灣自我形象的轉變。

不過，「台灣化」與「去回教化」的轉變只是一個廣泛而重要的背景。究竟有哪些重要的在地歷史案例，可以幫助我們進一步想像「如果在台灣，一個穆斯林」的諸多文化形貌？

歷史學式的研究可能會強調一種綿密鑽研人事物遞嬗的書寫；與此相對，另一種強調權力與主體生產的歷史書寫則會強調斷裂、突變，尤其是新概念的出現（Foucault 1984）。我的立場介於兩者之間，並刻意強調歷史書寫的多元性與每一種書寫背後的政治意義。雖然我並無企圖在極短的篇幅內探討如何研究歷史真實，但卻可以透過幾個「台灣穆斯林」的例子，來實踐一種更複雜卻更實際的「文化」概念。

必須澄清，每當我們使用「台灣穆斯林」或「伊斯蘭在台灣」等框架來回溯特定的歷史時，我們其實都是在重新建構一套又一套不同權力劃界下的主體歷史。十七世紀進入台灣的伊斯蘭，與今日我們想像的伊斯蘭有極大落差。同時，二十世紀中的「回教」，在政治、經濟、族群與文化的層次上，也不等同於今日我們所重新認識的「伊斯蘭」（見稍後詳述）。因此，本文的敘事脈絡並非在建構一種連續不變的文化或認同大傘下、某種後見之明的延續性族群史。恰恰相反地，本文的重點在於正面肯認，同為「穆斯林」關鍵字的相關社群與個人，彼此之間有相當巨大的文化差異。

儘管如此，這並不表示用「穆斯林」認同與「台灣」的框架，是完全任意且無意義的。即便我們也可能採取其他不同的框架來理解這些社群與個人，但本文的回顧方式，仍有特定的客觀與主觀條件支持。客觀上，這些群體與個人是伊斯蘭多元傳統與離散社群在各地發展的結果。主觀上，今日的「台灣穆斯林」正在召喚一份對自身的伊斯蘭認同的新歷史想像，因此確實存在著將這些多元的社群與人們聯繫在一起的歷史遺產。因此，「台灣穆斯林」並非一種同質性的團體，也絕非「去歷史化」的存在；相反地，這個詞是一個濃縮的捷徑，為的是讓人們以更開放的方式來想像曾經存在過的不同穆斯林社群與個人，以及他們的文化演變與創新發展。

台灣穆斯林的誕生

「回教」之稱帶有漢人中心思維，反映出將宗教與族群扣連並標籤化的權力關係。由於過去三、四十年來全球各地伊斯蘭復興運動的效應累積，乃至更晚近的九一一攻擊事件後的影響，「穆斯林」一詞如今在國際論述中已成為日常用語。在台灣，由於特殊的地緣、文化與政治的認同逐漸清晰浮現，「台灣」的在地認同與「穆斯林」的全球認同銜接起來，構成了「台灣穆斯林」認同與「伊斯蘭在台灣」等概念出現的背景，並逐漸取代「中國回教」與「回教徒」的概念。但這並不表示回教與回教徒的認同在台灣是虛假的。事實上，在台灣與中國的脈絡裡，回教與回教徒仍然是文化上更適切的稱呼，因有其歷史背景，只是難以應用在其他的情境。時至今日，第二代、第三代在台穆斯林有許多仍沿用回教與回教徒的稱呼，如本文以下所示。面對這些內部差異性與變異性，我們必須予以尊重。

文化作為意義之流

雖然複雜卻更貼近真實的文化概念，是本文的理論重點。與一批後現代人類學者如阿帕度萊（Arjun Appadurai）同時期發聲、卻不認為過於強調「斷裂」的後現代論有助於分析文化的瑞典人類學者翰納茲（Ulf Hannerz），曾在其著作《文化叢結》（*Cultural Complexity*, 1992）一書中，試圖以一種實證且宏觀的方法來消解一種老生常談的「文化」概念。這種老概念預設文化是在地的、有邊界的、整體的，且為所有人共享的（Hannerz 1992: 12）。簡言之，就是一種「我知道，而且我也知道大家都知道，而且大家也知道大家都知道」（1992: 42）的理論預設。更進一步生活口語化來說，當我們每次提到「大家」或「一般人」如何如何時，我們其實都預設一個隱形的、但卻被堅信其存在的「文化」與「價值系統」，由「大家」所共享。如此預設同質共享的文化概念，其實完全忽略了「大家」往往並不均勻共享，而只有片面、不對稱且不對等分布的文化知識與實踐。

面對這種複雜的不均勻分布，翰納茲認為，我們至少應從三種面向來處理文化的複雜叢結：觀念（ideas）、外部化（externalization）與社會分布（social distribution）。觀念包含想法、象徵、價值，外部化包含結構體制、群體行為、個人體現，而社會分布就是這些觀念與其外部化在社會上不均勻分布的實際狀況。從這個觀點來看，老的文化概念相對而言著重的是第一項與第二項，而相對看輕第三項，但翰納茲卻認為最重要的就是社會分布。因此，他堅稱文化不是紀爾茲（Clifford Geertz）說的「意義之網」，而更像是一條河流，河裡的所有水流、生物鏈、流向、流量，隨時都會或大或小的改變，但長期來看，那仍是一條河流。重點是研究者如何在不同的定點上，去抓住這些河流的分支與主支之間的關係。

河流譬喻的出現，為的是要打破兩個關於多元主義與全球化的迷思。第一個迷思是文化馬賽克（cultural mosaic）的概念。這個概念注重多元性的並存與並鄰，但是錯誤地預設了文化之間有著如馬賽克玻璃般一塊塊的清楚邊界，且遮蔽了意義與權力關係的不對稱分布。第二個是全球化等於全球同質化的迷思。這個迷思以為「麥當勞化」、「可口可樂化」或商品化的現象就必然意味著文化多元性的喪失。但事實上，翰納茲強調，多元文化與全球化只會在各地構成更多的多元性，而非更少。全球化只不過是提供了更多素材，使在地行動者有更多元素可以加入其原有的意義之流中，而混合化（creolization）才是全球化的核心。這一點，也被其他全球化理論的人類學大家所認同（Appadurai 1996; Friedman 1994）。換言之，如果真的有所謂質變上的全球化，那也絕對不是同質化取代異質性，而是新一波的多元性取代了舊一波的多元性。在這些鉅變之中，這些意義之流與「他人的意義之流」的互相關聯性，也會將大於意義之流自身的獨立性。

> **文化的新定義**
>
> 「文化」不是一種單一共享之意義體系毫無疑問的世代傳承，而是分布極不均勻且推陳出新的意義之流，以及對這些意義之流的組織。這些意義之流包含了不同價值體系之物質運作與符號連結，諸如人與人、人與身體、人與非人，如神（明）、祖先、靈、動植物、環境、人造物等相互交織的關係。文化在不同歷史與族群情境中，受到複雜的社會結構與權力關係影響而演變。

不過，翰納茲過於強調宏觀的框架（他分為國家、市場、運動，以及生活形式），使得這個取徑相對忽略了處於邊陲的人們（儘管他早期也研究過非裔美國人社群）。比如，他利用維也納為例，說明在二十世紀交接之際，奧匈帝國日暮垂垂的首都內，不只貴族與中產階級雅士和樂共存，各式知識分子與創作者都齊聚一堂，包含佛洛伊德、猶太復國主義之父赫茨爾（Theodor Herzl）、荀白克、畫家克林姆（Gustav Klimt）、建築師路斯（Adolf Loos），乃至維根斯坦（Ludwig Wittgenstein）也在此長大。在維也納，不同領域之間沒有隔閡，彼此匯流。相反地，在同時期的巴黎、倫敦、柏林，領域的分工與隔閡卻越來越明顯。維也納是包容性的文化漩渦（Hannerz 1992: 204），巴黎卻是互不共享的平行支流。儘管有啟發性，但在這樣的分析中，我們聽不到底層人民的聲音，也看不到中心以外的人們。

另外一個棘手的，是「混合化」的老問題。「混合化」隱含著某種本質主義，預設了「本來是純X與純Y，現在變成X＋Y混合體」的過程。但，X與Y又是什麼呢？它們難道不也是先前許多混合文化的結果嗎？如此一來，如果所有東西都是混合物，那混合化還有分析性的價值可言嗎？

我的簡單回答，是接受文化作為意義之流，並將關注重點放在次文化社群。我不只看宏觀結構，也注意個人的生命歷程，並加入「水循環」的譬喻，以理解河流生態的長時間變遷。最後，我採用「策略性的本質主義」（Spivak 1990）以及反身性的引號「」，以突顯（而非隱藏）本文使用各種文化標籤與「混合體」一詞的方式，避免掉入本質主義的陷阱。

以下關於台灣穆斯林社群與個人的內容，旨在闡明文化如何作為意義之流，同時也幫助我們更理解台灣穆斯林的過去與現狀的多元性。我們將看到穆斯林相關社群與個人的意義之流在不同歷史與族群情境中演變，同時具體地了解，意義之流如何鉅變、散失、重匯與翻滾，甚至可能在特定情境中，打出高度反身性的創新浪潮。

初一十五不吃豬肉

穆斯林認同在台灣早期的留存形式，是一種近乎完全的文化同化與幽微的認同保存。所謂的「最早」，有人說跟隨著鄭成功而來，也有學者考證是施琅帶領清國軍隊才帶來。筆者曾經親自在台中清真寺聽兩位穆斯林評論道：

女：打荷蘭人是回教徒來打……你明白嗎？那時候鄭成功要趕走荷蘭人，就是叫那個回教徒來打，但是有談條件，好像鄭成功的二女兒，有嫁給他們一個，給他們劃一個地啦，是伊斯蘭的啦！現在在北港那一帶的，還是鹿港？

男：鹿港哪，後來那個地方就是沒有人傳教。後來整個就是……就衰掉。

女：後來就……你明白嗎？鄭成功有給他一塊地嘛，有把他的二女兒有嫁給這邊，回族這邊嘛！

男：白奇郭。

女：後來就，就是滅了嘛，就是沒有人宣教嘛，就不會了嘛，後來慢慢就變了，後來這些人變成道教的、變成佛教的、變基督教的，什麼都有了。

男：可是他們初一十五不吃豬肉……我聽人家這樣講過，鹿港，他姓郭，他有一個姓丁。……還有台西，就台西麥寮那一帶，他是追溯到福建啊，福建的那個泉州有一個地方叫惠安，福建只有一個回鄉，叫白旗回鄉，他是以前蒙古人西征，用火器的人，他把它全部，就是回國人，通通給他抓到那邊，集中起來。（田野筆記二〇一五年三月七日）

這段對話描述了早期穆斯林祖先的忠臣光榮史，雖然未必有史實支持，卻有特殊社會意義，因它透露出當代穆斯林在構築自身歷史中強調對漢人正統政權的效忠。台灣的早期漢化穆斯林後代中，最有名望的確實是鹿港的白奇郭與丁氏家族。所謂的白奇郭，是指泉州灣惠安縣南端過去曾有一個白奇鋪，居民都姓郭且都信回教，該地也因此被稱為「回鄉」。不過，根據石奕龍（一九九六）對史料的解讀，鹿港白奇郭最早渡台的祖先，應是於一七二六年（雍正四年）漂流來台的。這個時間點，遠遠晚於鄭成功擊退荷蘭人的年代，也就是一六六一年前後。另一流行的說法是一六八三年清國軍隊領袖施琅從泉州率兵登陸彰化鹿港，據聞當時的部隊中有姓郭與姓丁的穆斯林家族。清朝平定台灣之後，這些家族逐漸落居鹿港與雲林台西一帶。丁家來自晉江陳埭，而郭家來自惠安白奇。若參考《丁協源家譜》一書的內容，也顯示台灣最早建清真寺的地點可能在鹿港，建立的時間約為雍正三年（一七二五）（李昭容，二〇〇二）。

不論最早來台的確切時間為何，鹿港的穆斯林後代所發展出的獨有習俗是一種不對稱的文化同化過程，因其代表的是穆斯林「漢化」為在地人，最後僅存幽微的穆斯林認同的模式。馬孝棋教長就曾於一九九四年記錄了鹿港保安宮主委郭修渡的自白（二〇一一，頁五〇）：

> 我們郭家都是郭子儀的後代，與回教有淵源，但是時間太久都已經不信回教了，但是祭祖時不用豬肉，因為祖先不吃豬肉。又說，現在的鹿港保安宮舊址就是以前的清真寺所在之地；我們是郭子儀的後代，當時向西域借兵平安祿山，之後與信回教的白元光、馬璘、丁渾瑊、金祝捷將軍結拜兄弟，後稱「清真五姓聯宗」。

與此相關，李忠堂哈志在〈民國四十七年訪問鹿港紀實〉一文也提到鹿港回族後代的習俗：

在過去老一輩死了，是去福建請阿洪（阿訇）來唸經，來回乘帆船要一個多月，後來時常有戰事就不能去了。那時是用白布包埋，後來有再裝入棺木的，現在是穿衣服裝棺了。燒香燒紙也有了，但仍不請道士來唸經，只用樂隊代替，同時死了人，在四十天內全家是不吃豬肉的（引自馬孝棋，二〇一一，頁五〇）。

上述這兩段話，再次透露出台灣穆斯林的文化認同，重點不在於史實，而在於意義的建構。首先，許多學者已經指出，其實郭子儀並非回民，而是漢人。回族後代強調以「郭」姓連結到歷史中的功臣，是一種少數族群期待融入核心文化階層的效忠政治。以色列學者阿布特（Oded Abt）就曾經討論鹿港郭姓回族祖先如何建構「郭姓漢人」認同，透過郭子儀的傳說而同化進入了漢人族譜，傳到菲律賓馬尼拉之後再傳回福建與台灣，最後採用了海外「華人」在馬尼拉建構的族譜（Abt 2015）。同時，由於漢化程度很深，只剩下儀式時才不吃豬肉，也才有了所謂的「祭祖不用豬肉」、「四十天內不吃豬肉」，還有台中清真寺教親傳言的「初一十五不吃豬肉」等習俗。這些儀式的特殊習慣，可以說是那一代台灣穆斯林少數遺留下來的穆斯林痕跡之一，其他尚有鹿港的保生大帝廟朝向麥加、某些家戶的神主牌上有祖傳的《古蘭經》等。由於不對稱的文化同化過程，最早期的台灣穆斯林是透過幽微的混合化，來傳承其獨有的認同。

不過，這類幽微化的飲食習慣，並不一定只在儀式中遵守。一旦場景移動到不同時空的穆斯林社群，也可能在日常中實踐。比如，筆者認識一個家族，母方家族二戰後才來台，雖然在台家族幾乎都沒有實踐穆斯林儀式，但除了自身的核心家庭已經因為父親而改信基督教，其他的擴展家族成員仍然保有在日常生活中「不吃豬肉」的飲食習慣。

以上這些故事，都在挑戰一種靜止的文化概念。只有當文化被想像為是固定、單一的共享意義體系時，鹿港的穆斯林後代才會被說成是「文化失傳」的一群人。相反地，當文化是多重的意義之流，且分布不均與流動是它的本質而非它的顛覆時，我們就能正面地去體會、理解這些穆斯林後代的文化生活，而非拘泥於一種「遺忘了伊斯蘭教」的負面存有。我們可以清楚指認：這群人既不是自認閩或客或「漢人」，也不是公開展演宗教儀式的穆斯林，而是一種特殊但顯然階序上以「漢」為優先、仍然要保住一絲「回」或「穆」之獨特性的台灣居民。這個針對來源不同的意義之流的特定安排模式，其實就是這個社群的「文化」。

天啊！你把你爸的遺體燒掉了

有別於第一波台灣穆斯林來台，第二波大批穆斯林來台，引進了制度性的宗教組織，且有儀式專家帶著「正統」意識而來，並記錄了穆斯林認同散失的過程。

一九四九年後，由於國民政府遷台，一群回教徒也跟著來到台灣落地生根。然而，除了少數軍商大家如白崇禧將軍家族直接參與貢獻了台北清真寺的建立之外，其餘回教徒大多屬於各階層軍公教，四散不群居，並無一特殊的「族群」認同。而且，往後的穆斯林婚姻都是建立回漢家庭居多，並未傳承宗教信仰與實踐。這一點，在後代對喪禮的處理上最為明顯。

在穆斯林的教義詮釋中，火葬是大忌，土葬是義務。只是，第二代回教徒從未生長在伊斯蘭文化的環境中，許多人並不清楚「基本的伊斯蘭教義」，乃至不知該如何為長輩準備穆斯林的殯禮。類似案例，不勝枚舉。比如，來台回族第二代曾對某教長說：「阿訇，家裡爸爸（媽媽）已『往生』，他（她）是信回教的，我們已不信了，那我們要怎麼為他（她）辦理後事呢？」（馬孝棋，二〇一一，頁五）其實，穆斯林去世後，在中文應該說「歸真」，而不是「往生」。光是對這些措辭的生疏，也可看出後代對伊斯蘭的不熟悉。

在不熟悉教義、但知道長輩希望採行回教喪禮的情況下，許多第二代的家屬自行採用混合的殯葬儀式，比如先將遺體火化再向清真寺的阿訇取經祈禱等等。其中一些案例，更指出了不只是來台穆斯林後代之漢化與去回教化的現象，更有其他宗教（如改信基督教）以及當代的穆斯林復興意識涉入其中：

二〇一一年三月二十二日有位安徽省的還台回教穆斯林的子女來電要求說：父親目前處在半彌留狀態，家裡子女決定先以基督教方式在殯儀館辦追悼會，火化後再安放在五指山的靈骨塔，之後希望請阿訇給他做禮拜。因為有兩位子女強勢主張以基督教方式為父親舉行後事，還請了牧師到病人面前為他受洗，她的一位親戚對這些子女說，火葬在過去是給死刑犯的一種刑罰，但是她們還是用火化安葬。第二天阿訇還是接受他們來寺裡「聽經」，阿訇藉此機會提醒他們要回歸穆斯林，並奉勸他們給亡人依照穆斯林儀式土葬（馬孝棋，二〇一一，頁九七～九八）。

由於此類現象層出不窮，馬孝棋感嘆「台灣穆斯林的殯葬在漢民社會所受到滲透與衝擊之大」（馬孝棋，二〇一一，頁一〇三）。

儘管回教認同的淡化是一個已經發生的歷史事實，但從阿訇奉勸家屬回頭信仰伊斯蘭，以及馬孝棋的感嘆，都可以看出，這波在台回教徒的後代，仍有一股期待伊斯蘭文化在台灣需要被繼續傳承的力量。也就是說，這群穆斯林社群的意義之流，已經不再是被動地接受被核心的台灣「漢人文化」同化，而是在宗教儀式專家如教長（阿訇）之間，開始有了許多試圖重新強調伊斯蘭認同區別的浪潮。

無獨有偶，在第二波來台回族第二代人的一般教親當中，也有少數人，從原本的疏離，到重新肯認了他們的穆斯林認同。而且，這並不一定是因為聽了阿訇苦口婆心的勸說，而是因為自身的特殊族群位置——或說，它可能是一種漸漸蒸發的水循環後意外降落的甘霖，間接提供的特有個人生命歷程所致。巴圖答（假名）的人生，就是這樣的一個例子。

第十四世遷居中土波斯人後代

巴圖答生於一九六〇末期。他的父親跟隨著蔣介石的軍隊對抗中國共產黨。當國民黨軍隊撤退到台灣時，他也在其中。父親只知家世有穆斯林淵源，但他從未接收過宗教教育。事實上，從軍以後他就與原有的家族與信仰失去聯繫。有時候他在台灣會因為自己特殊的姓氏而被認出來，但他對於宗教並無深層認識。如同其他同輩，他也與台灣女子結婚。到了巴圖答這一代，可以學到關於伊斯蘭的知識也更少了。

不過，到了巴圖答上中學時，情況卻改變了。那段期間，巴圖答全家剛搬遷至某軍眷住宅區，社區裡剛好有一位穆斯林男子懂《古蘭經》，巴圖答便被送到那男子身邊學習。不久之後，巴圖答獲得了一個一般台灣中學生不會有的機會：以公費到某一阿拉伯國家留學。

因為機會難得，巴圖答決定成為一個小留學生。這一去，時間比原本預期的久。一開始他花了很多年鑽研阿拉伯文。當他終於完成語言訓練與高中教育，他繼續在當地大學攻讀法律。九年間，他已經學習了許多關於伊斯蘭的知識，但是並未因此而成為一位更虔敬的穆斯林。他說，當地的政府並不鼓勵大學生對伊斯蘭太過熱情。雖然他遇過各種穆斯林，有的很虔敬、有的只是「文化穆斯林」，但在當地的大學與留學生社團中，整體的環境與氛圍都是相當世俗的。

大學畢業後，巴圖答返回台灣，並考上了外交官。雖說他有阿拉伯語言能力，但外交部仍然給了他到另一個西方國家學習的機會。當時他已經與一位台灣女性結婚。起初女方的家庭對於她要嫁入穆斯林家庭有些擔心，後來卻也選擇尊重她的決定。此後，不論巴圖答被分派到哪裡當外交官，她就在該地當中文老師。

幾年後，巴圖答被派到中東地區。這次，他的穆斯林認同有了大大的轉變。他與一群會說中文的海外華人穆斯林家庭住在一塊，並耳濡目染，開始虔敬地禮拜並學習伊斯蘭。幾年下來，巴圖答在個人的性靈生命上有了新的體悟，而成為了虔敬的穆斯林。

巴圖答的人生經歷確實有很多獨一無二之處。但是，他所面臨的一些抉擇，也可能是第二代與第三代穆斯林曾有過的。我是誰？該如何面對伊斯蘭認同？該不該讓孩子做一個實踐禮拜的穆斯林？起初若不是因為一些巧合，他很可能就像許多穆斯林第二代子女們，完全同化進入台灣的漢人世界。然而，正是由於他的背景所提供的機會與他個人的努力與志向，使得他在成為一位具有國際視野的穆斯林外交官的同時，復興了他潛在的宗教認同。

多年後，當他主動想要認識筆者，並與筆者通信時，他的署名是如此特別：「第十四世遷居中土波斯人後代」。顯然，巴圖答擁抱並擴張了自己潛在的穆斯林認同，並把認同的想像指向遙遠卻又連結在一起的中心：一個具有異國的波斯血統，是伊斯蘭的、也是透過書寫繁體中文的台灣發聲的一份認同。

若我們從巴圖答重回伊斯蘭懷抱的生命過程中去問，什麼是伊斯蘭文化？什麼又是穆斯林認同？我們會發現，一個人不一定一直是一個有固定意義的「穆斯林」。巴圖答的出生背景是「回教徒」，但他童年時完全沒有受過任何系統性學習伊斯蘭的教育。成年後，在他身上流過的意義之流，還包含「外省軍人後代」及「回教徒後代」；接著，這些意義之流，又有了「在阿拉伯世界當留學生」以及「在中東當外交官」的重要經歷匯入，最後才使他開始願意擁抱穆斯林認同。這個過程絕非是從全無到全有，因為確實有潛在的連續性——身為回族後代才有的當小留學生機會——才可能發生。但是，即便在中東求學，由於特定環境的因素，他也並未深化伊斯蘭認同，因為在當地，伊斯蘭的文化之流也是分布不均的。要等到他當了外交官重返中東，他才真正當起「穆斯林」，而此時，這個有具體實踐禮拜教義的「穆斯林」認同，也與當初離開台灣時彷彿徒有虛名地身為「回教徒」後代的意義，又完全不一樣了。最後，他同時是台灣穆斯林，也是「第十四世遷居中土波斯人後代」。

若執著於一種對「文化」狹隘的想像，認定「文化」是一個清單，上面列有固定的行為、思想、認同與生活模式，就很難理解巴圖答認同轉變的複雜性。巴圖答不僅僅是一度迷失的回族後代，「重新擁抱」伊斯蘭而已。事實上，他重構了一個新的穆斯林認同。也就是說，「文化」作為意義之流，不是「回族」、「伊斯蘭」、「穆斯林」、「漢人」、「台灣人」這些標籤內含的一條條規範的清單，而是在人身上、也穿梭在人與人，乃至非人之間的多重意義之流。作為「回教徒」後代的意義、作為「外省家庭小孩」的意義、作為留學生的意義、當外交官的意義，均有不同的內涵與背後所牽涉的結構。同時，所謂的伊斯蘭「文化」中的「文化」概念，其實是採用了一個具有高度反身性的、將所肯認的認同實踐與價值體現，想像成為一種值得追求的、已經整合的「文化」概念。這個被整合且被反身性呈現的「文化」，與本文旨在闡述的意義之流的文化概念完全不同，但並不衝突。簡單來說，本文的做法，是將分析性的文化概念，用來剖析反身性的文化概念。這樣做的好處之一，是開放性地囊括那些被反身性文化概念過濾掉的、認為「不純淨」的、不是「正統」的「文化」的所有意義之流（畢竟，在不同時代與不同地區，什麼才會被視為「正統」，也有極大差異），將更複雜卻也更真實的情況鋪陳出來。

只要是意義之流的體現，它們都是文化現象，無論它是否有雄厚的政經背景或道德正當性來賦予自身作為一個強而有力的標籤。

圖1——NTUST-IMSA（台科大穆斯林學生會）在迎新會的教戰守則，對象包括所有外國穆斯林留學生。

（資料來源：IMSA。由IMSA授權。）

「鍋邊清真」、清真獵人與清真定位軟體

從戰後到八〇年代，陸陸續續有來自泰緬的雲南穆斯林遷居台灣，增加了台灣穆斯林的多元性。到了二十一世紀，則有更多印尼穆斯林移入台灣。以下將先援引幾個印尼穆斯林在台經驗的案例，目的是為了突顯一種由來自邊陲地區（印尼）卻在半邊陲地區（台灣）領導宗教復興的意義，以顯示文化的多層異質性並非單純只是政治經濟的反映，而是有自身相對獨立的邏輯。必須特別指出的是，印尼穆斯林留學生在台灣領導的伊斯蘭意義之流，並非直接從印尼移植而來。事實上，是因為來到台灣這個清真「不」友善的環境，他們才發現清真的意涵需要被翻譯與說明、必須建立清真覓食資料庫。也就是說，意義之流是在「差異」浮現之際，才被「互為主體」地建構出來的。

這些印尼人是哪些人呢？二〇一八年台灣約有超過二十四萬的印尼移工，非華僑的印尼籍留學生僅約數千人（人數約在五千到八千之間），大部分是研究生。這批印尼留學生是一批中產階級宗教移民中的青年。

印尼在台留學生需要到特定的地點「覓食」，因為台灣到處都是豬肉料理，堪稱滷肉飯王國，連「燙青菜」這些看似沒有豬肉的菜名其實都有淋滷肉。在這種情況下，若要遵守清真飲食戒律，勢必要有一套生存之道。

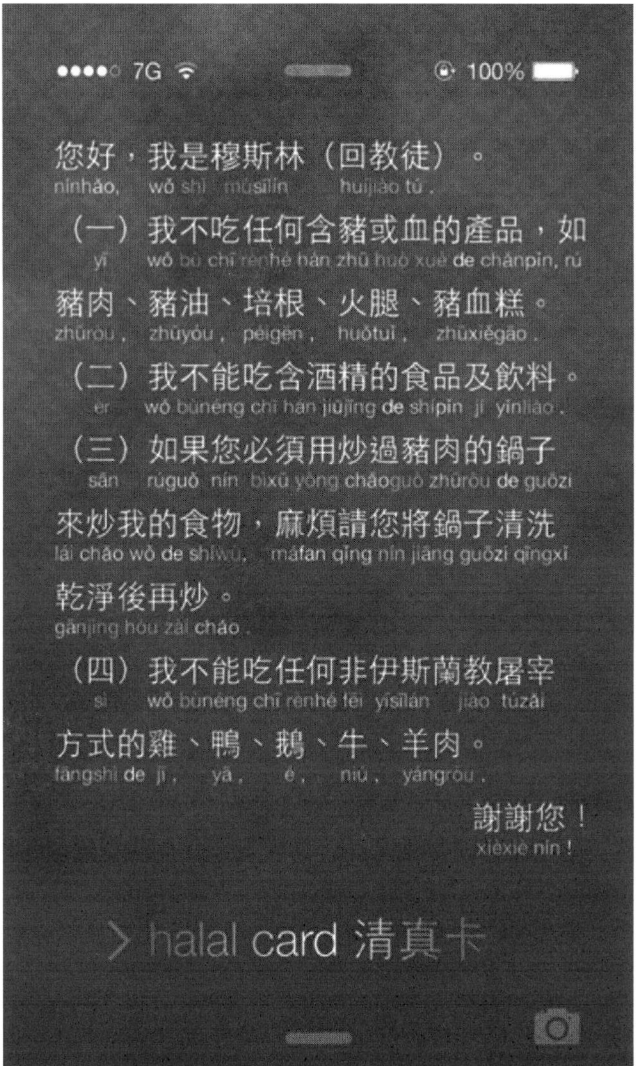

圖2——清真小卡。（由IMSA授權。）

在學校裡，老鳥會教導菜鳥在迎新會上辨識地雷關鍵字：「肉」、「豬」、「滷肉」、「排骨」、「酒」。新生會獲得名片大小般的清真小卡，以及台北清真美食地圖。平日，學長姊也會分享最近去過的清真餐廳資訊，以及售有清真食品的店鋪。不過，為了節省開銷，在清真寺免費搭伙、在有口碑與認證的餐廳用餐，或自己下廚，還是最讓他們心安的方式。平日若趕著要去做實驗，他們會就近於便利商店買魚肉的御飯糰，或在素食餐廳解決。當然，也有一些人願意吃「鍋邊清真」，若不幸拿到排骨便當，就把排骨移開，吃沒有沾到的部分。

印尼穆斯林留學生除了精於面對面地分享滷肉飯王國中穆斯林的生存之道，他們也是使用媒體科技的佼佼者。幾乎所有我認識的印尼穆斯林留學生都使用過一個名為Muslim Pro的智慧型手機應用軟體。這是一個可以隨時隨地告訴你麥加方向在哪、禱告時間幾時幾分（隨緯度而不同，每日也有些微差異）的軟體。同時，他們也會經營一個「清真獵人」的網頁，以便分享清真食物的訊息。其中，幾位留學生更在二〇一六年成立了一家叫作「Halal XYZ」或稱「清真三度空間」的公司，並研發出結合GPS清真食物導覽的智慧型手機應用程式。

反身性的文化創新

「文化」在來到異鄉而必須被轉譯時，會經過一套反身性的、客體化知識的過程。許多印尼穆斯林在來台灣之前，並未特別注意過清真議題，但來到滷肉飯王國台灣，就不得不小心翼翼了。這個時候，文化轉譯者如以印尼留學生領導的台科大穆斯林學生會，就會在新生訓練營時，教導菜鳥們識別「豬肉」、「滷」、「酒」等地雷關鍵字。具有理工背景的他們，甚至還在台灣研發了結合GPS清真食物導覽的智慧型手機應用程式。

Halal XYZ公司長遠的目的是要「復興台灣的伊斯蘭文化並提升穆斯林的認同」。成立緣由摘要如下：

穆斯林在台灣迫切地需要可以提升他們信仰且讓他們可以當一個驕傲的穆斯林的東西。台灣只有百分之零點二的穆斯林人口，台灣穆斯林已經被社會遺忘且消失。第三代的台灣穆斯林已經在信仰中迷失，無法尋找到伊斯蘭。更甚者，他們的環境中只有很少數的清真食物、伊斯蘭服飾，以及穆斯林朋友。因此，Halal XYZ就是為了幫助這些台灣穆斯林而誕生的，目的是為了幫助他們可以以一個驕傲的台灣穆斯林身分來生活。

清真三度空間公司原本預計要做三種手機應用程式：清真台灣Halal Taiwan、清真獵人Halal Hunter、清真英雄Halal Hero，使用對象為三種不同年齡層的消費族群。「清真台灣」是給X社群，年齡為三十五歲到五十歲，目的在給予使用者一份清真指南，包含一般清真飲食與清真寺或禮拜堂的地點等相關資訊。「清真獵人」的使用對象是二十一歲到三十四歲的Y族群，是一個「使用者創造內容」的軟體，可以累積並共享清真消費的體驗。至於給二十歲以下Z族群的「清真英雄」，基本上類似寶可夢抓寶，設定為在有伊斯蘭主題的地點上應用擴增實境技術，去找到「天啟」（wahayu），內容可能是《古蘭經》或聖訓的經文。

由於技術與人力上的困難，「清真獵人」及「清真英雄」尚未推出，「清真台灣」則於二〇一六年十一月推出，並透過蘋果商店或谷歌商店的平台，累積了超過五千次的下載數，而且評價相當好。根據清真三度空間公司後台工程師表示，「清真台灣」的使用者雖然大部分是居住在台灣的穆斯林，不過也有不少是來台灣短期旅遊的人在來台前、或來台後裝置的。也就是說，雖然「清真台灣」應用程式的初衷是要幫助台灣穆斯林深化他們的伊斯蘭認同，結果卻嘉惠了世界各國來台旅行的穆斯林。

印尼穆斯林留學生在台灣的足跡還不只如此。在桃園中壢龍岡一帶約有兩百八十多戶穆斯林家戶，許多是從泰緬來台定居的雲南穆斯林。近年來，這些家長益發重視小孩的伊斯蘭教育，而印尼留學生的出現，恰好承接了教育工作。在龍岡清真寺裡，印尼留學生會教導孩童習讀《古蘭經》。除此之外，留學生也在台灣各處的清真寺擔任活動的志工。

當然，這並不表示，同為穆斯林就能輕易跨越語言、種族與階級上的差異。事實上，多元族群的穆斯林在清真寺內部的界線往往仍是壁壘分明的。不過，印尼留學生在全台各地清真寺的活躍參與，相對於本土青年穆斯林的人數稀薄，對所謂的伊斯蘭文化「小復興」，有極大幫助。

* * *

不論是「祭祖不拜豬肉」的幽微認同、「天啊！你把你爸的遺體燒掉了」的認同淡化，乃至後來結合科技與宗教的手機應用程式，類似這樣的高度混合體與外來力量的介入，其實並非文化的異常，而是它的常態。畢竟，仔細想想，其實我們自身也都是多重文化、多重意義，在不同時代、不同尺度的權力關係下交織而生的主體。而這正是文化作為意義之流概念的好處。我們並不需要去刻意追尋一種僵硬固定的「文化」大傘，而更應該將注意力放在意義之流的分布與不同種類的循環，包含人事物的再生產，以及其循環創新。

參考書目

石奕龍。一九九六。〈鹿港郭厝郭順直派的淵源關係〉。《臺灣源流》四：四二～四六。

李忠堂。一九九七。〈四十七年訪問鹿港紀實〉。收錄於《中國回教》二四七。台北：中國回教協會。

李昭容。二〇〇二。《鹿港丁家之研究》。鹿港：左羊出版社。

林長寬。二〇〇三。〈伊斯蘭東傳中國之再探討：中國伊斯蘭發展之歷史背景〉。《新世紀宗教研究》二（一）：三四～七〇。

馬孝棋。二〇一一。《殯葬文化對宗教意識與族群認同的影響——以台灣北部地區穆斯林為例》。台北：國立政治大學民族學系碩士論文。

馬超彥。二〇〇六。〈台灣穆斯林面對被同化困境為延續伊斯蘭而奮鬥〉。《中國回教》三〇三期，台北：中國回教協會。

陳馥蘭。一九九二。《二次大戰後台灣伊斯蘭（回）教之研究》。台北：台灣神學院碩士論文。

國家圖書館台灣地區家譜聯合目錄資料庫。一九七九。丁協源家譜。

蔡宗德。二〇〇三。〈印尼伊斯蘭宗教音樂的現代化與西化〉。《世界宗教學刊》一：二九～四二。

蘇怡文。二〇〇二。《伊斯蘭教在台灣的發展與變遷》。台北：國立政治大學民族學系碩士論文。

Abt, Oded. 2015. "Superscribing Symbols of Identity: Changing Narratives of Muslim Descent A cross the South China Sea." Paper presented at Chinese Muslim (Hui) in Diaspora: Culture, Gender, Identity, and Religious Traditions. CUHK.

Appadurai, Arjun. 1996. *Modernity at Large: Cultural Dimensions of Globalization* (Vol. 1). Minneapolis: U of Minnesota Press.

Foucault, Michel. 1984. "Nietzsche, Genealogy, History." Pp.76-100 in *The Foucault Reader*, edited by Paul Rabinow. New York: Pantheon Boods.

Friedman, Jonathan. 1994. *Cultural Identity and Global Process* (Vol. 31).Thousand Oaks: Sage.

Hannerz, Ulf. 1992. *Cultural Complexity: Studies in the Social Organization of Meaning*. New York: Columbia University Press.

Spivak, Gayatri Chakravorty. 1990. *The Post-colonial Critic: Interviews, Strategies, Dialogues*. New York & London: Routledge.

PART 2

愛情與人生

南方的愛情腳本與非典人生

重構親密領域：複數的性、關係與家庭組成*

陳美華｜國立中山大學社會學系

* 本文改寫自《欲望性公民：同性親密公民權讀本》導言，由巨流圖書股份有限公司授權使用。

近三十年來，隨著不婚、晚婚增加、離婚也變得相對容易，異性戀婚姻逐漸成為選項之一，而非強迫性體制。然而，此一轉變在主流觀點中卻被鋪天蓋地的「晚婚」、「不婚」、「少子女化」等國／族繁衍論述所遮蔽，而忽略了台灣人的親密生活已然進行重構的社會過程。晚近多元成家運動更以弔詭、矛盾的方式催化這波親密關係的轉型；它一方面藉由主張同婚入法，徹底衝擊一夫一妻的異性戀婚家體制，但另方面卻也再次確認「婚姻」所承載的性道德規範與家庭價值，從而再制度化婚姻體制。

本文的目的在於描繪台灣這波環繞著性、婚姻、家庭而形成的親密關係轉變，進而強調「婚姻」作為社會建構、歷史產物的過程。其次，台灣的親密構成已日趨多元，各種異質家庭越趨普遍，但在制度與文化上仍獨尊異性戀婚家體制，甚至以之作為人們能否享有公民權的根據，進而導致人們在親密領域的階層化。在這樣的脈絡下，本文認為，「親密公民權」概念固然常限於普遍權利宣稱而容易忽略跨文化的不同情境與實踐，但仍是拓邊異質親密實踐的重要資源。為避免使用權利語言，導致必須與異性戀常規性看齊、靠攏，我認為當前台灣這波包括同婚在內的親密領域的鬥爭，在使用權利論述與行動策略時，必須能揭露自由主義國家所預設的異性戀常規性框架，以免複製主流價值。

異性戀常規性（heteronormativity）

異性戀常規性指的是制度化的異性戀，意即異性戀被視為是自然、正常的欲望模式；反之，非異性戀者都被編派為異常、不自然。異性戀常規性不單透過法律、制度來呈現，也透過三組二元分化的階層關係來運作——在性別上區分男人與女人、性上區分異性戀與同性戀、家庭構成上區分異性戀家庭與非異性戀家庭，而且前者是典範，後者是偏差和問題化的存在。

異性戀婚姻並不自然

晚近關於同婚的辯論中，一夫一妻的異性戀婚姻，經常被再現為是透過浪漫愛情而結合，是「自然的」，沒有歷史、沒有文化差異。尤其在文化全球化的浪潮下，當代人對婚姻的想像幾乎被西方意象的「白色婚禮」（Ingraham 1999）所籠罩。然而，此一婚姻想像在人類歷史中，其實只是相對晚近的發展。英國在一七五三年《婚姻法》（Marriage Act）制訂以前，婚姻只是雙方合意下互道「我願意」、見證人宣布「你們現在是夫與妻」的言說行動（speech acts），人們可以在包括監獄在內的各式場所，在不特定人的主持下完婚。一直到該法於一七五四年施行後，有效的婚姻才被限縮在依特定程序公告或取得主教核發的執照，再由神職人員在教會主持儀式、由國家批准的婚姻（O'Connell 1999: 68）。《婚姻法》因而具有國家權力延伸至私人婚姻締結的意涵。

此外，婚姻的意義與樣態在各個社會、不同歷史時期，也都顯得相當不一致。婚姻史學家昆茲（Stephanie Coontz）二〇〇五年的研究顯示，十八世紀末以前的西方社會，父母是決定婚姻的主要行動者，而且對各階層而言，婚姻大多是個政治與經濟交換的產物，夫妻間普遍沒有感情；當代婚姻新穎之處就在於，愛情罕見地成為人們結婚的理由（Coontz 2005: 15）——意即，人們不再透過婚姻交換政治、經濟資源之後，愛情成為婚姻可以持續存在的關鍵。昆茲也指出，西方社會強調一夫一妻、一父一母、夫妻互負性忠誠義務，並非多數人類社會的常態。例如，北美印第安部落、非洲部分採獵部落都有多偶制的現象。中國雲南摩梭族甚至沒有婚姻的概念，所有人都隨母親在家屋中居住，男女在勞動過程中相識，進而產生性關係，但雙方都不會因為性或情感關係而改變彼此的生活方式與社會地位（周華山，二〇〇一；Stacey 2011）；摩梭社會中自然也沒有「未婚」、「未婚懷孕」、「未婚生子」的污名標籤。

再者，政治過程與殖民主義在塑造一夫一妻制上也扮演關鍵角色。美國建國過程中，聯邦政府透過一八八七年的《道斯法》（The Dawes Act），要求希望取得美國公民權的印第安人放棄多妻制；同屬白人的摩門教會則是被迫在一八九六年放棄鼓吹多妻制，以便讓摩門教徒占多數的猶他州可以取得建州的資格（Shanley 2002: 926-928）。類似的情況也發生在中國，中國共產黨解放摩梭後，強迫摩梭族以一夫一妻制取代「走婚」，導致有女兒「出嫁」的摩梭家庭，被迫承受兄弟姊妹分離的痛苦（周華山，二〇〇一）。南非在白人統治下，傳統黑人文化受到壓制，但新憲法通過後，國會相繼於一九九八年通過承認傳統黑人部族的多妻制、二〇一六年通過《同性民事結合法》（The Civil Union Act）；如今它是全球唯一同時合法化多妻制與同性婚姻的國家（Stacey 2011）。

在台灣，傳統漢人男女的嫁娶婚，不論是成年男女婚配、童養媳或招贅婚，都是兩個家庭的結合，婚姻締結取決於雙方父母（Thornton et al. 1994）。日治時期固然開始引入「婚姻當事人可以自由表達意思」的做法（王泰升，二〇一四，頁三六三～四），但男女結婚都必須經過雙方父母同意。一直要到一九六〇年代輕工業起飛，大量年輕男女從農村到工廠上班，脫離父母管教後，戀愛結婚的現象才逐漸普遍（Thornton et al. 1994）。一九三〇年代制訂的《民法》採儀式婚，而約定俗成的儀式則是公開宴客；但因為強調公開儀式，而非由國家批准生效，常引發重婚爭議，二〇〇六年開始才改採登記婚。此外，法律固然禁止重婚，但元配只有撤銷後婚的權利，而非讓後婚失效。一九八五年修改為一人同時與二人結婚或重婚，婚姻均無效，台灣才走向一夫一妻制，但隨後大法官又因為某些「不可歸責於個人」的重婚案件，做出重婚有效的判決。一直到二〇〇二年第五五二號解釋強調貫徹一夫一妻制精神，要求立法機關擇一認定始告確立。但立法院一直到二〇〇七年修法時才確定前婚失效、後婚確立（秦季芳，二〇一六）。

綜觀而言，一夫一妻制是由一系列政治、經濟與社會因素堆砌起來的人為的、性／別化的制度。芮曲（Adrienne Rich）以「強迫的異性戀」一詞來指稱異性戀體制中，所有人自出生伊始就被預設為異性戀，並被推入婚姻的過程（Rich 1980）。在她看來，婚姻不僅強迫女人愛欲男性，也是壓制各種女女欲望與女同性戀存在的社會機制。女性主義的分析也指出，婚姻是個高度性別化的體制。其中，女人反覆地以無酬家事勞動餵養、鋪排男性在公／私領域的舒適生活（Connell 2002），而職業婦女更常落入蠟燭兩頭燒的困境（Hochschild & Machung 2003；蕭英玲，二〇〇五）。

性別階層的消解無疑是親密領域重組的關鍵，這尤其受惠於六〇年代以來的婦運與同志運動。西方社會隨著女性受教育、進入職場的比例增加，以及性革命所帶動的性自由風潮，異性戀婚姻家庭受到嚴厲挑戰，尤其表現在同志社群與（前）伴侶、密友組成非血緣選擇家庭（Weeks et al. 2001）的現象變得日形普遍。斯泰西（Judith Stacey）二〇一一年的民族誌研究顯示，美國男同志伴侶的日常生活充滿著各式協商，舉凡家務分工、財務規畫、是否領養小孩、是否在兩人一對的伴侶關係中加入第三者等，都是有待協商的細節。在這種強調協商的親密關係中，日常生活的細節不再由國家、教會、傳統家父長權威決定，而是親密主體透過繁複的溝通、協調來解決。經營親密關係因而和人們想當什麼樣的人、過什麼樣的生活、欲望什麼樣的關係有關。同時，在大小不一的協商過程中，人們透過不斷地述說個人的性與親密故事，慢慢揮別舊的親密傳統，建立新的性與親密敘事、新的情感規則。

如果西方國家以近兩百年的時間進行這波從異性戀一夫一妻婚家體制轉向複數親密的社會，台灣則是在過去三十年間快速進行這種轉變。《民法．親屬編》歷經數度修正，隨著女性擁有平等監護權、探視權、協商住居與子女姓氏等權利，異性戀婚姻逐漸不再獨尊男權，而朝向夫妻平等（協商）的框架。雖然，關於離婚的法律並沒有改變，但九〇年代以來，國人的離婚率逐漸增加。以粗離婚率（當年離婚人數／總人口數）來看，一九九〇年是千分之一點四，二〇一四年已達千分之二點三（見圖1）。從國際比較來看，台灣和鄰近的日、韓相近，但和瑞典這種性別友善的北歐國家相比，台灣離婚率仍相對較低。

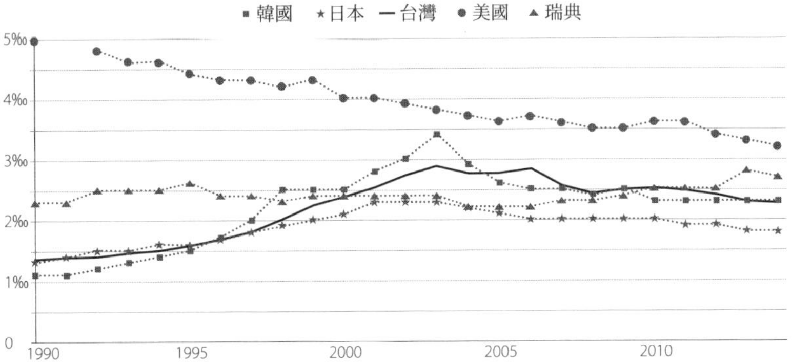

圖 1 ——離婚率比較圖

資料來源：台灣粗離婚率資料來自內政部戶政司全球資訊網，人口統計資料，「離婚對數及粗離婚率（按登記）」，網址：https://www.ris.gov.tw/346，取用日期：2018年7月5日。其他國家資料來自經濟暨合作發展組織「社會保護與福祉」資料庫（"Social Protection and Well-being" OECD.Stat（database）, https://doi.org/10.1787/data-00285-en. Date visited: July 5, 2018），以及美國國家衛生統計中心（National Center of Health Statistics, https://www.cdc.gov/nchs/nvss/marriage-divorce.htm. Date visited: July 18, 2018.）。

此外，台灣人不僅走出婚姻的意願提高，進入婚姻的偏好也明顯減低，尤其是女性。在行政院主計總處公布的「二〇一七性別圖像」中，二〇一六年的男性初婚平均年齡為三十二點四歲，女性為三十歲；二十歲以上女性未婚的比例為百分之二十六點三，男性為百分之三十二點九。和一九九六年相比，二〇一六年時，二十五到二十九歲組的女性未婚比例增加了百分之三十五點四，同年齡組男性未婚率增加了百分之二十一點九；三十到三十四歲組未婚的女性比例增加百分之二十六，男性則是增加二十七點七。

台灣女性不婚、晚婚，以及超低生育率都是近年來難以忽視的現象。拉莫等學者認為，東亞國家如台灣固然性別關係改變，但父系親屬結構或婚姻家庭對女人扮演傳統妻母角色的期待並未減少，導致婚姻對有經濟獨立能力的女性不具吸引力（Raymo et al. 2015）。加上欠缺友善托育，以及長工時、低薪資無法負擔育兒與教育成本等因素，都直接、間接降低了生育率（陳玉華、蔡青龍，二〇一一；Raymo et al. 2015）。

整體而言，人們已有擺脫婚姻枷鎖的能力，但在文化與制度上，性、婚姻、生育一體的異性戀婚家思維仍相對穩固。尤其同性伴侶追求同居共食、生養小孩（何思瑩，二〇一四）、建立非血緣親族（趙彥寧，二〇一七）的欲望與能見度越來越高，但文化、制度對非異性戀情欲及其家庭實踐仍視而不見。王維邦和陳美華（二〇一七）指出，國人較能接受同性戀權利和破除同性戀刻板印象，但仍質疑其親職能力，對婚外性則普遍存在負面態度。同時，男女對於婚外性和同性戀的態度有顯著差異：男性對婚外性較開放，但對同性戀持負面態度；女性正面看待同性戀，但對婚外性呈負面態度。究其原因，則和男性顯著偏好男性的異性戀性特權、偏好傳統性別分工與婚家體制有關。

此外，台灣因為在法律上區分婚生與非婚生子女，對婚外生育（birth out of wedlock）並不友善。依據經濟合作暨發展組織國家（OECD）針對婚外生育的統計，二〇一四年除了日、韓、土耳其約為百分之二到三，法國、比利時、智利、墨西哥、北歐等多數國家幾乎都在百分之五十以上；[1] 反觀台灣，二〇一六年只有七、八七九名（占百分之三點八）非婚生新生兒。[2] 內政部的統計甚至在非婚生嬰兒中區分「已認領」或「未認領」，彷彿有父親認領才是「不幸中的大幸」。如同楊靜利（二〇〇四）所言，婚外生育比例偏低，顯見婚姻仍是生育的門檻。晚婚、不婚現象普遍，加以同居、未婚生育深具污名，導致台灣等東亞國家一人家戶的崛起（Raymo et al. 2015）；同時，都市化、人口結構改變，也影響整體家庭型態。依據內政部的「家庭收支調查」，一九七〇年全台一人家戶僅占百分之二點五五，二〇一六年達百分之十二點

1 見OECD Family Database，網址：https://www.oecd.org/els/family/SF_2_4_Share_births_outside_marriage.pdf，取用日期：二〇一八年七月二十二日。

2 見中華民國統計資訊網，生命統計，「嬰兒出生數按生母國籍別分（按登期日期）統計」，網址：https://www.stat.gov.tw/ct.asp?xItem=15409&CtNode=3622&mp=4，取用日期：二〇一八年七月二十二日。

一；反之，五人以上家戶從一九七〇年的百分之七十一點六降為百分之十四點七。

台灣家庭結構也在一九九四到二〇一五年間產生明顯變化。由一夫一妻與未成年子女組成的核心家庭、三代同堂，以及夫婦兩人組成所指涉的傳統家庭形式占整體家戶的比例正逐年遞減，其他非典家庭則逐年增加，核心家庭占全台家戶比從一九九四年的百分之五十四點三一（三、〇二三、五〇一戶）減為二〇一五年的百分之三十五點四八（二、九七五、三六九戶）。另方面，只有夫婦兩人的家庭戶數成長近三倍，所占比例從百分之十提高到百分之十九，足見國人婚後不再與配偶父母同住的情形增加。此外，單親家庭也呈現成長趨勢，占百分之十點三二（計八六五、三六九戶），而各種還未被指認的「其他」家庭也從百分之四點三增加為百分之七點八。（見表1）整體而言，人們日常複數、多元的親密實踐，與單一編排的制度、文化規範之間，存在著難以縫合的斷裂——這意謂著逸出常規的人們得在法律之外，各憑本事協商一個符合自己想望的親密生活，而靜止不變的法律則淪為不合時宜的性道德遮羞布。為數龐大不進入婚姻、選擇離婚的男女，及其未成年子女，不可免地必須設法維持不婚、單親、繼親、同居、婚外性、同性親密等複數親密關係，如何保障異質、多元的性與親密主體成為至關重要的問題。訴諸權利成為民主社會中合理的行動策略。

表1——歷年家庭組織型態（單位：戶數）

年份	核心	三代	夫婦	單人	單親	其他	祖孫
1994	3,023,501	955,988	556,099	389,100	351,006	239,422	52,235
1997	3,140,096	1,004,227	657,957	540,630	426,232	274,278	60,889
2000	3,156,418	999,050	825,254	712,624	496,987	326,114	72,197
2003	3,253,848	1,055,728	994,023	645,001	573,455	364,266	75,240
2006	3,263,690	1,065,749	1,098,167	770,088	630,555	399,231	80,518
2009	3,188,329	1,171,220	1,238,261	810,243	751,916	446,058	81,986
2012	3,148,846	1,192,850	1,354,483	889,740	788,576	599,174	103,655
2015	2,975,369	1,196,715	1,598,503	991,637	865,369	658,349	100,553
增長倍率（1994-2015年）	0.98	1.25	2.87	2.54	2.46	2.75	1.92

（資料來源：中華民國統計資訊網，2018，家庭收支調查，網址：https://www.stat.gov.tw/np.asp?ctNode=509，取用日期：二〇一八年七月十八日。）

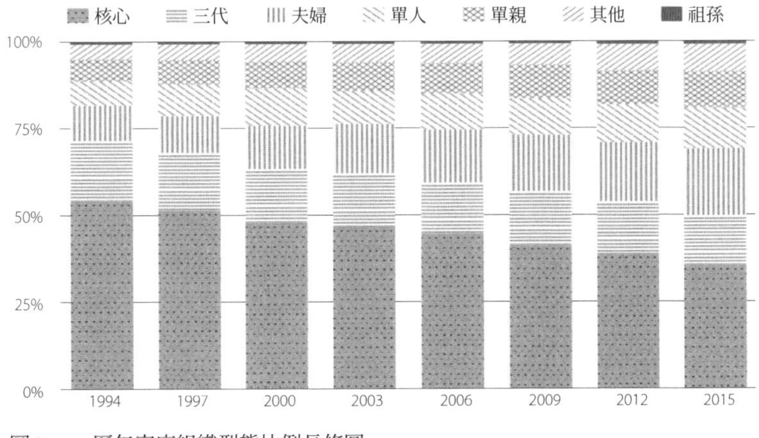

圖2——歷年家庭組織型態比例長條圖

（資料來源：同上）

理論化親密公民權

同志與多元性／別群體在異性戀支配下，常直接被排除在權利語彙之外。這並不是說個別同志沒有公民權可言，而是說，她／他無法以身為同志的身分被國家、法律所認可。畢恆達等（二〇一四）詳加記錄了LGBT群體在家庭、教育、職場、媒體等公／私領域飽受歧視、霸凌，甚至警政體系也恣意騷擾同志酒吧，媒體則將同志轟趴建構為性濫交與愛滋病的溫床。無怪乎，普拉莫（Ken Plummer）認為，如果個人的性與親密實踐無法放在公領域來辯論，那麼異質性／別實踐者根本無法在公領域當個堂堂正正的公民（Plummer 2003）。這也是晚近學者積極發展親密公民權（intimate citizenship）的原因。

理查德森（Diane Richardson）從西方同志的經驗出發，提供一組概念化性公民權的框架（Richardson 2000）。她從行為、認同、關係這三個面向來討論人們在「性」（sexuality）這個範疇應該享有哪些權利，以確保人們不會因為性而遭到壓迫。區分這三個面向的用意在於，人們繁多的性行為並不必然關聯到一個特定的性認同，甚或希望以此建立穩定的關係；這三者間的關係是偶然、隨機的，而不是恆定一貫的真理。例如，古希臘與古中國不乏出現男男性行為的現象，但這些人在當時並沒有被貼上一個專屬的性身分標籤，也沒有發展出特定的性認同。即便是當下，在愛河邊探索男男情欲的中年男性（吳文煜，二〇〇三），以及趙彥寧（二〇〇五）筆下的老T，都不見得有同志認同；反之，有同志認同的人也不見得有同性性行為，或願意進入一段關係。事實上，認為人們外顯的性行為對應著她／他內在穩定、不可動搖的性傾向，或性心理機制的說法，其實是西方十九世紀以來的新發明。傅柯指出，十九世紀以來的性科學，簿記式地羅列同性戀、戀物癖、戀童癖、窺淫癖等性變態的行為樣態，並將這些可觀察的性行為關聯到「一種人格（personage）、一段過去、一個個案史，以及一個童年」（Foucault 1978: 43）這種深具病態、問題化指涉的性身分。歷史上眾多實踐同性性行為的人不被特別關注，也不被認為具有某些人格特質，但現今他／她們成為可以被分析、觀察、診斷、治療的對象，甚至全數收攏在「同性戀」這個性身分標籤之下，彷彿是異於常人的「新興物種」。這種獨特的西方經驗，常使得諸多非西方社會下的同性性實踐被誤認為西方語意下的「同性戀」，而忽略了這些性實踐在跨文化脈絡下的不同意涵。

性（sexuality）

就字意而言，性（sexuality）泛指「所有和性（sex）相關的事」。在性學的脈絡中，性（sexuality）源自於生物與生理學的事實，是構成人的核心成分，就和吃、睡一樣重要，也是趨動人類行為的動力。同時，性本能（sexual instinct）也被預設為天生就是異性戀取向的。Sexuality因而被視為在所有人類間是一致、統一的，甚至是給定的生物真實。

> 然而，性社會學者認為，sexuality並非生物給定的，是社會、經濟、政治、文化模塑的結果；就像人都要吃，但吃什麼、如何吃是文化問題。因此學者開始以複數的sex-ualities來指涉人類社會中更為多樣的情欲經驗、認同與實踐。傑克森（Stevi Jackson）和史考特（Sue Scott）就將sexuality定義為在個人與社會生活中具有情欲意涵的各個面向，它不限於「性行為」，而更廣泛地涉及我們關於性的情感、認同，以及因之建立的關係（Jackson & Scott 1998: 2）。

再者，在主流社會忌性、恐性的氛圍下，各種性的身分標籤通常都是高度污名化的。因而，即便人們有非常規性實踐，也不願對號入座。例如，涉及買春、援交、約砲、一夜情、劈腿、婚外性的男女數不勝數，但鮮少有人自稱「嫖客」、「約砲族」、「小三」或「外遇族」。事實上，「同性戀」作為污名化的病理標籤，也是在不斷地集體對抗污名、爭取權利的過程中，逐漸發展出帶有正向、驕傲意涵的同志認同。因此，藉由區分行為、認同、關係這三個面向，我們可以提供一個比較涵納式（inclusive）的理論框架，看見人們在親密領域中更為雜駁、多樣的性實踐與認同。此外，在理查德森的性公民權圖式中，女人的性在男權體制下被剝削的情形也一併納入分析。

以行為作為基礎的性權利就是人有權利追求、體驗不同形式的性實踐。人有進行性行為的權利通常和人都有性需求的性學論述相關，但這種論點並不是價值中立的，會因為性別、性傾向、年齡等社會區分呈現出等級差異。例如，很多國家（如印度、新加坡）至今仍以刑法處罰同性性行為；台灣不僅處罰性交易雙方，二〇二〇年五月二十九日前也是東亞唯一以刑法處罰婚外性的國家。其次，實踐性行為的權利也包括性行為雙方都能享受性愉悅的權利，而非男性片面享受性快感，但享受性愉悅的女人常被斥為性濫交。第三，實踐性行為的權利，也包括安心地進行性行為而不用擔心懷孕、罹患性病，甚或在強暴、威嚇下被迫進行性行為。

以認同為基礎的性權利主要是過往西方同志運動透過出櫃，將自己定義為同志而發展出來的。自我定義的權利（right to self-definition）就是有公開主張自己是某個性身分的權利；例如，「我是同志」、「我是SMer」、「我是鞋襪控」就是常見的性認同。但這種自我定義經常建立在「這是天生的」論調上，甚至類比為少數族群。這也連帶導致性少數群體被擠壓到私領域，禁止他們公開展現情欲，像在台灣，就常會聽到「同志是他家的事，不要被我看見就好」的說法。因此，認同的權利常流於「包容」，無法涵蓋發展、實踐自身性認同的權利。

以關係為基礎的性權利則指在體制內享有公開承認、法律保障的性關係。通常各國刑法都有關於最低同意性交年齡的規定，同時這些規範性行為的法律也都有異性戀性交的同意年齡門檻較低、同性戀門檻較高的雙重標準。在台灣，爭論最多的莫過於「兩小無猜條款」。

現行《刑法》雖賦予十四至十六歲未成年人可以進行合意性行為，但該條款仍保留父母告訴乃論的權利，因而未成年人經常無法建立性關係。此外，未成年女性和成年男性的合意性關係常被認定為性侵，尤其若發生在心智障礙女性身上更是如此。以關係為基礎的權利也包括自由選擇性伴侶，以及性關係被公開承認的權利。前者在西方社會主要係針對殖民時期以來禁止黑白通婚，而當前各國爭論最多的莫過於同性婚姻。

理查德森的性公民權概念無疑源自西方、個人主義式的思維，容易忽略不同文化下，人們日常的親密實作常逸出道德與法律規範，甚至在權利語彙之外尋找其他可能性的過程。胡郁盈（二〇一七）就指出，有別於戲劇性、衝突性的出櫃，台灣女同志更常以隱晦的方式與父母協商，縫補因為同志身分而出現的親子緊張關係。此外，理查德森的分析聚焦在民族國家內的性權利，普拉莫則以較廣義的「親密公民權」一詞取代性公民權，希望將分析的軸線擴展到人們的情感、親密感受，以及環繞著這些內在情感而衍生的社會實作（Plummer 2003）。他指出，個人內在親密的情感雖然是最個人的部分，但也是深受外在社會力量的形塑。在現代社會中，人們的親密關係幾乎已經和全球化、商品化、官僚化、數位化等結構性力量和社會過程難以分割。例如，人們透過網路、婚姻仲介締結跨國婚姻；透過各式商品表達愛與情感，同時官僚體制從未放棄干預私人情感。因而，從個人親密生活的面向，以及分析尺度來看，普拉莫的討論較能涵蓋台灣當前的親密圖像。

介入同性婚姻辯論

在這波同婚辯論中，支持同婚的陣營同時面對來自性道德光譜左右兩邊的攻擊。保守基督宗教和道德右派為主的陣營以「守護傳統家庭價值」，企圖將歷史上駁雜不一的台灣家庭經驗簡化為一夫一妻制，並強調性、婚家、生育一體的保守婚家體制。美其名為「愛家」、「護家」，實為「恐同」、「反同」的反動修辭。來自光譜左邊的反對則是女性主義與酷兒政治對婚姻體制的批判，尤其是來自同志婚姻平權團體的主張，因而常被視為是同志正常化、鞏固婚姻體制，甚而排除更邊緣的同性親密主體。

然而，同婚是否必然鞏固傳統婚姻價值是有爭論的。事實上，反對同婚的聲浪中，同婚被指為污衊、詆毀婚姻的神聖性，但反同團體試圖捍衛此一神聖象徵的行動，反而標示著同婚對傳統婚姻體制的顛覆性。二〇〇三年兩位分屬英國與加拿大籍的女性主義學者基青格（Celia Kitzinger）與威爾金森（Sue Wilkinson）於加拿大溫哥華註冊結婚，婚姻對她們這種相對有經濟與文化資本的人而言，不僅務實解決兩人分居兩國所帶來的日常生活難題，更因為政治上，結婚比不結婚更重要（Kitzinger & Wilkinson 2004: 132）——畢竟婚姻透過教堂儀式、公開祝福、法律保障所帶來的象徵意義，正是主流社會拒絕同志進入婚姻的關鍵。民事結合（civil union）雖然逐漸被部分國家接受，但通常帶有「不如」（less than）婚姻的意涵，甚而突顯同性親密作為劣等翻版的效果。法國專為同性親密設計的《民事互助契約》（Pacts of civil solidarity, PACS），意外吸引大量覺得「還沒準備好」進入婚姻的異性戀伴侶，坐實了它不如婚姻的事實，因而該法被批評為是對同志社群的「象徵暴力」（同上，頁一三三）。斯泰西也指出，種族隔離主義下，南非的異性與同性親密，分別被等同於本地人的性文化與西方殖民者的墮落表徵，並分別適用《婚姻法》（Marriage Act）與《民事結合法》（Civil Union Act）；而此一安排則喚起人們對南非種族隔離主義的記憶，認為這是以隔離主義、差別待遇來歧視同性關係（Stacey 2011）。在台灣，二〇一九年三月，行政院提出的「司法院釋字第七四八號解釋施行法草案」以及反同團體提出「公投第十二案施行法」，都是試圖繞過「婚姻」的名義來規範同性親密關係，彷彿只有異性戀配得上「婚姻」（陳美華、吳秋園，二〇一六）。從這個角度來看，同婚表面上確認了婚姻正當性、再制度化婚姻，但也具有揭露異性戀婚姻霸權地位，並從內改變婚姻的可能。

此外，關於同性伴侶的經驗研究顯示，權利語言也會帶來社會反挫。例如，承認同性婚姻的加拿大把社福照顧與經濟責任都視為私人家戶問題，對同性勞工階級伴侶形成嚴峻考驗（Young & Boyd 2006）。依據英國《民事伴侶法》（Civil Partnership Act 2004）登記的同性伴侶也認為，登記固然取得政府認可，但也帶來國家管制，甚至因為伴侶關係導致福利資格消失而造成經濟損失。此外，有些同志認為，民事伴侶不能使用宗教儀式已然違背他們的宗教自由

（Harding 2008）。巴特勒（Judith Butler）則指出，法國《民事互助契約》的通過，恰恰建立在非異性戀伴侶禁止領養、不得近用人工生殖技術之上；為了進入國家認可的婚姻，非異性戀父母的小孩被看成是引發法國文化純淨的焦慮所在，甚至換來國家在親屬領域的控制，是極待商榷的事（Butler 2002）。即便是保障同婚的國家，同性婚姻權也遭致反挫。美國最高法院於二〇一五年六月宣告同性婚姻係美國《憲法》保障的平等權，但三年後美國最高法院在「同志婚禮蛋糕案」（Masterpiece Cakeshop v. Colorado Civil Rights Commission, 2018）中認為，科羅拉多州某蛋糕業者可以言論與宗教自由為由，拒絕為同性伴侶製作結婚蛋糕。同年十月，英國最高法院也以相同的理由認為一位北愛爾蘭基督徒所開的蛋糕店，拒絕接受一份要求在蛋糕上寫「支持同志婚姻」（support gay marriage）的訂單是言論自由，而非歧視。因為，該店主反對的是支持同婚，而非訂蛋糕的人究竟是否為同志。

在台灣，二〇一七年大法官會議第七四八號解釋則呈現了同婚進入權利語言系統時，一方面被司法權威認可，另方面卻面臨遭異性戀常規性整編的弔詭。首先，法律面前的平等必須和既有權利框架所預設的性／別主體與常規標齊對正。該解釋文毫不保留地強調「為經營共同生活之目的，成立具有親密性及排他性之永久結合關係，既不影響不同性別二人適用婚姻……等規定，亦未改變既有異性婚姻所建構的秩序；且相同性別二人之婚姻，經法律正式承認後，更可與異性婚姻共同成為穩定社會之磐石」，這段話指明異性婚是同性婚的標竿，而同婚得以被承認的原因是它不影響異性婚，甚至將和異性婚一同成為穩定社會的力量。此外，婚姻雖然常常隱含一整組包括性、家務與生殖的親密勞動契約，但《民法》並未明示婚姻的實質內涵，而此釋憲文（或許為使主流社會接受同婚）定義婚姻是，二人組成具有親密性、排他性的永久結合。婚姻平權、同婚入法的代價，不只必須向異性婚看齊，甚至讓司法以更遠離現實的方式定義婚姻，這不僅讓多人、開放、無性、無親密等家庭形式更難被法律所理解，也連帶使得諸多因務實需求，或具有濃厚交換意涵而產生的婚姻變得更加邊緣化。本文並不是在說追求同婚的人該為權利轉譯過程所產生的代價負責，而是強調性／別政策的變革，應有效地揭露國家體制背後的異性戀常規性預設。

其次，七四八號解釋的語意邏輯顯示，在異性戀預設的權利框架下，同性婚被認可的前提除了不破壞異性婚秩序，還需要有個難以抗拒的「好理由」——同性戀作為什麼、性傾向的本質為何，成為大法官會議論述的重點。解釋文強調憲法保障之婚姻自由與人格自由係屬基本權，但強調「同性傾向屬難以改變之個人特徵（immutable characteristics），其成因可能包括生理與心理因素、生活經驗及社會環境等」，加以同性性傾向者「長期受禁錮於暗櫃內」、「又同性性傾向者因人口結構因素，為社會上孤立隔絕之少數」，因此以性傾向為分類標準所為之差別待遇，應嚴格審查其合憲性。這段解釋文雖然倡議同婚權利，但卻示範了異性戀常規性的運作——意即強化異性戀作為正常、自然、不證自明的主體地位，並編派同性戀為異常、不自然、成因存謎的可疑客體。雖然該解釋文強調，「同性性傾向本身並非疾病」，而婚姻又是基本權，但大法官會議似乎認為非得有個好理由才能賦權「同性性傾向者」？換言之，被嚴格審查的並非依性傾向而為的差別待遇，而是「同性性傾向者」。反之，「異性性傾向者」並沒有被以相同的標準被檢視——意即，異性性傾向究竟從何而來，竟能獨占《憲法》保障的「婚姻」之名？「異性性傾向者」一詞甚至沒有出現在解釋文中，因為他們向來是從未被問題化、未被標記（unmarked）的主體，不需要交代自身為何，更不需要述說、記錄一個自身如何欲望異性的過程。表面上，大法官會議以較中性的「同性性傾向者」一詞避免病理化同性戀，但在大法官的異性戀思維中，「異性性傾向者」和「同性性傾向者」並非平等，而是上對下的階層化關係，因此前者始終可以任意為後者命名，但完全不需要說明自己是誰。這種異性戀思維，再加上性傾向是「難以改變的個人特徵」、「社會孤立隔絕之少數」，該號解釋於是成功地將「同性性傾向者」建構為性傾向成因有待解謎、但又有待拯救的悲慘少數。然而，如同張娟芬（一九九八）所言，同性戀是少數的論點，其實是建立在嚴格定義同性戀、寬鬆認定異性戀的基礎之上。因而，高中女生相戀的故事常被視為「假性同性戀」或「情境式同性戀」，但沒有人認為戀愛中的男女學生是「假性異性戀」。再者，當大法官會議認定婚姻是基本權時，探究權利的性主體是多數或少數毋寧模糊焦點。這和人們對土地正義的堅持、《憲法》對財產權的保護，並不會因為被不當拆遷的是少數而有所縮減，是相同的道理。

未被標記（unmarked）的主體

是指不被問題化、不需特別指出的主體，如異性戀主體。在大法官七四八號解釋的字句中，同性結合「未改變既有異性婚姻所建構的秩序」、「更可與異性婚姻共同成為穩定社會之磐石」，指明異性婚是同性婚的標竿，而同婚得以被承認的原因在於它不影響異性婚，甚至將和異性婚一同穩定社會。同時，強調「同性傾向屬難以改變之個人特徵」，但異性性傾向卻不被問題化，也無須探究其來源。

在異性戀常規性之下，平等與權利並非中性語彙，但從權利場域撤退也不應是選項。杜根（Lisa Duggan）提供了一個相對有創意，又不落入邊緣化性／別主體的論述策略。杜根認為酷兒批判必須找到一種適當的語言來轉譯酷兒研究的內涵，並有效地介入政治，而這並非一味主張平權即可達成（Duggan 1994）。她認為應將矛頭指向對方，將議題轉為「不提倡異性戀」（No Promo Hetero）、質疑「誰的特殊權利？」（Whose special rights?），以揭露國家長期庇護、獨尊異性戀的事實。此外，她認為同婚陣營常強調「我們和異性戀一樣」、「沒差別」，容易弭平同志內部差異，甚至產生淨化各種非常規性實踐的效果。因此，她建議以宗教異議者的身分發言，一來「異議者」讓爭取權利的親密主體可以站在主流社會的對立面，而不需和日常反對的主流權威、價值站在一起，再者宗教異議者強調對多元宗教的尊重，而非獨尊某一宗教，可以免去要求「特殊權利」的指控。台灣對宗教異議者或許較為陌生，但本地妓運也提供了良好範例。妓運並沒有放棄在公領域進行權利鬥爭的議程，在論述上也沒有只去附和主流同情「貧窮好女人從娼」的道德論調，而是一再挑戰、冒犯主流只把女人的性與身體留在私領域、不能交易的文化與法律秩序，從而讓性工作權一詞逐漸被聽見，進而改寫權利語言的內涵。

婚姻作為歷史與社會的產物，它向來不是「自然」的範疇，而是一系列文化、社會、經濟與政治構作的結果。任何強調一夫一妻的婚姻家庭才是「自然的」說詞，其實都經不起檢驗。隨著台灣性別關係改變，人們的親密生活正處於快速重組的時刻，多元的性與親密實踐增生，一夫一妻異性戀家庭逐漸喪失文化支配地位，但同婚以專法形式法制化，意味著異性婚在法制上仍占據正統婚姻的地位。正是這種實踐與制度上的落差，讓人們對親密公民權的追求更形迫切。權利語言固然有其限制，但台灣妓運的經驗顯示，在願意挑戰主流價值，而非一味向主流靠攏的情形下，權利語言也可以改寫權利內涵。此外，擴大結盟也是重要的行動策略。來自酷兒的批判與支持同婚的親密公民權路線並非毫無交集；一方面，親密公民權路線的支持者對於權利語言的限制、同性戀正常化的疑慮，並非全然無知，另方面，酷兒批判如何將論述轉化為可行、創意、顛覆性的行動策略，無疑才是關鍵。如何將矛頭指向始終沒有被問題化的異性戀體制，將是同婚陣營與酷兒批判可以產生交集的場域。

參考書目

王泰升。二〇一四。《台灣日治時期的法律改革》（修訂版）。台北：聯經。

王維邦、陳美華。二〇一七。〈非常規性實踐的性別化態度：男「性」特權、性別分工和婚家體制的角色〉。《女學學誌》四〇：五三～一〇五。

台灣伴侶權益推動聯盟、婦女新知基金會（主編）。二〇一一。《我的違章家庭：28個多元成家故事》。台北：女書文化。

何思瑩。二〇一四。〈「非法」情境下的酷兒生殖：台灣女同志的人工生殖科技實作〉。《女學學誌》三五：五三～一二二。

周華山。二〇〇一。《無父無夫的國度——重女不輕男的母系摩梭》。香港：香港同志研究社。

吳文煜。二〇〇三。《河邊春夢：台灣高雄愛河畔男性間性慾地景的人文地理學研究》。台北：台灣大學建築與城鄉研究所碩士論文。

胡郁盈。二〇一七。〈從「現身」到「關係」：台灣性別社會變遷與女同志親子協商〉。《女學學誌》四〇：一〇七～一五一。

秦季芳。二〇一六。〈守護婚姻價值，從納入同性婚姻開始〉。《蘋果日報》，十一月十六日。

陳美華、吳秋園。二〇一六。〈近六成支持同婚，不容抹為「零共識」〉。《蘋果日報》，十二月一日。

陳玉華、蔡青龍。二〇一一。〈東亞國家超低生育率的成因、困境與策略回應〉。《人口學刊》四二：一五五～一六三。

張娟芬。一九九八。《姊妹「戲」牆》。台北：聯合文學。

趙彥寧。二〇〇五。〈老T搬家：全球化狀態下的酷兒文化公民身分初探〉。《台灣社會研究季刊》五七：四一～八五。

——。二〇一七。〈與之共老的酷兒情感倫理實作：老T搬家四探〉。《女學學誌》四〇：五～五一。

楊靜利。二〇〇四。〈同居的生育意涵與同居人數估計〉。《臺灣社會學刊》三二：一八九～二一三。

畢恆達、潘柏翰、洪文龍。二〇一四。〈LGBT〉。收錄於陳瑤華主編，《台灣婦女處境白皮書：二〇一四年》，頁三八一～四一三。台北：女書文化。

藍佩嘉。二〇一四。〈遷移的女性化：再生產危機與交織的壓迫〉。收錄於陳瑤華主編，《台灣婦女處境白皮書：二〇一四年》，頁三〇九～三四一。台北：女書文化。

簡至潔。二〇一二。〈從「同性婚姻」到「多元成家」——朝向親密關係民主化的立法運動〉。《台灣人權學刊》一（三）：一八七～二〇一。

蕭英玲。二〇〇五。〈台灣的家務分工：經濟依賴及性別的影響〉。《臺灣社會學刊》三四：一一五～一四五。

Butler, Judith. 2002. "Is Kinship Always Already Heterosexual." *Differences: A Journal of Feminist Cultural Studies* 13(1): 14-44.

Connell, Raewyn. 2002. *Gender*. Cambridge: Polity Press.

Coontz, Stephanie. 2005. *Marriage, a History: How Love Conquered Marriage*. New York: Penguin Books.

——. 2006. "The Origins of Modern Divorce." *Family Process* 14 (1): 7-16.

Duggan, Lisa. 1994. "Queering the State." *Social Text* 39: 1-14.

Foucault, Michel. 1978. *The History of Sexuality, Volume 1*. Trans. by Robert Hurley, London: Penguin.

Harding, Matthew. 2008. "Trusts for Religious Purposes and the Question of Public Benefit." *The Modern Law Review* 71(2): 159-182.

Hochschild, Arlie and Anne Machung. 2003. *The Second Shift*, New York and London: Penguin Books.

Ingraham, Chrys. 1999. *White Weddings: Romancing Heterosexuality in Popular Culture*, New York: Routledge Press.

Jackson, Stevi and Scott, Sue. 1998. "Sexual Skirmishes and Feminist Factions: Twenty-Five Years of Debate on Women and Sexuality. In Stevi Jackson and Sue Scott (Eds.)." *Feminism and Sexuality: A Reader*（pp. 1-31）. Edinburgh: Edinburgh University Press.

Kitzinger, Celia and Wilkinson, Sue. 2004. "The re-branding of marriage: Why we got married instead of registering a civil Partnership." *Feminism & Psychology* 14(1): 127-150.

O'Connell, Lisa. 1999. "Marriage Acts: Stages in the Transformation of Modern Nuptial Culture." *Differences: A journal of Feminist Cultural Studies* 11(1): 68-111.

Plummer, Ken. 2003. *Intimate Citizenship: Private Decisions and Public Dialogues*. Seattle, WA: University of Washington Press.

Raymo, James M., Hyunjoon Park, Yu Xie, and Wei-jun Jean Yeung. 2015. "Marriage and Family in East Asia: Continuity and Change." *Annual Review of Sociology* 41: 471-492.

Rich, Adrienne. 1980. "Compulsory Heterosexuality and Lesbian Existence." *Journal of Women's History* 15(3): 11-48.

Richardson, Diane. 2000. "Constructing Sexual Citizenship." *Critical Social Policy* 20(1): 105-135.

Seidman, Steven. 2003. *The Social Construction of Sexuality*. New York and London: W.W. Norton & Company.

Shanley, Mary Lyndon. 2002. "Public Value and Private Lives: Cott, Davis and Hartog on the History of Marriage Law in the United States." *Law & Social Inquiry* 27(4): 923-940.

Stacey, Judith. 2011. *Unhitched: Love, Marriage, and Family Values from West Hollywood to Western China*. New York and London: New York University Press, edited by Andrew Ross.

Thornton, A., J. S. Chang, and L. S. Yang. 1994. "Determinants of Historical Change in Marital Arrangements, Dating, and Premarital Sexual Intimacy and Pregnancy." In Arland Thornton and Hui-Sheng Lin (Ed.)*Social Change and the Family in Taiwan*, pp. 178-201. Chicago: University of Chicago Press.

Wang, Hong-zen and Chen, Mei-Hua. 2017. "Discourses on Non-Conforming Marriages: Love in Taiwan." *International Journal of Japanese Sociology* 26(1): 52-66.

Weeks, Jeffery. 1981. *Sex, Politics, and Society: The Regulation of Sexuality Since 1800*. London: Longman.

——. 1998. "The Sexual Citizen." *Theory, Culture & Society* 15(3-4): 35-52.

Weeks, Jeffery, Brian Heapy, and Catherine Donovan. 2001. *Same Sex Intimacies: Families of Choices and Other Life Experiments*. London and New York: Routlege.

Young, Claire and Susan Boyd. 2006. "Losing the Feminist Voice? Debates on the Legal Recognition of Same Sex Partnerships in Canada." *Feminist Legal Studies* 14(2): 213-240.

愛最大？台灣的愛情、婚姻與國家政策*

王宏仁｜國立中山大學社會學系
陳美華｜國立中山大學社會學系

* 本文部分改寫自兩位作者的英文文章：Hong-zen Wang, Mei-hua Chen. 2017. "Discourses on Non-conforming Marriages: Love in Taiwan." *International Journal of Japanese Sociolog* 26: 52-66.

透過自由戀愛相識，進而結婚，似乎已經是台灣社會的常態，父母的介紹、媒妁之言、相親而認識結婚的，聽起來好像是幾世紀以前的事情。但這個主流的婚姻過程與型態，其實也是最近半世紀才出現。本文將會使用台灣的歷史資料，來看以前的人如何想像自由戀愛結婚這件事是多麼「不正常」；同時並以台灣過去三十年的跨國婚姻現象為核心，探討國家如何結合自由戀愛的意識型態，沿著階級、族群差異而進行跨國婚姻的社會排除。跨國婚姻經常被台灣社會建構成「沒有愛情的金錢婚姻交易」，因此衍生出禁止有金錢色彩的婚姻仲介，並在全球反人口販運治理下，將第三世界女性建構為性／別受害主體。本文對於性、愛、婚姻的討論是歷史的、社會的，也是脈絡化的，而非抽象的、普遍性的概念。同時，藉由爬梳台灣在地的愛情與婚姻觀，將有助於我們重新思考當前關於跨國婚姻的辯論。

宏仁的爸媽在一九五七年結婚。他們的認識過程相當好笑。某一天，舅公跟阿爸說：「我帶你去相親。」然後從台南北門搭車去到學甲，去到外祖母家（舅公的妹妹）。外祖母剛好不在，所以老媽跟小阿姨就躲在窗戶後面看老爸。老媽端了一杯茶出來見客，然後就進去後面了。舅公問老爸覺得如何，老爸說「可以」。接著兩人就去學甲鎮上買了一對戒指，用紅紙包起來，再回到外祖母家，把這對戒指放在桌上，交代小阿姨說：「婚事做好了。」這故事聽起來很不可思議，但在當年一點也不令人意外。大家可能會以為，這只會發生在清朝，但其實距今才六十年。

本文就是要探討，當前人們認為「戀愛而結婚」這件事是何時出現，又如何演變到現在？愛情、婚姻完全不涉及金錢或物質嗎？這種意識型態跟國家管控跨國婚姻人口流動政策結合時，又產生了什麼樣的排除效果？

愛情、婚姻與金錢

即使在西方社會，自由戀愛也是近兩、三百年發展的結果。美國歷史學家昆茲（Stephanie Coontz）指出，西方社會一直到十八世紀才開始出現以愛情（love）為基礎的婚姻（Coontz 2005）。過往進入婚姻通常是基於經濟的、政治的理由，而不是因為戀愛。傳統締結婚姻的考量包括：找到好親家、增加家庭勞動力，以及延續香火。因為婚姻對於個人跟家族事關重大，根本不可能將這件大事交給當事男女決定。

即便是最歌頌愛情的美國，社會學家對美國人的婚姻、愛情、羅曼史（romance）的考察也顯示，人們習慣把性、愛、婚姻緊密連繫在一起的思維，其實是資本主義大量生產模式建立後才逐漸發展起來的。同時，世俗化的過程也使得浪漫愛從宗教領域中移出，獲得獨立存在的正當性（Seidman 1991; Illouz 1997），進而開啟了性、愛、婚姻緊密構連的關係。謝德門（Steven Seidman）的研究指出，十九世紀中葉以來，美國社會逐漸認為圓滿的婚姻必須以愛情為基礎，而表達愛情最好的方式就是必須讓婚姻中的雙方都有令人滿意的性生活（Seidman 1991）。與此同時，美國社會出現各種婚姻與性愛指南，教導人們如何經營美滿的婚姻。其中，愛情與性都扮演關鍵角色。他因而指出，美國社會在這段期間出現了「愛的性化」（sexualization of love）、「性的色欲化」（eroticization of sex）的過程。易洛斯（Eva Illouz）則進一步指出，二十世紀初以來的電影、廣告、雜誌等文化產業，極盡可能地消費剛脫離宗教場域的浪漫愛情，舉凡日常用品或休閒商品都以浪漫氛圍的廣告來行銷（Illouz 1997）。這些複雜的社會過程逐漸使得現代人將性、愛、婚姻視為三位一體，神聖不可侵犯，也使我們差點忘了十九世紀中葉，美國境內主張自由戀愛（free love）、自由性愛、離婚的社會主義者，在當時根本被視為洪水猛獸（Spurlock 1988; Passet 2003）。

二十世紀以降，愛情獲得了史無前例的頌讚。它被視為無私、不講利益，更不是金錢可以買賣的。也因為這樣的特性，舉凡可以在市場中購買的各式商品，都遠不及情人的真愛。愛情獨特、崇高、無價的特性，甚或就來自於它的不可購買性。二十一世紀，愛情甚至超越性傾向，成為證成同性婚姻的基石。台灣爭取同婚合法化的過程中，不僅支持同婚的陣營高唱「愛最大」、「愛無罪」[1]，連《紐約時報》的社論也寫道：「台灣應該成為一個這樣的國家：承認愛就是愛，不管性傾向。」[2]然而，這種將愛、親密與金錢或交易相互對立起來、視為互斥範疇的常識，並非社會真實。如同美國社會學家齊立澤（Viviana Zelizer）所指出的，愛情、親密關係和金錢並非互斥的範疇，事實上，人們透過在日常生活中進行「關係實作」（relational works）的界定、劃分與操演，來進行各種金錢或物質的交換（Zelizer 2005）。例如，誰、依據什麼樣的關係，可以領取美國九一一事件死亡者的保險費、賠償金？此外，父母安排兒女到自己公司工作以確保兒女經濟安全；妻子依法可以取得丈夫的遺產，但婚外性伴侶則無法繼承等，都涉及金錢轉移。換言之，愛情或親密關係並非全然不涉及金錢或經濟關係，而是當

1 https://www.facebook.com/notes/cheng-yi-huang/不能打折扣的人生/10154796956413809

2 詳見“Taiwan as a Same-Sex Marriage Pioneer”, *The New York Times*, 2016/11/25, http://www.nytimes.com/2016/11/25/opinion/taiwan-as-a-same-sex-marriage-pioneer.html.

事人透過關係劃界的工作，遮掩了金錢交換始終在親密關係中流動、交換的事實。

關係實作

當今社會對於親密關係跟經濟領域的關係經常採用「互斥觀」，認為親密關係裡不能有金錢的污染，這個觀點經常在法律實務上被採用。另一個極端是馬克思主義的「社會關係溶解論」，如下文所說的「商品化的世界」，人類所有的社會關係都被轉換為純粹的市場交換關係，原來既存的傳統社會關係也受到市場關係的侵入而逐步消失。但是社會學家齊立澤認為，親密關係跟經濟生活密不可分，兩者通常會混在一起，每一種社會關係都有一些經濟手段來維持，而用經濟手段去維持特定的社會關係，她稱之為「關係實作」。

值得注意的是，即便在性交易這類性與金錢交換的場域，性與金錢的界線也越來越模糊。越來越多的研究顯示，在性交易場合中，男性不只尋求性欲的滿足，也希望體驗交女朋友的感受。依據伯恩斯坦（Elizabeth Bernstein）的研究，就如同在各種商品交換關係中，買賣雙方仍可能存在互惠性一樣，性交易雙方在當下也可能存在著有限的親密或有限的原真性（Bernstein 2007: 103）。在跨國性交易的脈絡中，性觀光的光譜從一次性的性交易、兩三天的伴遊，到為期數週至數月的同居生活，因而使得性交易與親密邂逅的界線變得更加模糊，讓第三世界國家的女性得以藉此獲得與外國男性協商締結跨國婚姻的機會（Brennan, 2004; Carrier-Moisan, 2015）。綜觀而言，這些關於日常親密關係或性商品化的研究顯示，性、愛情、親密關係，與金錢之間並非全然互斥。從這樣的歷史視角出發，本文對於性、愛、婚姻的討論是歷史的、社會的，也是脈絡化的，而非抽象的、普遍性的概念。同時，藉由爬梳台灣在地的愛情與婚姻觀，將有助於我們重新思考當前關於跨國婚姻的辯論。

商品化的世界

馬克思認為，人類的勞動本來是跟家庭、社會、文化緊密結合，無法用價格來衡量。但在資本主義社會，工人的勞動力是透過市場買賣而有一個價格（工資），這就是勞動力的「商品化」。這個概念後來衍生到許多領域，例如身體的商品化（醫美產業）、生命商品化（人壽保險）、親密關係商品化（伴遊服務、孝道外包），原本鑲嵌在複雜社會關係裡的行動，例如照顧年邁父母，現在都可以透過市場交易完成。商品化的概念有濃厚的道德色彩，尤其是在性與親密關係商品化的領域更是如此，但晚近的研究則側重強調女性主體在商品化過程中的能動性與主體性，而不僅僅只是強調異化、受害的面向。

二戰前的台灣婚姻：相親才是王道

傳統台灣漢人的男女婚姻，不論是成年男女、童養媳或招贅婚，基本上都是兩個家庭的結合，男女婚姻締結是取決於雙方的父母（Thornton, Chang & Yang 1994）。日本殖民台灣後仍保留此一慣習，台灣總督府法院在一九〇八年的判例提到：「依據（台灣）舊慣，婚姻或離婚非僅依當事人之意思即可成立，尚須遵從尊親屬之意思。」不過這裡可看出，日本政府其實帶入了「婚姻當事人可以自由表達意思」的概念，而不只是將婚姻當成雙方家庭的結合而已（王泰升，二〇一四，頁三六三～三六四）。此外，日治時期民法規定，男子三十歲以下、女子二十五歲以下，如果要結婚，必須經過「戶長」的同意（台灣日日新報，一九二五a）。換言之，以自由戀愛為基礎的婚姻在當時根本不存在。

即便是力求西化、現代化的日本，也要到一九六〇年代末、一九七〇年代初，才逐漸出現婚姻必須有「浪漫愛情」的思維，年輕男女才得以擺脫家人「相親、介紹」的束縛（Nakamatsu 2008）。依據上野千鶴子的研究，明治維新以前，相親仍是日本主要的結婚認識管道，貴族階層一直以來都是透過相親，農民則多半與村內人通婚，不過在婚前就有相當多的互動，包括性行為，有所謂的「ヨバイ（夜這宿）習俗」，透過一系列安排讓十四到十五歲的男生跟月經初潮的女生見面，由年長的人帶領這群男女互相認識，進而發生性關係（一九九五，頁五六～

六五）。一直到十九世紀末、明治維新後，政府為了強調西化，才開始禁止婚前性行為，並禁止了「夜這宿」的習俗，但竟引起農民的反對與騷動。同時由於男女無法透過前輩的指引來學習如何挑選對象，因此開始出現所謂的「媒人婆」（go-between），以前只有在貴族間才會有的婚姻介紹，普及到一般庶民（上野千鶴子，一九九五，頁六六～六八）。

當前台灣習以為常的自由戀愛，在日治時期其實相當負面。當時的媒體報導「自由戀愛」或「自由結婚」時，有兩個特點，第一個是清一色負面消息。在筆者所收集到的五十則新聞中，幾乎都是負評，例如「工業生被退學，中自由戀愛毒」（台灣日日新報，一九二七）、「自由戀愛，產下一女，男竟娶他女」（台灣日日新報，一九三四a）、「便所內捉姦，青年自由戀愛」（台灣日日新報，一九二八）、「離婚多是自由結婚者」（台灣日日新報，一九二五b）、「高雄市內一對青年男女，自由結婚不成，投西子灣而死」（台灣日日新報，一九三二）。自由戀愛被再現為「中毒」、悲劇人生的開始或結束，或在廁所偷偷摸摸進行。另外一則新聞標題則寫著：「分娩後絞殺、遺棄便池，自由戀愛悲劇」（台灣日日新報，一九三四b），內容則描述一位十八歲女性與二十三歲情人未婚生子，因為擔心被養父母發現，故絞殺剛出生的嬰兒。但是仔細看報導內容，關鍵在於養父母要求二十三歲的男子必須給聘金六百圓，才讓他們結婚，而這男子身無分文，女孩就因此被養父母關在房間不得出門。那麼試問，這悲劇是源於自由戀愛還是父母？

第二個特點是，自由戀愛的悲劇也有穩定的性別化腳本：就是「蠢女人」為「壞男人」

所騙。這個「蠢女人」可能是被「市井無賴少年誘去」（台灣日日新報，一九二九），或是高唱自由戀愛的新時代女性，但「見識不足」，悲劇收場。例如：「自由戀愛結婚未久，便惹起離異訴訟，見識不足少女極宜鑒戒」（台灣日日新報，一九三六），內文則描述一位在台銀桃園支店工作的女性，被「善修邊幅之青年簡慢居籠絡，致女迷於情，敢遠父母之命，辭去厥職……以遂其自由戀愛結婚之願。殊不知男乃遊手好揮霍之徒……。噫，青年見識未足，因一時之愛，不審將來結果，致有今日，真一失足成千古恨也！」

對於十九世紀末、二十世紀初的台灣人而言，結婚對個人幸福的重要性，遠低於對家族、國家的意義。明治四十年（一九〇七）七月十六日，《台灣日日新報》一篇有關「自由結婚辯」的議論，一開頭就寫：

> 有人來問我關於婚姻的事情，如果不是父母的命令或媒妁之言而結婚的，以前的人就鄙視之，稱作「野合」，但是現今卻說是自由、文明。……那麼結婚到底是為了什麼呢？它不單只是為了男女兩者，而是為了子孫延續、為了社會成立、為了國家保存、為了造化自然。如果僅僅只是為了男女「一時情緒的偏差」而結婚，那實在非常偏頗。……如果忘記上述的原因，就會變成「無紀律之民、無秩序之世」，跟禽獸有何差別呢？

這種看法，迄至一九二六年都未曾改變。當年知名的評論者楊鐘鈺（一九二六）寫道：「若乃不由父母，不問門第德性，而曰自由戀愛，則與嫖客娼妓何異？吾未見嫖客娼妓而能孝養其父母舅姑也。」換言之，直到一九三〇年代，台灣社會仍將婚姻視為男女有性行為的門檻，同時男女媾合必須有延續香火、保家衛國的效果，而不是以個人歡愉為目的。

根據二〇〇一年的台灣社會變遷調查的結果，在一九五〇年以前出生者仍有高達百分之四十七是透過相親或媒人介紹，百分之八是父母安排或介紹，這兩者加起來即高達百分之五十五，而自己互相認識結婚的比例只有百分之十六。但是隨著台灣經濟在一九六〇年代後快速發展，城鄉移民快速增加，因此傳統的媒人或父母介紹的比例急降為百分之十七，自己互相認識則急增到百分之四十四。一九五〇到一九五九年出生的人，二十歲的時候就是一九七〇到一九七九年，正是台灣城鄉移民跟經濟發展最急速的時候。此後，整個婚配過程快速轉變，透過父母介紹跟媒妁之言而認識結婚的比例從此再也沒有回升。宋同等人針對台灣婚姻的研究也顯示，台灣工

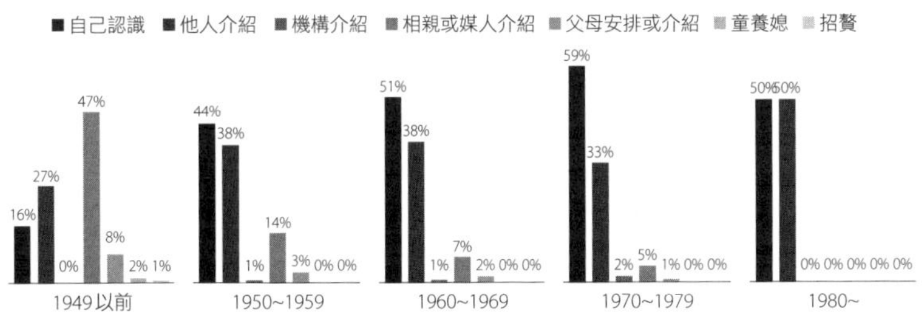

圖1——不同年齡層，結婚雙方認識的方式

（資料來源：中研院社會所2001年台灣社會變遷調查。原始數據取自中央研究院人文社會科學研究中心調查研究專題中心學術調查研究資料庫。）

業化、現代化的過程中，女性受教育程度提高、父親非農夫的身分、離開原生家庭工作、住工廠集體宿舍等因素，都是顯著提升自由戀愛、自由婚配，甚至婚前性行為的社會因素（Thornton, Chang & Yang 1994）。

整體而言，台灣的經驗顯示，「自由戀愛而結婚」的意識型態跟實作其實是非常晚近的事情，它興起於整體社會制度變遷，特別是工業化發展，提供個人可以脫離家庭經濟生活而獨立，才帶動以個人主義為主的自由戀愛跟婚姻，這一點和西方、日本的發展相當類似。

沒有感情不能結婚？

考量過往台灣婚姻演變的歷史有助於思考現今台灣的婚姻論述，尤其是飽受爭議的跨國婚姻。為過濾中國女性「假結婚、真賣淫」的情形，並因應美國國務院針對人口販運議題對台施壓，陸委會於二〇〇三年九月開始以試辦方式針對中國籍配偶執行婚姻面談，並於二〇〇四年三月正式建立中國籍配偶的婚姻面談制度。此一高度種族歧視的境管政策立即受到中國配偶組織的抗議，而官方的回應是東南亞籍外配也會納入規範，以示「平等」對待。二〇〇五年一月，外交部開始在越南、印尼、泰國、菲律賓、緬甸等國的駐外使館辦理一對一婚姻面談。此外，台灣婦女團體對於台灣男性和非本國女性的跨國婚姻也相當關切。這些不同的社會動能，都使得千禧年初台灣政府對跨國婚姻的治理充滿種族、階級與性別角力。

在一支紀錄片中，張政緯導演（二〇〇六）拍下了一對跨國夫婦在越南胡志明市進行結婚面談的過程：

面談官：我現在問你的問題，不是答對加分、答錯扣分。如果對一個問題會有不同的答案，我會問，為什麼會有不同的答案。你第一次跟她見面，是什麼時候跟她見面？在什麼地方？

男：第一次見面是在她家裡。

官：你來越南幾次？

男：第二次，現在是第二次。

官：你講幾句溝通一下。（轉向越南女）妳講中文給我聽。妳叫什麼名字？講中文。

女：（焦慮，越南語回答）大叔請您再說一次，我聽不到。

官：妳叫什麼名字？

女：（以越南語回答）但是現在你說太快，我聽不懂。

官：妳今年幾歲？

女：（焦慮，搖頭）

官：你們怎麼溝通？

男：就是電話溝通。

官：你們現在告訴我，你當面跟我聊一下。你聊一下天給我看。你說電話溝通，你怎麼溝通？

男（轉向女）：妳，妳講給先生聽，說爸爸媽媽好不好。

官：妳不要講給我聽，你們兩個對話看看。

男：妳今天早上吃什麼？（女搖頭，不懂）

男：（再一次）妳今天早上吃什麼？（女仍搖頭，不懂）

男：妳早上吃飯了沒？（女，焦慮，仍搖頭，不懂）

男：妳早上有沒有吃東西？（女仍搖頭，不懂）

男：不用緊張，慢慢來。（女焦慮，搖晃身體）

官：你們連一句話都不能講，你到底，一句話你們都不能溝通。

男：她可能是太緊張了。

官：不可能，你們自己對話看看。你們自己對話。

男（轉向女）：妳不要緊張。慢慢來沒關係。

官：任何話都不能溝通怎麼講？你來兩次就要結婚了？你有沒有其他的任何、要給我

看的東西？（男拿出一疊通話紀錄）

官（對越南翻譯）：你告訴她，會講的中文通通講出來。

男：這是我們的通聯紀錄。

官：那你怎麼通聯？你在我面前，一句話都不能講，你怎麼通聯？

每次在教學現場播放這段影片給大學生看時，我會問他們：如果你是那個「面談官」，是否會讓這對已經登記結婚的夫妻通過面談？絕大多數學生都反對。一位男學生更義憤填膺地斷言，「語言不能溝通，怎麼一起經營婚姻生活？」但當學生被問到，如果裡面的男生換成王宏仁，會通過嗎？大家一陣笑聲，「一定通過啊，因為你是教授啊！」、「你會講越南語啊！」學生覺得好笑，因為這違背既定的社會腳本：一個教授，不可能去娶越南人！接著我會再問：如果是郭台銘呢？大家一樣爆笑，也都認為郭台銘會通過。接下來，他們不得不反思這個問題：一樣語言不能溝通，何以郭台銘可以娶太太，但藍領勞工卻拿不到簽證？大學教授和郭台銘可以通過面談，是否也意味著深具物質條件的婚姻可以克服語言不通、沒有感情的問題？

課堂上大學生的思維並非特例，他們反映的是主流社會對於愛情、婚姻、性的看法，充滿種族、階級與性別的婚姻意識型態。此一意識型態不僅普遍出現在掌控國境邊界的面談官口中，連法律菁英也內化了這樣的價值觀。依據郭書琴（二〇一六）的研究，台灣法官在跨國婚姻的離婚訴訟中也常存有跨國婚姻「沒感情易生婚變」的論點。例如「異國婚姻，感情基礎原本較為薄弱，二人身分背景之極大差距，也使婚姻關係易生波折」（頁一二〇）；「經人介紹結婚，婚前毫無感情基礎，而被告來台後，兩造又未積極培養感情，反而相處不睦，經常吵架或打架」（同上引），論調和前述的婚姻面談官如出一轍。如果和本國人的離婚官司對比，這些跨國離婚的判決就更顯荒謬。台灣法官將跨國婚姻難以維持歸因於雙方沒有感情基礎，但台灣的離婚係採「有責主義」，只要有一方不犯錯，又不願離，兩方都很難以「雙方已經沒有感情」主張「難以共同生活」而取得離婚判決。這和異國婚姻中法官強調沒感情就離婚的實作，存在巨大反差。值得注意的是，跨國婚姻沒感情就判離的實作，也可能進而導致越配的高離婚率，而這又回溯性地坐實「跨國婚姻沒感情，難以維持」的指控。

綜言之，自由戀愛為婚姻基礎的意識型態，排除了某群人進入婚姻的社會效果。前述跨國婚姻的案例顯示，面談官認為語言不能溝通，所以不可能相愛，而愛情才是婚姻的基石，所以沒有辦法共組家庭。這種意識型態深植台灣人心。許多受訪的移民女性經常被問道：「你先生是用多少錢把你買過來的啊？」即便婚姻在台灣也常被用來作為社會流動的實踐，但在以愛為名的包裝下，本地人不再被控以用婚姻謀求社會流動，唯獨新移民被描述成愛錢的女人，不是為「真愛」而結婚。整體而言，當前這種「沒有感情不能結婚」的論述充滿了性別、種族與階級偏見。性別偏見具現在性別化的溝通義務中，面試官「很自然地」只要求越南女性說中文，但不要求台灣男性說越南語；跨國婚姻的「結婚面談」，只針對東南亞等特定二十一個國家，因而是個種族化的過程；同時，這些國家又都位居全球經濟階層的底層，因而也帶有濃厚的階級歧視，就如某位受訪官員說過：「如果來這裡娶親的，都是像各位教授這樣子的，或是公務人員、工程師，我們就不用這麼麻煩了！」（二〇一〇年一月的訪談）。

建構婚姻仲介為物化女性的元兇

沿襲自西方當年對於「郵購新娘」的觀察視角，台灣的跨國婚姻從一開始就被學者稱為「商品化」婚姻（夏曉鵑，二〇〇二），認為這類婚姻類似商業買賣，又因為國家之間存在經濟發展的差距，讓不管是來自東南亞的婚配女性，或者到東南亞娶親的台灣男性，都背負著污名烙印。此外，早期媒合台越婚姻的仲介業者四處刊登「保證處女」、「非處女退錢」這類廣告也引起民間婦女團體公憤。行政院婦女權益促進委員會遂於二〇〇六年決議：婚姻媒合「不應成為一種行業，應朝向非營利、公益性服務機構發展」。至此，國家不僅在道德上標榜婚姻不應該沾染金錢色彩，甚而以反人口販運為名，以法律形式禁止營利性質的婚姻仲介。

「婚姻媒合」在華人社會歷史悠久，「跨國婚姻媒合」也非新鮮事。十九世紀末的歐美移民潮中，許多歐洲的女性也是透過營利的媒合業者嫁到美國新天地（Sinke 1999: 1），當代科技透過網路媒合跨國婚姻的情況更是普遍。歐羅克（Kate O'Rourke）認為，跨國婚姻仲介存在的關鍵因素在於有錢國家男性有權力以經濟能力「購買」老婆，而發展中國家的女性則希望藉此脫貧（O'Rourke 2002: 480）。勞埃德（Kathryn A. Llyod）更寫道：「郵購新娘的標籤經常讓人以為那是很久以前的歷史，不過這種販運女性的型態在當代全球經濟體系卻是繁榮得很！……這個產業只對它的男性消費者跟錢包負責而已！」（Llyod 2000: 341）

在本地的婚姻仲介研究中，筆者與張書銘的文章指出，在婚姻雙方資訊有限的情況下，開始出現跨國婚姻媒合的服務，專業的媒合者也應運而生。在整個婚姻移民的過程中，婚仲業者承擔一定的社會關係與利益，不該因為其營利的角色而受到道德譴責（王宏仁、張書銘，二〇〇三，頁一七九～一八〇）。但此一觀點並不受主流青睞，甚至與在地婦女團體截然對立。

二〇〇七年三月，《中國時報》民意論壇出現一系列關於「跨國婚姻仲介」的辯論。這次辯論始於王宏仁在三月九日率先批評行政院婦權會全面禁止營利性的跨國婚姻媒合業，認為其是「國家要高度介入人民私密生活，並且試圖以中產階級浪漫想像來規範其他階層的婚姻」（二〇〇七）。畢竟，絕對的婚姻自由只是一種現代／個人主義社會的虛幻想像，同時，婚姻媒合業者並非如婦女團體所想像的，只是汲汲營利的吸血者。隨後，蔡順柔、吳紹文、曾昭媛等，在十一日以「婚姻豈是金錢遊戲」一文聯名回應，強調反對商業剝削與「仲介暴利」

（二〇〇七），因此為減輕男女結婚雙方的負擔，應由非營利組織來協助，以便做到「收費低廉、資訊透明，又不侵害人權」的目標。與此類似，南洋台灣姊妹會前任理事長邱雅青（泰國籍配偶）也在該月二十日投書指出，「婚姻仲介只保障了男方可以有權利，女方的權利他們一點都不在乎」（二〇〇七）。然而，如同邱貴玲十七日文章所指出的，「婚姻和教育都是社會階級流動的重要手段」，立法禁止媒合業不僅不切實際，也對底層社會的婚姻自由產生不利影響（二〇〇七）。同時，非營利組織是否能承擔這些業務也有疑問。王宏仁也於二十三日再度回文指出，政府治理需要論述與道德上的合理性，另一方面也需要複雜精密的統治技藝（二〇〇七），婦權會與部分婦女團體強調移民女性「可憐化、犧牲化」的角色，與社會現實脫節；此外，政府部門也未能發展出精密的治理技藝，因為「統治的技藝需要的是清楚地觀察、調查、記錄、分類對象，然後才可以隔離、施壓、作用、解決，絕非是想像、建構、同質化一個對象，但卻無法有效施加作用於其對象」。

這波辯論最後在婦女團體的壓力下，做出全面禁止商業媒合的決定。二〇〇六年官方已將「婚姻媒合業」從「商業團體分類標準」中刪除，二〇〇七年更禁止跨國境婚姻媒合商業化，此後任何的廣告宣傳、收取仲介費的行為都被禁止。此外，那些想要從事跨國媒合婚姻者，需先成立「財團法人」或「非營利社團法人」，申請許可後，「以非營利的方式」進行。截至二〇一三年八月底，移民署許可的組織共計四十三個協會，但其實多係由先前營利的婚仲業者轉型而來（王翊涵，二〇一三，頁四六）。公益化之後，部分婚仲有做婚姻輔導，但也有些組織基於利潤考量並沒有提供相關服務（同上引，頁七二～七九）。換言之，營利仍是當前婚姻仲介的重要考量。

剝削

馬克思主義認為，勞動是生產價值的核心形式，也是人類體現其價值所在。剝削指的就是勞動成果沒有累積在自己身上，而為他人所掠奪。形成剝削的機制在於，資本是以買斷勞工一段固定時間的方式來給薪，而這份薪資通常只夠維持基本生活，以誘使勞工可以繼續回來工作。這種設計使得雇主可以在此固定工時內，透過勞動過程的設計（流水線的生產方式、有限的休息時間）盡可能動員、壓榨勞工的勞動力，以使勞工每天生產的價值遠超出雇主給付的薪資來創造盈餘。這種生產方式就是，辛勤勞動的勞工，無法獲得匹配的物質回饋，而沒有從事勞動的資本家卻坐享勞動成果。

是「反人口販運」，還是歧視跨國婚姻？

將仲介視為欺瞞雙方的營利機構，很自然就會將跨國婚姻與人口販運結合起來，就如歐羅克的文章所描述的，因為跨國婚姻中女性權力不對等、易受傷害，因此反人口販運公約可以應用在某些「郵購新娘產業」上（O'Rourke 2002: 484）。勞埃德的研究也是從跨國婚姻仲介，直接跳到「國際人口販運」，因為有龐大的利益可圖（Llyod 2000: 343-345）。

依據加拿大學者肯帕迪（Kamala Kempadoo）的研究，十九世紀以來，歐美（有色）勞動階級女性為了追求穩定的經濟與社會生活，跨國遷移到其他國家工作，在歐洲白人中產階級女性眼中卻被看成是人口販運（trafficking）受害者，甚而將她們的跨國移動全然等同為跨國賣淫的受害者（Kempadoo 2005）。也是在這種白人／中產階級女性的凝視下，有色／勞工階級／女性的跨國移動都被問題化為跨國賣淫或人口販運。事實上，這種將勞動女性跨國移動視為人口販運受害者的階級凝視，一直延續至今。

值得注意的是，究竟有多少人口販運受害者也令人存疑。根據美國社會學家維惹（Ronald Weitzer）的研究，美國國務院自二〇〇一年起每年定期發布「人口販運」（Trafficking in Persons）報告，其中，二〇〇二年估計全球每年有四百萬人遭販運，隔年修正為八十至九十萬人，二〇〇四年估計為六十至八十萬人，二〇〇八年後逐漸穩定為八十萬人。至於被販運到美國的部分，二〇〇二年的報告指出有五萬人被販運到美國，隔年改為一點八萬至兩萬，二〇〇四年改為一萬四千五百至一萬七千五百人之間（Weitzer 2011: 1349）。然而，即使美國國務院每年對人口販運的估算值一再往下修正，仍對美國司法部帶來莫大壓力。依據二〇〇五年美國司法部的公告，在二〇〇一至二〇〇四年間，全美只有六百一十一個受害者，但這段期間估算值是每年一萬四千五百至一萬七千五百人（同上引，頁一三五一），相差何止千里？

官方數據不足採信，但不乏學者完全無視科學求證、方法論上的疏失，直接引用美國國務院的數據。維惹以美國為例，指出包括麥金儂（Catharine A. MacKinnon），以及幫美國國務院撰寫人口販運報告的休斯（Hughes），總是以前述誇大、未經查證的每年販運到美國賣淫的受害者人數為基礎，製造跨國賣淫使女人淪為性奴隸的社會想像與道德恐慌，進而一再地將跨國販運等同於賣淫（Weitzer 2010; 2011）。反娼、反色情大將麥金儂甚至以色情需要年輕（有色）女人與女孩為由，指稱色情就是人口販運的溫床（MacKinnon 2005）。反人口販運者因而一方面認為性產業中的女性必須自己表達自由意志、愛意，才能證明婚姻的真實，但另方面卻又主張她們沒有能力表達自己，受婚姻仲介的欺瞞，因此需要政府或外力的協助。

有關人口販運的問題，黎白楊（Le Bach Duong）、白朗潔（Danièle Bélanger）和屈秋紅（Khuat Thu Hong）關於北越兩百一十三名婦女移民或被販運到中國地區的調查則顯示，百分之三十的人是以結婚名義移民到中國，而其中約百分之三十的婦女是「合法與非法」被「販運」到中國，所謂的「合法販運」是指事先已經知道「要與老男人或身障者結婚」，只有少數人說自己是被騙而販賣到中國結婚的（Duong, Belanger & Hong 2005: 5）。換言之，在跨國的婚姻中的確可能存在人口販運問題，但是否如某些婦女團體指稱的「婚姻媒合業是人口販運的元兇」呢？此外，整個人口販運的組織，是否一定跟這些婚姻媒合業掛勾呢？根據盧逸璇的調查，台灣與中國之間組織性的女性性工作者販運，結構因素包括：法律與政策制訂的不周延、警察與賣淫業者的政商利益交換關係，以及警方與海巡機關的績效計算制度。至於參與者，以前為人蛇集團，目前則轉向大規模的色情業者（盧逸璇，二〇〇三，頁六）。陳美華的研究更指出，組織兩岸性交易網絡的第三者不乏被兩岸就業市場邊緣化的底層勞動者，同時這些跨國移動的移民性工作者來台灣之前，其實已清楚知道她們將在台灣性交易市場工作，多數移民性工作者傾向將仲介第三人視為協助她們跨國移動的夥伴，而非剝削者（二〇一一）。預設婚姻媒合業與人口販運掛勾，充其量只能滿足社會需要代罪羔羊的心理，而其代價是忽略整個人口販運背後更為複雜的結構因素。中松智子（Tomoko Nakamatsu）的研究也指出，日本的婚姻媒合業者很難跟人口販運扯上關係，並認為這其實是一種偏見（Nakamatsu 2008: 2）。

不過，面對郵購新娘產業要如何應對時，後現代的女性主義者也很清楚意識到，不能將來自第三世界的婚姻女性當成是「受害主體」（victim subject），以這種觀點出發的政策建議，最後會變成「政府開始進行的保護主義，甚至是保守主義，無助於改善發展中國家的女性」

（O'Rouke 2002: 494）。

代結語：國家管控下的階層化自由戀愛

現代性的愛情，強調了「個體」的責任，也就是為了那個純潔無暇的愛情，個體會運用自己所有的能力去克服一切社會阻礙，即使不成功也會流傳千古，成為可歌可泣的愛情傳奇。前面所引述的跨國婚姻面談裡頭的面談官，正是認為婚姻必須建立在自由戀愛的意識型態之上，而無視婚姻其實是社會、歷史的產物，不同階級、文化的成員因為資源與信念上的差異，對於婚姻的想像與安排其實並不相同。自由戀愛才能結婚的社會想像預先排除了不同社經背景者對婚姻的看法與體驗。浪漫愛情，並不是獨立於社會脈絡之外的；相反地，它是西方社會特定歷史、生產與消費模式下所積累出來的產物，而非無可解釋的化學效應或情緒。洞察、分析愛情與親密關係的社會與歷史性格，將有助於我們理解當前環繞著跨國婚姻治理的社會不正義。

國家在執行其政策時，也同時在展現其意識型態。對新移民的態度通常也是透過不同的政策方式來顯示其欲達成的目標。對於其政策起作用的對象（intended policy objective），一開始通常是以問題化的方式呈現（problematize the objective），也因此才有施力的道德合法性。目前對於婚姻媒合業者的管制及政策，也是以同樣的方式呈現，例如建構跨國婚姻媒合業者是父權體制的產物、是人口販運的元兇、是暴利的汲取者，也因此政府要介入管理／禁止這些組織。同樣的社會現象，在日本政府眼中，卻有不同的理解形式與解決模式。例如，日本政府把少子化、高齡化視為「問題」，因此要介入這樣的問題時，把「移入人口」視為解決該問題的方案之一，而為了積極引入人口，鼓勵人民早婚多產，跨國婚姻媒合業者成為協助國家管理／調節人口的重要民間組織（Nakamatsu 2008）。在這裡我們可以看到，同樣的婚仲組織，但是在不同的社會脈絡，卻被賦予不同的角色，而即使角色不同，卻也都是國家介入民間社會的一個重要媒介。

換言之，不管把婚姻媒合業者認為是有害的，還是有利的，政府都一樣透過他們來達成另外一個政策目標（如防止人口販運、增加人口數量）。這就如傅柯式的傳統所指出的，有效的治理不會集中在一個中央或地方的政治機構，而是搭配著許多其他的組織，包括政府的或民間的，在不同的場域中，施展其權力於其政策對象。曾嬿芬與王宏仁曾經探討台灣國家在管控移工時，移工仲介組織是其重要的治理環節，透過這些組織，國家可以達到它的政策目標，也就是防範移工逃離雇主（Tseng & Wang 2013）。同樣地，當我們探討台灣國家政策作用於新移民女性時，牽涉到的相關治理機構，絕非只是內政部、教育部、移民署等政府單位，還涉及政策過程中涉入的組織，例如許多的NGO組織，雖然他們在主觀上並不想成為國家政策的一環，但在客觀社會結構上仍難跳脫屬於國家施展權力的協同組織。國家唯有與這些民間組織協力合作（也就是我們常常聽到的「全面動員」），才可能達到其欲求之目標，也就是治理的有效性（effective governmentality）。

參考書目

王泰升。二〇一四。《台灣日治時期的法律改革》（修訂版）。台北：聯經。
王宏仁、張書銘。二〇〇三。〈商品化的台越跨國婚姻市場〉。《台灣社會學》六：一七七～二二一。
王宏仁。二〇〇七。〈通往地獄之路〉。《中國時報》，三月九日，A15民意論壇。
——。二〇〇七。〈幸福天堂的技藝〉。《中國時報》，三月二十三日，A15民意論壇。
王翊涵。二〇一三。〈媒合婚姻，媒合適應?!:在臺跨國（境）婚姻媒合協會之服務內涵探究〉。《社會政策與社會工作學刊》一七（二）：三九～一〇八。
邱貴玲。二〇〇七。〈婚姻門檻比一比〉。《中國時報》，三月十七日，A15民意論壇。
邱雅青。二〇〇七。〈我也是家裡的公主〉。《中國時報》，三月二十日，A15民意論壇。
夏曉鵑。二〇〇二。《流離尋岸：資本國際化下的「外籍新娘」現象》。台北：台灣社會研究季刊。
楊鐘鈺。一九二六。〈來稿・論自由結婚（下）〉。《台灣日日新報》，八月三日，04版。

張政緯。二〇〇六。紀錄片《再見越南・再見台灣》。

陳美華。二〇一一。〈層層剝削？互利共生？兩岸性交易網絡中的交織政治〉。《臺灣社會學刊》四八：一～四九。

郭書琴。二〇一六。〈逃家的妻子，缺席的被告？外籍配偶與身分法之法律文化初探〉。收錄於郭書琴，《現代家庭生活秩序的重整與再思》，頁九九～一三六，台北：元照。

蔡順柔、吳紹文、曾昭媛。二〇〇七。〈婚姻豈是金錢遊戲〉。《中國時報》，三月十一日，A15民意論壇。

盧逸璇。二〇〇三。《全球化下的人口販賣研究：大陸女子來台從事性產業之政經結構分析》。台中：國立中興大學國際政治研究所碩士論文。

上野千鶴子。一九九五。〈恋愛結婚の誕生〉。收錄於吉川弘之編，《結婚》，頁五三～八〇。東京大學出版會。

Bernstein, Elizabeth. 2007. *Temporarily Yours: Intimacy, Authenticity, and the Commerce of Sex*. Chicago and London: The University of Chicago Press.

Brennan, Denise. 2004. *What's love got to do with it? Transnational desires and sex tourism in the Dominican Republic.* Durham and London: Duke University Press.

Carrier-Moisan. 2015. "'Putting Femininity to Work': Negotiating Hypersexuality and Respectability in Sex Tourism, Brazil," *Sexualities* 18(4):499-518.

Cheng, Y. A. Cheng, Wu, F. and Adamczyk, A. 2016. "Changing Attitudes toward Homosexuality in Taiwan, 1995-2012", *Chinese Sociological Review* 48(4), 317-349.

Coontz, Stephanie. 2005. *Marriage, a History: How Love Conquered Marriage*. New York: Penguin Books.

Duong, Belanger and Hong. 2005. "Transnational Migration, Marriage and Trafficking at the China-Vietnam border." Paper presented at the international conference "Female Deficit in Asia", Singapore: NUS.

Illouz, Eva. 1997. *Consuming the Romantic Utopia: Love and the Cultural Contradictions of Capitalism*, Berkeley: University of California Press.

Kempadoo, Kamala. 2005. *Trafficking and Prostitution Reconsidered: New Perspectives on Migration, Sex Work, and Human Rights*. St. Paul: Paradigm Publishers.

Lloyd, Kathryn A. 2000. Wives for Sale: The Modern International Mail-Order Bride Industry, 20 Nw. J. Int'l L. & Bus. 341 (1999-2000). Northwestern International Law & Business, vol 20(2): 341-368.

MacKinnon, Catharine A. 2005. "Pornography as trafficking," *Michigan Journal of International Law*, 26: 993-1223.

Nakamatsu, T. 2008. "Global and Local Logics: Japan's Matchmaking INdustry and Marriage Agencies." Cross-Border Marriages with Asian Characteristics? Hong-zen Wang and M. H. H. HSiao. Taipei, Academia Sinica.

O'Rourke, K. 2002. "To Have and to Hold: A Postmodern Feminist Response to the Mail-Order Bride Industry," *Denver Journal of International Law and Policy* 30(4): 476-497.

Passet, Joanne E. 2003. *Sexual Radicals and the Quest for Women's Equality*, Urbana and Chicago: University of Illinois Press.

Sprulock, John C. 1988. *Free Love: Marriage and Middle-Class Radicalism in America, 1825-1860*. New York and London: New York University Press.

Seidman, Steven. 1991. *Romantic Longings: Love in America, 1830-1980*. New York and London: Routledge Press.

Sinke, S. 1999. "Migration for Labor, Migration for Love: Marriage and Family Formation across Borders.", *Organization of American Historian Magazine of History* 14(1).

Thornton, A., J. S. Chang, and L. S. Yang. 1994. "Determinants of Historical Change in Marital Arrangements, Dating, and Premarital Sexual Intimacy and Pregnancy." Pp. 178–201 in *Social Change and the Family in Taiwan*, edited by Arland Thornton and Hui-Sheng Lin. Chicago: University of Chicago Press.

Tseng, Y-F, H-Z Wang. 2013. "Governing Migrant Workers at a Distance: Managing the Temporary Status of Guestworkers in Taiwan," *International Migration* 51(4): 1-19.

Weitzer, R. 2010. "The Movement to Criminalize Sex Work in the United States." *Journal of Law and Society* 37(1): 61-84.

——. 2011. "Sex Trafficking and the Sex Industry: The Need for Evidence-Based Theory and Legislation." *Journal of Criminal Law and Criminology* 101(4):1337-1370.

Zelizer., V. 2005. *The purchase of intimacy*, Princeton, Princeton University Press.

《台灣日日新報》

——一九〇七，二版，〈議論：自由結婚辯〉。七月十六日。

——一九二五a，五版，〈耳濡目染〉。五月二十日。

——一九二五b，四版，〈離婚多是自由結婚者〉。五月二十九日。

——一九二七，七版，〈工業生被退學，中自由戀愛毒〉。五月十五日。

——一九二八，四版，〈便所內捉姦，青年自由戀愛〉。七月二十日。

——一九二九，四版，〈是々非々〉。九月二十二日。

——一九三一，四版，〈高雄市內一對青年男女，自由結婚不成，投西子灣而死〉。十月二日。

——一九三四a，八版，〈自由戀愛產下一女，男竟娶他女〉。二月四日。

——一九三四b，四版，〈分娩後絞殺、遺棄便池，自由戀愛悲劇〉。二月九日。

——一九三六，四版，〈自由戀愛結婚未久，便惹起離異訴訟，見識不足少年極宜鑑戒〉。三月十三日。

愛情是一種意識型態：台韓偶像劇的愛情夢幻政治*

楊芳枝｜國立成功大學台灣文學系

* 本文改寫自“From Korean Wave to Korean Living: Meteor Garden and the Politics of Love”發表於*Korea Observer*(43: 3, 2012, pp. 419-445)。在此特別感謝麥樂文的翻譯。

二〇〇六年，政府為保護國產劇，一度提議禁止在黃金時段播映韓劇。消息一出激怒了許多韓劇粉絲，抗議「政府不應該剝奪韓劇迷做美夢的權利」。女性收看韓劇作為一種文化權，依靠的是「女性渴望愛情」的觀念，但若將戲劇放在國族打造與全球化的歷史脈絡中檢視，愛情其實是一種文化技術的控制。韓劇或愛情偶像劇提供的，是以消費作為解決社會貧富不均及面臨社會不公平的夢幻式的解決方案，將「民主政治」簡化為「生活政治」：將女性去政治化，縮限在親密關係的非公民領域。這種消費是源自日常生活中的挫折或不幸福感，是女性表達「不同意」的方式，進一步反思「不同意」的結構因素，是打開另類民主政治的可能路徑。

作為夢幻式解決方案的愛情

踏入二十一世紀，韓國電視劇席捲台灣，開啟了在台灣的第一波韓流。為了保護台灣在地的電視產業，二〇〇六年新聞局提議禁止韓劇在黃金時段播映。消息一出立即激怒了眾多粉絲，知名電視劇評論家黑鳥麗子在每週的專欄上向政府呼籲，指電視劇迷就是愛做夢的人，政府不應該剝奪韓劇迷做美夢的權利（黑鳥麗子，二〇〇六）。結果，民進黨政府在眾多粉絲的反彈下做出退讓。在此，我們看到的是黑鳥麗子以「權利」語言訴諸女性觀眾的理智與情感，強調女粉絲愛做美夢的（文化）特殊性，並以親密欲望作為公民身分的基礎，要求政府不能以保護國產劇為名而犧牲女性觀眾收看浪漫愛情韓劇的權利。

當追看韓國愛情劇被描述成一種女性的文化，甚至要求政府給予文化肯認（cultural recognition）[1]，我們該如何思考女人藉由觀看韓劇所形成的「親密公眾社群」（intimate public），並以親密公民的力量爭取、維護消費外國產品的「權利」？將收看韓劇概念化為一種文化權，在國族政治、跨國政治與性別政治中，又彰顯了什麼意義？為了要回答這些問題，我將以一

1「文化肯認」的概念，常見於多元文化主義（multiculturalism）論述，指的是特定社會群體（例如本文的「女性」）之文化身分，包括其命名、慣習、價值觀等，如何在象徵或物質層面上取得社會普遍的肯認。

部跨亞際的電視劇《流星花園》為例（日本與韓國稱為《花樣男子》），嘗試說明在國族打造與新自由主義全球化的脈絡之下，女性對愛情的渴望如何形成。

有別於把看韓劇當成一種文化權，或是自然化女性對於愛情的渴望等論點，本文強調愛情是一種文化技術的控制。愛情偶像劇所提供的，是一種以消費作為解決社會貧富不均及面臨社會不公平的方法，這種夢幻式解決方法（fantastic solution）把民主政治簡化成「生活政治」（life politics）、將女性去政治化，並將女性的公民權縮限在親密關係的領域。矛盾的是，這恰恰提供我們理解女性在不幸福的現實生活裡所嘗試表達出來的異議，而這種「異議」，正是民主政治的基礎。

鑒於日劇與韓劇在台灣以及東亞各國的盛行，文化研究學者提出「東亞流行文化圈」的概念（Chua 2004）。當然，由於各國有其特殊政治歷史文化軌跡，在重複借用的同時也彰顯了不同國家之間差異的共存（Cho 2011: 390）。值得注意的是，這種「同中存異」的當代文化現象，是鑲嵌在東亞「發展型新自由主義」（developmental neoliberalisms）的政治經濟脈絡中形成的。[2] 在東亞新自由主義化的過程中，台日韓面對貧富差距加劇，三地的年輕人同樣成為「經濟再結構化」的受害者。

在這個共同經濟結構下，不難發現平凡女和高富帥男的灰姑娘愛情一直是東亞流行文化圈裡歷久不衰的女性文類公式。[3] 其中，紅極一時的《流星花園》，就是以各種「同中存異」

的灰姑娘故事來形構東亞流行文化圈的最佳例證。《流星花園》改編自神尾葉子（Kamio Yoko）在一九九四年到二〇〇四年連載的少女漫畫，二〇〇一年拍成第一輯，二〇〇二年接拍了續集《流星花園2》。隨著《流星花園》在亞洲颳起的旋風，日本在二〇〇五年也將漫畫重製成趨勢劇（トレンディドラマ，trendy drama），隨後拍攝了續集的電影版。緊接其後，中國以台灣版的《流星花園》為基礎，在二〇〇九年拍攝《一起來看流星雨》，同年韓國也翻拍了《花樣男子》；二〇一八年，中國再次翻拍《流星花園》，與日本、台灣和韓國版本並列。因為韓國和台灣政治經濟的可比較性，本文的主要分析對象就鎖定在台灣的《流星花園》與韓國的《花樣男子》。

2 發展型新自由主義或可稱為「混合式新自由主義」(hybrid neoliberalism)，乃是戰後以日本為首的發展主義，將亞洲各國納入資本主義而成就了四小龍的經濟政策。此發展主義首先在八〇年代的日本開始遇到危機，接著是九〇年代與二〇〇〇年的韓國與台灣，危機促成了發展主義與以美國主導的新自由主義的構連，而成為與西方不同的混合式發展型新自由主義（Park, Hill & Saito 2012）。

3 雖然在新自由主義與女性主義的崛起下，有一些女大男小、女強男弱的愛情故事出現（譬如《敗犬女王》與《姊的時代》），但是這些新文類還是必須與主流的灰姑娘故事做協商與對話。

愛情的文化形式與意識型態

本文從兩條理論路徑出發，論述《流星花園》如何作為一種夢幻的文化形式。第一路徑是「文類」，即由習以為常的修辭或符號的慣例所組成、「處理問題之文化形式」。（Williams 2006: 36）。

女性文類（women's genre）

伯爾蘭（Lauren Berlant）提出女性文化是由女性文類所構成，為文化產業和女性消費者的契約，這個文類契約的特殊性構成了親密公眾社群，亦即以情感、日常生活和平凡性，構成讓女人有歸屬感的群體（Berlant 2008）。構成此親密公眾社群的文類特性，在於以女人的故事，點出女性觀眾一目了然的日常生活問題。然而，這些文本提供的解決方案卻是以情感的連結、個人的方式來解決問題，避開了屬於政治範疇的結構面向，從而鞏固了既有的意識型態，並延續了現狀的不平等。

第二個路徑是「意識型態夢幻」（ideological fantasy），其功能在於遮蔽社會中的對立與分歧，讓社會維持在完整一致、和諧的幻覺之中。我們可以分析的是什麼樣的場景構成了欲望？誰是欲望的主角與客體？哪些現實生活元素被放入場景？

意識型態夢幻有兩個基礎原則：第一，踰越作為愉悅，而不是一味以壓迫的形式進行；然而在踰越／愉悅之後，公共法則將一再受到鞏固。第二，意識型態夢幻需要建構對他者的恨，而不是對公共法則的愛。他者被建構為快樂的竊取者，以此激發起對社群的完整性的維繫，從而讓權威得以維持（Homer 1999: 85-87）。

作為一種意識型態的《流星花園》

所有版本的《流星花園》都共享相近的敘事結構，即使在細節上仍有微妙差異：一個富有的年輕男子與一個貧窮的年輕女子間的愛情故事。

神尾葉子在《流星花園》漫畫版中指出故事背景是日本在泡沫經濟後的大衰退、就業的黑暗期，以及由發展主義轉向新自由主義的時期。這部作品將貧富不均的現實戲劇化——故事發生在一間供富人就讀的菁英高中（在台灣和中國，場景則變成大學），女主角牧野杉菜（Makino Tsukushi）必須倚靠勞力與努力才能生存，但她的階級背景則讓她成為F4施展暴力的對象。在戲劇中，階級特權是藉由個人的暴力來彰顯，特別是富有學生對貧窮學生的霸凌。然而，當杉菜拒絕自己與她的朋友被霸凌，挺身對抗，卻吸引了F4領導者道明寺司（Tsukasa

Domyoji）的目光。

杉菜的個性就如其名，像隨處可見的雜草。她努力工作、有一副好心腸、忍耐力強且堅持不懈。在一個富人主導的世界中，她能夠用來對抗的籌碼只剩下自己的身體，特別展現在其「飛踢」的動作與勞動力之上。每次當她透過「飛踢」來對抗道明寺的時候，「飛踢」的動作都會被慢動作播放。除此之外，在戲劇中杉菜也一直被塑造成要不斷打工才能生存，她必須透過自己的勞動力來養活自己。也正因為這些特點，杉菜才能夠克服一切的障礙，嫁給世界上最有錢的男性——道明寺。

如果我們把《流星花園》視為意識型態夢幻，那對女性觀眾而言，觀看此劇所獲得的愉悅則來自踰越並修復了三條社會法則。第一條踰越與馴服的法則是階級對立的疆界。階級差異的再現方式在各國的版本不太一樣，反映各國的歷史特殊性。例如在台灣的版本中將勞動階級形塑成講台語或是台灣國語夾雜台語的角色，並將這個角色交由女主角的母親擔綱，對比於男主角的父母則通常是醫師律師或是成功企業家的外省人。這樣的選角在劇情上有兩個作用：強調女主角的平凡出身以及「出淤泥而不染」的特質（用講標準國語作為去族群化自我提升的符碼），因此值得更好的（外省）男人。[4] 在韓國以財閥（chaebol）作為經濟主體的發展脈絡下，階級文化的想像則是以消費以及文化資本作為階級差異（distinction）的形構基礎。因此韓國版本強調的是富人令人眩目的生活型態。只不過，韓國版本在台灣上映時，中文配音處理勞工階級的杉菜家庭還是使用了台灣國語。

階級界線的踰越，是這部意識型態夢幻戲中至為重要的快感來源。當新自由主義席捲亞洲而造成經濟結構兩極化，不少年輕女性都有著近似於杉菜的工作情境，從事臨時派遣的工作。杉菜的生活充滿挫折與無力感，儘管如此仍堅持有尊嚴地生存，保存著心中的正義感。這種對生命的韌性與尊嚴的堅持，踰越了階級法則——她抵抗有錢即可為所欲為的階級法則。第二種對階級法則的挑戰，則可從韓國的版本加以說明。韓國版本《花樣男子》花很多心思刻畫富人生活的奢侈與華麗，而在一場宴會裡，杉菜像灰姑娘一樣被施了魔法，在最後一分鐘神奇地換上華麗的禮服參加富人們的宴會，踰越了階級邊界。透過夢幻參與富人華奢生活的階級踰越，構成了觀眾愉悅的來源。上述提到兩種對階級法則的踰越，隱含的是觀眾對於（階級）平等的欲望，然而這種渴望卻是透過愛情而得到消解。雖然杉菜極為窮困，但是杉菜卻可以藉由兩個富家男的追求來得到選擇權，並以此為增能的方式。在兩位F4的成員中，杉菜最終選擇了道明寺，因為他從一個會施展暴力的男性，轉變成一個保護自己、體貼

4 對於族群與語言與文化再現的政治的深入分析，可以參考 Fang-chih Irene Yang (2018), "The Politics and Aesthetics of Chinese Drama (Huajyu) in Taiwan," *Boundary 2: An International Journal of Literature and Cultural Studies* 45(3): 149-172.

而負責任的男性。

這種透過愛情消解階級之間對立的路徑有兩條。首先，階級的暴力被愛情治癒了。戲裡把他的暴力舉止歸因於缺乏家庭的關愛，而杉菜的愛治癒了道明寺，卻隱藏了資本積累過程的剝削以及階級形構的暴力。再來，在韓國的版本中，當男主角獲得愛情後，男主角由剝削的實踐者轉變成具同情心的、以人為本的資本家。只是貧富二元對立的結構仍持續維繫，在貧富差距如鴻溝的階級結構中，上嫁富豪成為女性脫離貧困的一種想像性解決方案。同時，在這樣的故事裡，女性的階級流動取決於個人獨特的人格特質。杉菜之所以值得富家男的愛，是因為她「出淤泥而不染」，也與那些貪慕虛榮的富家女不同。此類的愛情故事強調階級流動的成敗取決於個人，而與結構因素無關。

第二個受到踰越挑戰卻也被再次鞏固的是父權法則。意識型態夢幻總是透過建構並排除他者來自然化社會關係。在《流星花園》中，阻擋杉菜與道明寺邁向幸福最主要的障礙是道明寺的母親。她掌管富可敵國的大財閥企業，透過各種方式阻止杉菜與道明寺結婚，並且強迫道明寺與一個富家女結婚，目的在於增加財閥的實力與獲益。對於年輕女性觀眾而言，杉菜對抗道明寺母親的橋段，為她們帶來一種越界的愉悅感，因為道明寺的母親象徵了家庭權力的掌權者。然而，富有野心、以工作為重的母親被建構成十惡不赦的壞女人，唯有「去除」或轉化這個角色的特質，才能確保維繫父權法則。結果，愛情再一次修復了父權法則。

在台灣版《流星花園2》的最後一集就清楚看到這點，當道明寺將怒氣發洩在母親身上，說：「愛？你知道什麼叫作愛嗎？你在乎的只有權力還有個人的利益，你甚至利用我一生的快樂來交換你的利益。」因為幹練且強勢的母親跨越了屬於女人的「家庭」界線，而無法提供道明寺「該有」的家庭愛，因此造成道明寺對窮人的暴力行為。這種「缺失」被杉菜提供的浪漫愛與家庭愛填滿了，藉由愛情，道明寺找回他的人性，而社會的階級分裂也因此得以修補。

韓國版《花樣男子》同樣強調重新修復父權家庭的秩序來作為修正資本主義經濟秩序的基礎。強勢的道明寺母親把病弱的父親隱藏起來，作為「閹割」父權的隱喻，並取代父親的位子成為財閥的負責人。在此過程中，有野心的母親無惡不作，不但用名利交換兒子的幸福，同時以不道德的剝削方式經營企業。故事的圓滿結局是道明寺的父親被找回來，並將權力交給道明寺，道明寺的母親退居次位，不再插手管企業。如此一來，以年輕男人為主的父權家庭的秩序得以維持；而母親所引發的經濟危機，也從剝削的財閥資本主義，轉型為兒子主導、具同情心的資本主義而得到消解。

第三個同時踰越與修復的，是「現實世界」的法則。許多影迷認為，他們喜歡《流星花園》的原因在於愛情劇就是「夢想」，亦即「真實世界」的相反。就年輕女性來說，日常生活裡充滿了痛苦、疏離、與對未來的絕望與焦慮（因為隨時都有可能失去工作）。在新自由主義強調彈性運作下，勞工在穩定工作機制下所產生的「穩定的自我感」（a stable sense of self）

被碎片化了。這種工作的「彈性」所造成新的「現實」感，讓人們需要花更多的時間去「改進」自己以求與時俱進，投入終身學習的環境之中，以將自己轉化成更有價值的「人力資源」（Sennet 2006）。收看愛情劇於是可以暫時逃離現實中工作與生活的壓力，形成一種踰越的愉悅感。

同時，愛情劇常以重複播放甜蜜時光的回憶景象，來讓觀眾沉溺在浪漫的氛圍裡。沉迷在這些愛情劇，意味著踰越了現實法則，然而，資本主義「現實」作為一種公共法則仍然得到維繫，而不受任何挑戰。一個影迷在觀看韓版《花樣男子》後，在影迷的聊天室中寫了一篇長論後寫道：「我得去念書準備考試了，等等回來再告訴你們更多關於我的感受。」對這個影迷來說，逃避作為越界只是短暫的注意力轉移，讓自己恢復活力，但做完夢後人們還是要回到現實。這個由剝削結構所組成的女性現實生活仍然未受到挑戰。

愛情夢幻政治：灰姑娘愛情故事作為意識型態夢幻

「意識型態夢幻」的概念來自齊澤克。意識型態的作用在掩飾真實問題，而意識型態夢幻即是以不同的劇情場景來建構鋪陳欲望的形成以及問題的完滿解決，以達到社會是完整與和諧的幻覺，並遮蔽社會內部的對立與分歧。意識型態夢幻的運作方式在於，它並非單向地壓迫，而是容許對公共法則一定程度的踰越。一方面讓觀眾獲得踰越的愉悦，並以愉悦來達到規範／規訓的目的；另一方面，意識型態夢幻也藉著踰越／挑戰公共法則而完成修復並鞏固公共法則。當代東亞流行文化圈所盛行的灰姑娘的愛情故事是一種典型的意識型態夢幻。在思考其愛情夢幻的政治時，我們強調在新自由主義全球化的脈絡下，三個公共法則被挑戰但同時也被修復與鞏固：階級、父權，與現實生活。灰姑娘愛情故事提出了當代所面對的問題：貧富差距的加劇與階級暴力，女人在父權資本主義下被配置家庭與親密關係的私領域並扮演著情感提供者的角色，以及勞動力彈性化所構成的生活的不穩定性等等。但這些結構的問題都以灰姑娘被王子看上這個方案來解決。這種用個人式的愛情來解決結構問題即是一種意識型態夢幻，用愛情遮蔽了問題，同時也用愛情修復並鞏固了既有資本主義與父權的不公平結構。

簡言之，女性文類的特色在於它們處理了女人被不平等對待的現實，卻將女人帶離造成此現實的政治根源，讓女人在美學與精神層次上可以得到滿足，但使女性生活困難的結構問題卻始終沒有解決（Berlant 2008: 10）。

新自由主義全球化的時代裡，大多數的女性所遭遇到的階級對立、性別不平等以及對現實生活的焦慮，經常會透過強調愛情，以解決歷史的對立與社會的分化的問題。不過，這種愛情夢幻政治，在台灣還有一些在地的脈絡值得探詢。

愛情的政治

早在台灣進口韓劇時，一群需求愛情電視劇的「親密公眾社群」已然形成，電視產業正是體認到這群親密公眾社群的需求而進口韓國愛情劇。在此要問的是，到底哪些歷史因素以及共同的生活經驗，讓這群渴求常規愛情故事的親密公眾社群得以形成？

在台灣的電視歷史脈絡中有三個因素中介、影響了女性對於愛情的渴望，分別是：打造中華民國國族的歷史經驗、電視產業中的省籍／族群結構，以及全球化時代下東亞混合式新自由主義的興起。首先是打造中華民國國族的歷史經驗。在國民黨的威權主政下，為了中華民國的打造並合理化少數人的統治正當性，透過實施審查制度讓文化生產無法處理台灣當下的日常生活經驗，以隱蔽社會當下所經歷的種種不正義，而以家庭愛情為主的女性文類，就此成為達成「去政治化」目標的工具。在這種情形下，關於本土的事物都會被嚴厲審查，只有熟知中華文化與中國古典文學、賢淑愛家的女性才能成為女主角（譬如瓊瑤小說、電視劇集的女主角）（Yang 2008）。美好家庭與中華性互相連結糾纏，家庭成了中華國族的基礎，女人則被置於家庭的核心。

儘管一九九〇年代台灣意識的運動狂飆，再加上二〇〇〇年到二〇〇八年間，民進黨開始執政，中間經過強化中華性的馬英九甚至到現在的蔡英文執政，這個打造中華國族的中華性仍然深刻鑲嵌在當代台灣的主流文化中，從以下例子中就能看出。首先是公共電視委託導演莊益增拍攝了紀錄片《牽阮的手》，講述的是投身政治運動的田朝明與他的妻子田媽媽的故事。他們兩位都為了台灣獨立極力發聲，在台灣的民主運動裡也相當活躍，導演透過這部紀錄片深入探究台灣民主化過程的歷史，但這樣的行為直接挑戰了當時國民黨所「發明」的官方歷史。公視隨後要求導演刪除與政治歷史相關的部分，並且只聚焦在他們之間的愛情故事，理由是這些歷史在台灣會引起爭議與騷動（涂鉅旻，二〇一一）。在這個事件中，愛情成為了去政治化以維持現狀的工具。這個「歷史的遺產」在當代仍然具有作用，因此任何一種進口的或本土生產的愛情故事，都必須放在中華民國的國族打造以及去政治化的脈絡來思考。

其次，要理解台灣女性對於愛情劇的渴望，必須從文化產業中的省籍-經濟結構來解釋，這也是打造中華民國的產物之一。在電視產業中，北京話被奉為官方的語言，從一九七〇年代到一九八〇年代末期，台語節目的播映時間減少至每日兩個小時，這個語言政策嚴重限制了台灣藝人的演出機會，讓外省演員主導電視節目的演出。更甚者，國民黨視媒體為國族打造的意識型態國家機器，因此整個電視產業都在黨國外省菁英的掌控之下。當大部分的外省菁英與本省人被放置在區隔開來的社區與生活空間時，這些電視文化生產者便無法說出與本省人日常生活相關的故事。同時，文類女性化作為文化策略，支撐了省籍-經濟的結構，讓電視節目的製作者製作發生在想像中國的愛情故事，卻是從在地脈絡中抽離的。

上述所討論的文化政治，讓我們可以重新思考女性對愛情的渴望。透過愛情／家庭作為打造中華民國的比喻，不僅合理化了國族建構時暴力與階序的問題，也掏空了愛情／家庭作為一種機制的歷史建構，讓愛情／家庭變成一種個人的、自然的、私領域的事情。愛情／家庭作為去政治化工具的一種歷史遺產，在全球化、區域化的時代下更被鞏固了。新自由主義強調個人主義的發展，而將社會層面與集體的生活排除在外，這樣的趨勢也正好契合了浪漫愛情的去政治化、個人化特性。也就是說，在台灣的脈絡下，對於愛情的推崇需要放在「去政治化的政治運作」中，去理解愛情在維持現狀中所扮演的角色。就像齊澤克所指：「現今的政治與『愉悅（愛情）的政治』之間的關聯越來越緊密，其中關乎的是如何提供或控制、管制愉悅（愛情）。」（Stavrakakis 2007: 181）宰制支配的策略需要的不只是禁止，也必須要透過正面的踰越與「愉悅」，這種愉悅來自對於愛情的推崇，透過排擠其他欲望形成，並將情感欲望投注在常規性的異性戀愛情與家庭中。在《流星花園》的例子中可以發現，這種愛情文類生產出特定的常規性，將女性配置在屬於私領域的感受、情緒、愛情、婚姻及家庭。對這個屬於私領域的女人常規角色而言，選擇伴侶是她最主要的關懷。

「選伴侶」作為定義女人的終身大事，不只將女人配置到婚姻家庭領域之中，同時也構成了女人參與政治領域的邏輯。在二〇〇八年馬英九競選總統時，主流媒體拚命操作「女人夢」：對女人而言，選總統就像是選丈夫，選對了總統／丈夫，就會如偶像劇的結局般永遠過著幸福快樂的日子。在這場「夢幻」的選舉中，馬英九被媒體稱為「政壇的裴勇俊」。裴勇俊號稱「師奶殺手」，他對愛情的忠誠與專一換取了無數台灣女人的熱淚與夢幻的投射，把馬英九與裴勇俊加以連結，主流媒體操作馬英九成為「最美的政治人物」、「女性的夢中情人」、「女人性幻想對象」。「兩性專家」江映瑤甚至在一篇刊登於時裝雜誌的文章〈馬英九檔案之偶像魅力：最後一個不背叛的男人〉（江映瑤，二〇〇五），描述她和馬英九的再次「相遇」：「他一隻大手掌溫暖地緊緊握住我，微微欠身向前，兩眼那麼誠懇地看進了我眼底，低沉溫柔的男性嗓音從他可掬的笑容中肯定地吐出，『是的，我當然記得你』，我已經完全被他征服。」這個相遇敘述充滿著女粉絲對偶像劇男主角（和女主角）的浪漫愛戀想像，在此，馬英九和女選民之間的關係在愛情意識型態的中介下被商業化的粉絲／偶像語言替代，轉換成粉絲與偶像的關係，原本以公民參與為核心的民主政治治理，在政客的眼中成為「粉絲管理學」（馬道容，二〇一〇）。

包曼（Zygmunt Bauman）把這種以女人作為愛情消費者的粉絲管理政治稱為「生活政治」（life politics）。生活政治的特色是以消費形式來體現選擇權，特別強調「個人化」和「個人主義」，將系統性的矛盾轉化成個人生命的問題。生活政治是一種以偶像為主的政治，因為「領導者無法將屬於個人的痛苦或不滿翻譯轉化到政治的層面、也無法把公共事務轉化為個人的權利義務等議題」（Bauman 2002: 171）。反之，生活政治讓政治領域的運作變成偶像政治，把自己當成可以解決問題的模範，並用個人式的解決方式來暫時緩解或滿足消費者／女人的欲求。譬如，把女人在父權體制裡所面對的問題歸根到不忠誠不溫柔的丈夫，只要嫁到一個好老公，一切問題皆可迎刃而解，而馬英九對自己婚姻的忠誠便被當成是完美模範男，投票給馬英九，就像女性觀眾在偶像劇中幻想嫁給好丈夫，暫時緩解日常生活中和婚姻中所有挫折，並滿足被愛的需求。

女性文類的去政治化

女性文類的構成，必須放在歷史脈絡中才能理解。女性文類在台灣打造中華民國的歷史形成脈絡中，扮演著去政治化的角色，隨著新自由主義全球化的發展，去政治化的現象更加被鞏固。要強調的是女性文類去政治化的功用是一連串的政治／權力操作的結果。在西方，電視劇扮演著公共論壇的角色，藉由戲劇的展演來中介社會上大家所關切的重要議題。然而，在打造中華民國的歷史中，屬於台灣在地的社會議題被壓抑與架空，只剩下被掏空的想像的中國歷史時空作為戲劇脈絡。女性文類運作性別分野所達成的去政治性與中華民國國族打造所需的去在地性相輔相成。在去政治化的過程中，女性被導向家庭與愛情，並且把親密關係領域與公領域的政治參與切割，親密關係成為公領域的「他處」（elsewhere）——一個逃離邪惡政治的避風港。家庭成了去地方化的戲劇展演的主要空間（造就了瓊瑤的三廳電視／影——客廳、飯廳與咖啡廳）。在新自由主義全球化下，東亞形成一文化圈，以東亞區域所形成的共同市場用雷同的現代城市意象，以及共享的愛情故事來取代各國／地的特殊性。而台灣更是以吸引華語／中國市場為目標，用愛情與家庭來稀釋台灣社會議題。同時，女性文類的去政治性更被拿來操作政治議題，將女人導向以商業以及親密關係的邏輯參與政治，把民主參與當成是粉絲與偶像的關係管理，把民主政治轉換成生活政治，造成民主政治的危機。

女性的現實、愛與文化權

要強調的是，夢幻為弱勢族群面對不公義的系統性問題時，承諾了一個暫時的、以個人為主的解決方式。這樣的承諾被詹明信（Jameson 1981）與伯爾蘭（Berlant 2008）稱為「夢幻誘餌」（fantasy bribes），其目的在於維繫既有霸權；也就是說，所有的意識型態夢幻都植基於不快樂的現實。

當我們認知到女性的欲望是由多種結構因素所形塑，同時也被鑲嵌到當代生活政治之中，那麼以親密公眾社群為基礎的親密公民宣稱她們對韓國的愛情劇有「文化權」的主張時，到底意味著什麼呢？文化公民權或文化權的理論通常會認為，弱勢群體能夠出來宣稱並捍衛被主流打壓的文化的權利，本身就值得慶賀與支持，譬如被殖民者出來捍衛保存他們被消失的語言／文化權利。在此我們看到的是女粉絲以親密公民的身分，將這種政治上的文化權轉換成要求商業機制所形構的「女性文化」的權利，但女性文化與女性的欲望，卻是在特殊的歷史情境中所形塑的，甚至透過去政治化的操作而建構成一種自然的本質。強調愛做夢是女人權利時，其實是將問題錯置，將父權資本主義所造成的結構性的不平等，錯置到以親密關係為美夢／美好生活的特殊文化形構上；同時，也忽略了女人文化是如何由體制化的再現符碼與常規形成其文化特色的歷史過程，再次以文化具體化社會群組的差異與特殊性（Fraser 2000）。

對政府要求看韓劇的文化權並未撼動充滿男性特質的中華民國國族打造方案，也沒有撼動「超陽剛特質」（hypermasculinity）的全球化體制，反而是讓中華民國父權國族打造與全球化過程更加順利，因為它們將女性的身分認同限縮在親密領域之中，並將婚姻當成解決社會系統矛盾的方法，而造成此矛盾的基礎，就是父權式的全球資本主義。因此，面對親密文化公民權的主張，應該思考的是，究竟是怎樣的歷史及體制力量，將女性推到次等位置，並閉鎖於親密關係的領域。對韓劇的所謂文化權主張，應該被看成女性處在不幸福狀態的一種表達方式，雖然這種個人式的消費夢幻無法為女性解決現有的挫折與不平等的社會問題，卻可指向一種深沉的不幸福感，這種不幸福感的出現，指出了「現實」不一定要像現在這個樣子，而這樣的「現實」也不必然是唯一的現實。不快樂更可以成為力量的來源，讓女性能夠表達她們的「不同意」（disagreement），並要求平等的文化權利，用洪席耶（Jacques Ranciere）的話來說，這樣的要求，正正構成了民主政治的開端。

參考書目

江映瑤。二〇〇五。〈馬英九檔案之偶像魅力：最後一個不背叛的男人〉。《Managazine 名牌》，九月十五日，網址：http://news.sina.com.cn/c/2005-09-15/11417775840.shtml，取用日期：二〇二〇年六月二十二日。

馬道容。二〇一〇。〈粉絲經營學〉。《聯合報》，一月二十七日。

黑鳥麗子。二〇〇六。〈給戲劇迷做夢的權利〉。《中國時報》，一月十四日。
涂鉅旻。二〇一一。〈「牽阮的手」從田媽媽夫妻一窺台灣歷史〉。新頭殼newtalk，九月二十三日，網址：https://newtalk.tw/news/view/2011-09-23/18089
Barwarshi, Anis. 2000. “The Genre Function,” *College English* 62(3).
Bauman, Zygmunt. 2002. *Society under Siege*. Cambridge: Polity Press.
Berlant, Lauren. 2008. *The Female Complaint: The Unfinished Business of Sentimentality*. Durham: Duke University Press.
Brown, Wendy. 2005. *Edgework: Critical Essays on Knowledge and Politics*. Princeton; Oxford: Princeton University Press.
Cho, Younghan. 2011. “Desperately Seeking East Asia Amidst the Popularity of South Korean Pop Culture in Asia,” *Cultural Studies* 25(3).
Chua, Beng Huat. 2004. “Conceptualizing An East Asian Popular Culture,” *Inter-Asia Cultural Studies* 5(2): 200-221.
Fraser, Nancy. 2000. “Rethinking Recognition,” *New Left Review* 3.
Glynos, Jason. 2008. “Ideological Fantasy at Work,” *Journal of Political Ideologies* 13(3).
——. 2008. “Ideological Fantasy at Work,” *Journal of Political Ideologies* 13(3.)
Homer, Sean. 1999. “The Frankfurt School, the Father, and the Social Fantasy,” *New Formations* 38.
Jameson, Fredric. 1981. *The Political Uncounscious: Narrative As A Socially Symbolic Act*. Ithaca: Cornell University Press.
Park, Bae-Gyoon; Hill, Richard Child and Saito, Asato ed. 2012. *Locating Neoliberalism in East Asia: Neoliberalizing Spaces in Developmental States*. Blackwell Publishing Ltd.
Ranciere, Jacques. 2004. *Disagreement: Politics and Philosophy*. Minneapolis: University of Minnesota Press.
Stavrakakis, Yanni. 2007. *The Lacanian Left*. New York: The SUNY Press.
Sennett, Richard. 2006. *New Culture of Capitalism*. New Haven; London: Yale University Press.
Williams, Linda. 2006. “Film Bodies: Gender, Genre, and Excess,” in Julie Codell (ed.), *Genre, Gender, Race and World Cinema*. London: Blackwell.
Yang, Fang-chih, Irene. 2008. “The Genrification of ‘Korean Dramas’ in Taiwan.” *China Information: A Journal of*

Contemporary China Studies (Special Issue on Gender and Sexuality) Vo. XXII No. 2, July 2008, pp. 277-304.

——. 2011. "Constructing Shou-nyu's Identity and Desire: The Politics of Translation in Taiwanese Sex and the City". *International Journal of Cultural Studies* 14(3): 235-249.

——. 2013. "Remediating Japanese Dramas: Exploring the Politics of Gender, Class, and Ethnicity in Loser-Dog Queen in Taiwan." *The Journal of Popular Culture* 46(5): 1070-1091.

去標準化的生命？

關於生命歷程個人化的兩、三事

翁康容｜國立中正大學社會福利學系

個人化理論（Beck 1992; Beck & Beck-Gernsheim 2002）論及自二十世紀中葉，社會逐漸從第一現代過渡到第二現代，社會集體規範逐漸失去控制力與決定性，取而代之的是更多的個人自由與自主選擇。當這樣巨觀層次的現代性變遷落到微觀的個人生命歷程上時，便產生了生命歷程個人化的現象，它指隨著社會的發展，生命歷程越來越脫離集體規範的約束，展現多重樣貌，這是近期生命歷程學者關心且廣泛討論的議題。

個人化的生命歷程展現在社會類屬去鑲嵌的過程。例如性別作為一種社會類屬，在過去是預測生命歷程很好的指標，但現在，男性為家計負擔者、女性為家庭照顧者的家庭分工型態更多地被暫時性、協商性等多樣的婚姻歷程取代，女性也更多與勞力市場連結。生命歷程不再絕對地依附在既有社會類屬上發展，而是在更為放寬的社會角色劇本中有更多樣的型態（Worts et al. 2013）。於是，生命歷程更少依照固定順序、更不可預測、更少以集體性力量決定（Beck 1992; Buchmann 1989），甚至個人將有更多機會與自由創造自己專屬的生命歷程（Giddens 1990）。

不過，當傳統、家庭、宗教等集體規範式微的同時，也出現了新的威脅、不確定性與複雜性，一旦個人自助式（do-it-yourself）的生命歷程失敗，生命歷程將面臨崩解的危機（Beck & Beck-Gernsheim 2002）。更甚者，自己被期待成為最終的承擔者，不能將責任推託給社會結構與個人所占據的社會位置（Raddon & Ciupa 2011）。

個人化論述下的生命歷程觀點

在過去，生命歷程被認為是一段有順序、按部就班、單向的歷程，個人隨著生命階段的劃分逐步結束前一個階段後，再往下一個階段邁進。不同的生命歷程亦被刻畫出不同的特性，艾瑞克森（Erik H. Erikson）提出的社會心理發展階段即是重要的代表（Erikson 1950）。根據該理論，生命歷程被分為八個主要的人生階段，每一個階段皆有重要的任務，若達成則可順利進入到下一階段，若失敗則會產生社會心理危機。

受到個人化理論的影響，生命歷程學者開始更多地探索生命歷程的個人化現象，其中一個根本性的反思是探討類似上述人生階段劃分之必然性與絕對性，無論是針對兒童、青年或是成人階段，皆陸續有學者提出質疑。如瓦倫泰（Gill Valentine）援引貝克（Ulrich Beck）的個人化理論，論述兒童期與成人期之間的界線其實難以劃分，原因之一是「青年」階段其實有模糊性，而且從兒童到成人的轉銜過程也非一次性或單一方向性，此過程可能是不連續的、往復的，與規範性生命歷程的設定不甚相同（Valentine 2003）。

規範性生命歷程（normative life course）

「規範性生命歷程」中的規範性（normative）源自規範（norm）一詞，「norm」在人口學上另有「常模」的意思，也就是普遍存在的狀態。由此來看，所謂規範性生命歷程可以說是多數人所採行的生命歷程模式，而由於為多數人所採用，也就隱約地形成了一種約束力。在形成約束力後，使得更多的人依循相同的模式展開生命歷程，其後又回頭再鞏固了普遍性。因此，規範與常模間產生了彼此增強的循環，促使社會整體顯現出某種獨大或被視為理想的生命歷程範本。

與此相似，巴特（Mohd A. Bhat）檢視當代社會學的概念如何思考社會轉變與青年轉銜，他認為以「後」、「反身性」、「晚」、「流動」等字眼為首的詞彙挑戰了青年作為一個生命階段的概念，同時也挑戰了生命歷程線性、累積性、不可逆、靜態、既定階段的想像（Bhat 2013）。相反地，當代社會的生命歷程應是彈性的、多樣的、去中心化的、去傳統化的、非線性的、異質性的。青年應該被概念化為多重身分中的一個，可以依照個人的意志取用或拋棄。

在機會與風險相伴的個人化生命歷程中，個人能動性（agency）的運作、影響和重要性也被加以強調。個人若能主動、自覺地評估與規畫生命事件的發生（或不發生）時間、順序、步調，以串成合於自我設定目的之生命軌跡，便較可能享有機會而避免風險。

這樣的能力被不同的學者以不同的名詞提出與演繹。例如克勞森（John S. Clausen）提出

「規畫性能力」（planful competence）一詞，它指能夠考量、評估生命歷程中遭遇之各種選項，並進一步分析各種可能性的能力（Clausen 1991）。在理性與效用取代傳統力量成為個人決策依據的現代社會中，個人必須學習過著「目的性的」生活，要能在多種不同的角色間協商出自己的角色組合，以及判定每個角色應投入的程度。他使用柏克萊貫時性研究（The Berkeley Longitudinal Studies）橫跨五十年的資料發現，青年時期具備規畫性能力的人，比起不具此能力者，日後所獲得的教育程度與職業地位（後者僅限男性）較高、更能避免離婚或經歷多段婚姻，並經歷較少的生活危機，如失業。科特（James E. Côté）則提出「認同資本」（identity capital）一詞（Côté 2002），並在他多篇關於認同資本的研究強調當社會發展越符合後現代的特性，於生命歷程中展現個人能動性就越重要。他將個人回應能動性需求的能力稱作認同資本，當個人的認同資本越高，意味著在結構性的框架下，個人越能活躍地投資於自我身分建構，較具備個人化生命歷程中所需要的協商能力，而此能力可以使其轉至成人的過程相對順暢。

對於生命歷程個人化現象的討論與重視除了帶來人生階段劃分的反思以及個人能動性的強調，一些經驗性研究也在生命歷程個人化論述的基礎上，側寫不同群體的個人化生命歷程樣態。他們嘗試將特定群體的個人化生命歷程更具體地勾勒與描繪出來，並從中探討經歷個人化生命歷程的群體如何在自我生命歷程與規範性生命歷程的衝突中，敘述個人化生命的意義，以及如何協商與策略性實踐自我認同。

這類型的研究如普爾茲（Sabina Pultz）和莫希（Sven Mørch）描述丹麥的社會福利系統所提供的失業福利措施，如何非意圖地讓一群想要在創意領域（如藝術、戲劇、音樂）自我實現的青年機會，其研究探討這些「主動選擇失業」以投入創意創作的青年，如何理解與敘說自己的行為（Pultz & Mørch 2015）。該研究指出這群人挑戰了「失業」的概念，這群人不僅強調「責任」的重要性，並以創新、能調適經濟不穩定的抗壓性等能力加以自我肯定，研究者將這樣的現象稱作「策略性自我管理」（strategic self-managing）。另有研究聚焦於餐飲業從事兼職、排班的工作者，不同於一般想像認為這類工作應只是過渡與短期的性質，研究者訪談一群長期從事這類工作的人，並嘗試了解他們在未具備穩定就業與職涯發展階梯（即既定印象中成人所從事的職業）的情境下，如何經驗與詮釋傳統生命階段模式的假定，如何策略性建構成人期以平衡非規範性的發展路徑所帶來的困境，從而能夠既創造出符合傳統框架中的成人形象，又同時能持續參與青年（youthful）行為（Shigihara 2015）。例如他們時常強調，在餐廳的工作能使他們「work hard, play hard」，努力工作使他們消解未能在所謂「正職」工作發展職涯的焦慮，而努力玩樂則讓他們能持續實踐青春，不至於進入他們眼中既無趣又無味的成人生活。

重新檢視生命歷程個人化的內涵

透過上述這些研究，個人化生命歷程的存在被直接地認可，其輪廓也被更清楚地看見，但是卻也可能讓我們高估個人化生命歷程的普遍性。這引起一些學者的關切，希望能對於生命歷程個人化現象以及研究有更多實證性的檢視。

首先，若進一步推敲，「個人化生命歷程」其實是一個具有多重意涵的概念，但在許多論述與研究中卻未能更精確地討論與釐清，而直接假定其存在且規模性發生。生命歷程越來越個人化的現象雖然泛指越來越多樣的生命歷程樣態，且越來越不能以過往的方式加以分類與預測，但是，多樣的生命歷程所指為何？是否有不同層次的多樣性？其中有何差別？不能以過往方式分類與預測生命歷程是否就等同於多樣性的增加？這些問題，必須在確立個人化生命歷程的普遍性之前說得更加清楚。

布魯克納（Hannah Brückner）和梅耶（Karl Mayer）是提出此一討論的先驅，他們指出過去不少學者嘗試勾勒生命歷程個人化的趨勢，但是由於對個人化生命歷程的內涵沒有共識，往往造成不一致的研究結果（Brückner & Mayer 2005）。他們嘗試突顯生命歷程個人化在概念上的複雜性，並釐清與生命歷程個人化有關的詞彙。這些不同的詞彙指涉不同的內容，但卻經常被互用、混用，如此將使得生命歷程個人化的討論過於含糊，而且也會在進行實證研究時產生問題。這些內含個人化生命歷程概念的詞彙包括（去）制度化（[de-]institutionalization）、（去）標準化（[de-]standardization）、個人化（individualization）、多元化（pluralization）、（去）分化（[de-]differentiation）。其中，去制度化、去標準化、多元化、分化等，可說都是展現了個人化生命歷程的不同面貌。

根據他們的論述，生命歷程的「制度化」是指「規範性、法律性與組織性的規則定義了人類生活的社會性與時間性，可能透過正式或非正式的約束展現在生命階段或狀態，如婚姻、教育、退休，它可能出現在生命事件與其轉銜，如離開學校、進入與退出勞動合約，或是請領年金的年齡」。「去制度化」則指過去因各種制度而清楚界定的生命階段、狀態、事件與轉銜等生命歷程特徵，重新整合或融合的情形，不再明確地依循制度框架出的生命歷程進行。教育制度與勞力市場間存在更多交集或交錯，未婚伴侶的增加使家戶不再必然與婚姻連結，又如在家自學亦使得教育制度與家庭制度的界線模糊等等都是例子。

生命歷程的「標準化」指人們生命歷程中的狀態、事件、順序或發生時間更為一致，也就是生命歷程「間」相似的情形。「去標準化」則是某些人開始出現特殊生命歷程特徵，而與普遍所展現的「生命歷程」有所區隔。多數人在相似的時間退休，或是多數人在義務教育歷程中以相似的步伐前進至不同學制，皆是標準化的例子，而婚姻則有從標準化走向去標準化的情形（Espenshade 1985），例如結婚時間出現變化，部分人很晚進入婚姻，婚姻型態也越來越多元，除了終生未婚的人增加，婚姻的解組與重組也較以往常見。

「分化」指涉的又是另一個不同生命歷程個人化面向，它指的是一個人的生命歷程「內」經歷不同狀態與階段的程度，經歷的轉變越多重，分化的程度越高。教育體制的層層劃分、組織裡部門與職銜的細緻化，都是分化程度增加的例子。「多元化」與分化都是個人生命歷程內的複雜化程度，但是分化是時序性的，多元化則通常指一個人或一個群體在一個時間同時經歷多種狀態與轉變，越來越常見的例子是一個人同時從事多種工作。

最後，「個人化」則是針對上述這些現象較為涵蓋性的統稱，除了個人主動、自願、自覺地規畫自身生命歷程的正向意涵外，也應包含非自願、被要求、不得不採行個人化生命歷程的意涵。綜合上述，「個人化生命歷程」一詞其實涵蓋了許多不同的面向，若未區分，可能使不同人對於相同現象的評述有不同的結論，而其背後原因可能即是他們所談論的，其實是生命歷程個人化的不同面向。

繼布魯克納和梅耶二〇〇五年的論述，艾森布雷（Silke Aisenbrey）和法桑（Anette E. Fasang）也在二〇一〇年對於生命歷程個人化的概念做了討論，相當程度地呼應了布魯克納和梅耶的說法，特別是對於「去標準化」與「分化」有更深的討論，而兩者都為不少之後的實證研究所採用（Aisenbrey & Fasang 2010）。他們將個人化區分為個人生命歷程之內（within）與之間（between）兩個面向，也同樣以「分化」和「去標準化」稱之。個人生命歷程之內的個人化，也就是個人生命歷程的分化程度，指的是一個人在不同狀態（state）間轉換的程度。另一方面，生命歷程間的個人化程度，也就是生命歷程去標準化的程度，指的是當以每個人的生命軌跡作為分析單位時，每個人生命軌跡不一致的程度。因此，若社會中個人的生命軌跡從多數人所依循的「就學-就業-退休」傳統路徑，轉變到越來越多樣的轉進路徑時，生命歷程間的相異性增加，生命歷程去標準化的程度也就越高。

從上述的區分可以得知，「去標準化」與「分化」是兩個不同的個人化面向，兩者可能同時發生，也可能僅發生其一，當然亦可能皆未發生，如此在概念上便可以區隔出如下四種不同的情形。圖1的圖示中，每個顏色表示一種生命歷程狀態的轉換（例如「未婚→結婚」或是「就學→就業」），每一橫列表示一個人的生命歷程。因此，一個人的生命歷程中顏色轉換越少，表示分化程度越低，而人際間生命歷程越相似，則表示標準化的程度越高。

標準化且低分化

圖示（A）中，每個生命歷程皆僅有低度的狀態轉換，而且多數人發生生命事件狀態轉換的時間相似，因此屬於標準化且低分化的情形。規範性生命歷程可說是標準化且低分化的生命歷程，多數人按著「學業-工作-退休」的路徑朝單一方向前進，且工作轉換不多，婚姻行為也彼此相似，多數未經歷婚姻解組、重組。所以可以說，不僅彼此間的生命歷程相似（標準化），而且生命歷程內轉變不大（分化低）。

去標準化且低分化

圖示（B）中，每個生命歷程皆僅有低度的狀態轉換，不過人們發生轉換的時間不甚相似，因此屬於去標準化且低分化的情形。台灣生育歷程從生育的年齡來看，可說有去標準化且低分化的趨勢。去標準化的現象發生在生育年齡的個人差異逐漸擴大，以行政院公布之二〇一九「出生數按生母年齡、生母平均年齡及生第一胎平均年齡」為依據，可以概略描繪不同年度時，年齡（以五歲年齡組的中間數值為代表，第一與最後年齡組分別取上限和下限值）與出生

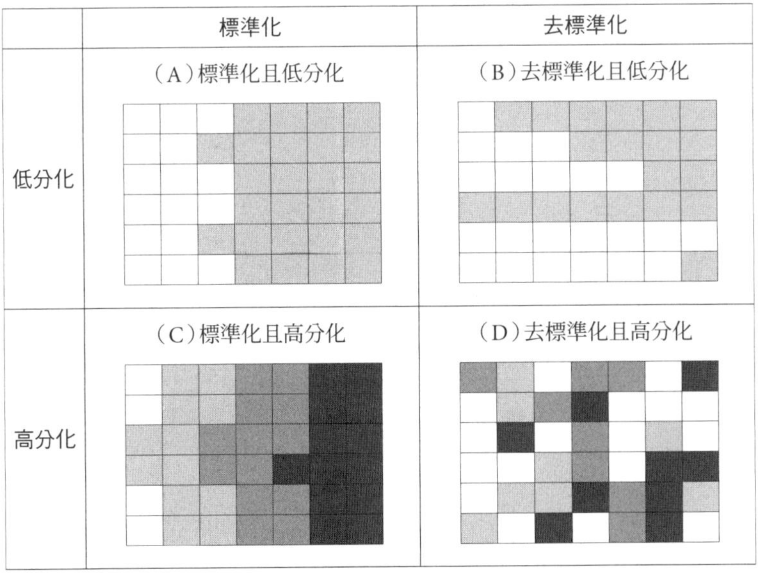

圖1——四種不同的生命歷程個人化情形

數關係圖，並概略估算生育年齡的標準差（圖2）。圖中除了可以看到生育數減少與生育年齡延後，亦可以推敲早期的生育年齡較為集中，而近期生育年齡的集中趨勢則較為緩和。生育年齡標準差的粗估值也確實大幅上升，一九八〇年為三點七一年，二〇〇〇年為五點五九年，二〇一八年時則上升至八點四六年。生育年齡集中趨勢的降低可以視為去標準化的展現，而出生數的大幅下降則是分化降低的表徵。

標準化且高分化

圖示（C）中，每個生命歷程有頻繁的狀態轉換，人們發生轉換的時間則頗為相似，因此屬於標準化且高分化的情形。教育體制的變遷可作為「標準化且高分化」的例

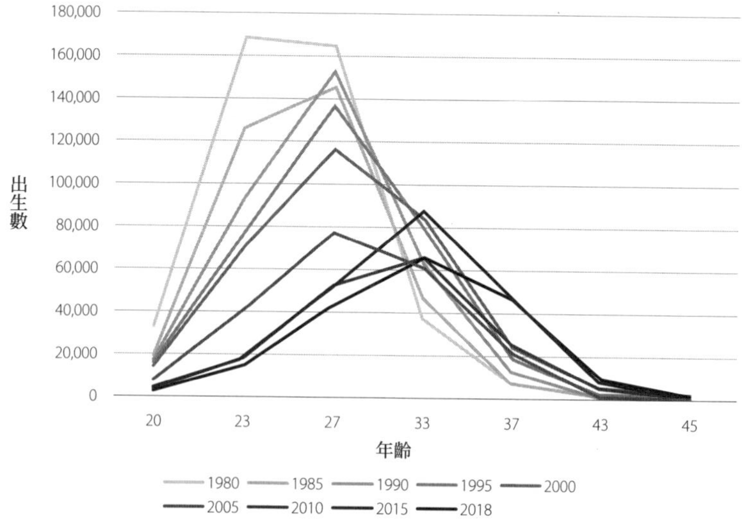

圖2——台灣出生數變化—按生母年齡區分

（資料來源：2016年行政院「出生數按生母年齡、生母平均年齡及生第一胎平均年齡」）

子，隨著義務教育從一九六八年的九年國民義務教育、約自二〇〇〇年起的高等教育擴張，以及二〇一四年施行的十二年國教等教育制度的變遷，兒童與青年經歷了更多重的學習歷程（國小、國中、高中職、高等教育等），增加了分化的程度。不過，多數人的歷程卻是相近的，按照各教育制度所設定的年限與層級前進，而有著標準化的學習歷程。

去標準化且高分化

圖示（D）中，每個生命歷程有頻繁的狀態轉換，人們發生轉換的時間則頗為相異，因此屬於去標準化且高分化的情形。婚姻歷程的變遷則可說符合去標準化又高分化的情形。去標準化方面，不同的婚姻型態逐漸增加，結婚已經不是唯一的選項，持續保持未婚、同居、婚姻解組與重組的比例也增加了，因此可以說，過去標準化婚姻歷程（單身→已婚）已開始出現去標準化的現象。另外，若同時考量越來越多的同居情形，持續未婚者的分化程度未必是低的，因為隨著同居情形的增加，不同段同居的開始與結束亦可能增加，這些都將使分化的程度上升。婚姻的解組與重組亦是增添個人婚姻歷程內部變動的因素，故亦使得婚姻歷程的分化程度增加。

從上述的這些例子來看，生命歷程的變化絕非僅是以「更為多樣」、「更為變動」等形容詞可以簡單說明的。相反地，單是從去標準化與分化兩個角度，就可以看到「多樣」與「變動」

有著不同內涵，必須小心使用。

在生命歷程個人化的相關論述中，不僅是去標準化與分化的混用，一些習以為常使用的詞彙更讓生命歷程個人化的討論顯得混亂，這樣的現象在討論青年的個人化生命歷程時特別容易出現。第一組容易混用的詞彙是「延長」（extended）和「去標準化」。在關於青年生命歷程的論述中，很常見以生命事件的延後發生（例如延後就業、婚姻與生育）來論證轉至成人的歷程延長了，再進而論證青年生命歷程更為多樣了，也就是去標準化的程度增加了。前述關於去標準化的界定指出，標準化的生命歷程是特定生命歷程獨大的現象，若婚育事件的延後已成為青年普遍的現象，那麼延後的生命歷程反而是一種標準化，而非去標準化的生命歷程。

其次，生命事件的「延後」也不必然等同於生命歷程的「延長」，不過這兩個形容詞卻經常被一起使用。事實上，要確認某段生命歷程是否延長，需要先確認「起點」為何，確認了起點才能判定總長是否增加，因此光是生命事件的「延後」本身並不構成生命歷程「延長」的要件。根據筆者的研究，早期出生世代中（一九六七年以前），若以完成學業作為轉至成人歷程的起點，高教育程度者轉至成人歷程雖然「延後」但卻未「延長」，在晚期出生世代中，高教育程度的生命歷程才呈現既「延後」又「延長」的現象（翁康容，二〇一六）。

第三組必須釐清的詞彙是「標準化」與「規範性」。標準化的生命歷程（多數人所具備的生命歷程）經常被認為是規範性的生命歷程，反之亦然。不過，當更精準剖析兩個概念時，會發現「標準化／去標準化」與「規範性」的生命歷程不能直接畫上等號。可能會發生幾種不同的情形。首先，兩者可能循環、交替發生。一個時代的標準化生命歷程被視為規範性的、傳統的，而當少數不同的生命歷程逐漸浮現時，去標準化因而確立，而當去標準化的生命歷程逐漸累積到普遍存在的程度，上一個時代的去標準化生命歷程就可能成為下一個時代的標準化生命歷程，也形成了新的規範性生命歷程。於是便出現了標準化（舊規範穩固）→去標準化（舊規範動搖）→標準化（新規範性穩固）……的循環交替。當然，上一個時代的去標準化不見得必然累積出下一時代的規範性生命歷程，而持續作為少數人所持有的生命歷程，這是第二種標準化／去標準化與規範性的生命歷程可能存在的關係。此外，當任一種生命歷程皆不再具有單一獨大的生活型態時，去標準化普遍存在，甚至可能產生規範性作用，去標準化的生命歷程於是成為規範性生命歷程，如此等於直接挑戰了標準化生命歷程等於規範性生命歷程的想像。所以，上述這些不同的情形，說明了標準化／去標準化與規範性生命歷程不應直接畫上等號，兩者亦可能具有浮動的關係，要判斷兩者的關係必須以社會結構的內容與社會變遷的方向作為基準，動態地進行詮釋，才能正確掌握。

實證研究下的生命歷程個人化

早期許多探討生命歷程個人化的研究常侷限於理論層次的論述，雖然提高了我們對於生命歷程個人化的關注程度，但是對於幫助我們理解生命歷程個人化之程度、變遷、規模、差異等可說是有限的。在個人化生命歷程被強調的同時，部分研究嘗試以實證數據探討究竟生命歷程的個人化存在嗎？其規模如何？不同時期、出生世代如何變遷？不同生命事件呈現哪些不同？不同人口群存在什麼差異等問題。目前這些研究多以西方社會為研究背景，國內相關的研究仍甚為稀少。

規模與變遷的評估

過去作為個人化生命歷程證據的實證性研究多採用**橫斷面的趨勢資料**（Worts et al. 2013），例如女性勞動參與的增加、因勞動參與增加而導致的工作與家庭衝突、婚育率的下降、婚姻與家庭型態的多樣化等時期別上的變化，讓我們得以推論，對於女性來說，生命歷程與以往越來越不一致。不過，當從**生命史資料**探索生命歷程個人化的趨勢與程度時，則會出現更為複雜的研究內容與結果。

調查資料類型：橫斷面 vs. 貫時性

調查資料（Survey data）可以有不同的方式進行，常見的是一次性（單一時間點）針對一群人進行資料收集，可能是面訪、電訪或是網路調查，如此產生的資料稱作「橫斷面資料」（Cross Sectional Data）。另一種方式為「追蹤調查」（Panel Survey），產生「貫時性資料」（Longitudinal Data），此種調查方式乃針對一群人每隔一段時間進行調查，收集到的資料至少具有兩個以上的時間點。貫時性資料因提供較多時點的資料，訊息較多，但由於成本較高，要獲得高品質且量大的貫時性資料並不容易。透過設計，橫斷面資料亦能獲得多時點的資料，一種方式是在不同時間點以相同的問卷針對不同群人進行資料收集，此類型資料稱作「多期性橫斷面資料」。另種設計是以回溯性（retrospective）的方式收集同一個人過去多個時間點的資料，「生命史」是回溯性資料常見的詢問主題，是分析生命歷程時經常使用的資料類型。

調查資料類型比較

	資料時點	執行調查時點	歷次主題	歷次調查對象
橫斷面資料	單一	單次	-	-
追蹤調查資料	多重	多次	相同	相同
多期性橫斷面資料	多重	多次	相同	不同
回溯性資料	多重	單次	-	-

指出去標準化生命歷程確實發生的研究雖然存在，但卻也有研究認為其程度其實被誇大了，例如一項以歐洲多國的資料（European Social Survey）探討青年生命歷程的去標準化程度的研究，透過許多不同面向的分析，如每個出生世代所有可能的生命歷程組合數的變化、生命事件重疊發生的比例變化、生命事件發生的順序等（三者都可反映生命歷程個人化的程度），指出歐洲並不存在強烈的證據支持去標準化現象普遍發生（Nico 2014; Nico & Caetano 2015）。

除了西方社會對於生命歷程個人化的研究，亞洲地區也有零星研究顯示生命歷程個人化並未普遍性出現，僅是在特定族群較為明顯。一項研究針對四千六百六十六位十八到三十六歲北京青年，探討他們理想上的生命歷程，以描繪在態度與認知上，標準化的生命週期被個人化生命歷程取代的可能性（Elchardus & Smits 2006）。研究結果發現，標準化生命歷程仍然持續存在，其特徵為嚴格的生命事件轉銜序列與發生時間。這個研究是以理想上的生命歷程為分析對象，因此與實際的發生情形可能存有差距。陳國康、段然與張宙橋（二〇一五）的研究以香港社會作為研究背景，探討十八歲以上華裔居民的生命歷程個人化現象，他們指出三個生命歷程變遷中的群體，較多地展現生命歷程的個人化現象：生命事件延遲發生的高教育程度男性、生命事件提早發生的低教育程度女性、生命事件發生率低的年輕族群。綜合上述，雖有部分研究指出生命歷程個人化的出現，但是也有不少研究認為其規模並非如一般性報章雜誌或部分文章所描述的規模性發生。

生命事件的個人化差異

從不同生命事件觀察生命歷程的個人化，可以提供更多關於其發展與規模的訊息。首先，聚焦於女性的就業歷程，不少研究指出去標準化的現象，例如一項英國研究發現，一九七〇出生世代者的就業軌跡要比一九五八年出生世代者來得多樣（Martin, Schoon & Ross 2008）。針對德國女性就業軌跡的分析也指出女性的工作歷程變得越來越去標準化（Berger, Steinmüller & Sopp 1993），特別是晚期出生世代中，雖然有較多的女性維持長期就業，但是亦有更多的女性呈現不連續就業或是兼職就業的情形。瑞典的資料也顯示女性的就業軌跡隨著時間越來越多樣化（Widmer & Ritschard 2009）。

但是另一方面，亦有研究者有不同的發現。布魯克納和梅耶使用德國生命史研究（German Life History Study, GLHS）的資料探討生命歷程個人化的程度。他們指出，在教育-訓練-就業連結（education-training-work nexus）的生命歷程中，分化的程度增加了，也就是個人在教育、訓練、就業之間的轉換情形變得更頻繁，但是在社會制度持續形塑轉銜歷程的情形下，去標準化程度並未增加。另有研究針對一九四二到一九六四出生世代二十五到四十九歲的美國女性進行分析指出，女性就業歷程不僅亦越來越標準化，就連分化程度也降低了，其內涵並非傳統的家庭分工，而是從家庭與工作的頻繁變動轉為長期穩定的就業，進而成為新的標準化就業歷程（Worts et al. 2013）。

國內針對女性就業型態的早期研究中，亦指出如西方社會逐漸朝向穩定、不中斷的就業型態。簡文吟與薛承泰在一九九六年的研究分析已婚婦女的就業型態，研究發現「不中斷就業型」、「婚後中斷就業型」、「生育中斷就業型」以及「從未就業型」是四個主要的型態。在當時，雖然中斷就業者仍然是最常見的就業型態（合計百分之三十八點四），但是「不中斷就業型」也已占據百分之二十九點四，僅次於中斷類型。除了四大類型外，有百分之十一點九的已婚女性屬於「其他類型」。由此數據來看，當時台灣社會的女性就業型態應可說仍存在標準化現象，除有獨大的中斷就業型態，「其他類型」的比例亦偏低，顯示去標準化的程度仍不明確。

到了二〇〇一年，伊慶春、簡文吟的研究指出，雖然婚育仍是已婚女性離職的重要原因，但持續就業是已婚女性最主要的就業型態。簡文吟（二〇〇四）的研究則間接支持了此趨勢的增長，她指出在一九九三至二〇〇〇年間，二度就業是已婚婦女參與勞力市場的重要方式，多半在子女進入小學或國中後才重返勞力市場，但是隨著時代的移轉，延後至生育階段離職以及在子女仍於學齡階段時便提早返回勞力市場成為主要的特徵。中斷期縮短的現象在李大正、楊靜利（二〇〇四）的研究也有同樣的觀察，婦女就業型態中的「中斷型」離開勞動市場的年齡延後，重返的時間則提前。這樣的變化使得整體中斷就業的時間變短，更接近前面研究所述女性在婚育階段仍維持長期且穩定的就業型態。

不同於女性就業歷程趨於標準化的現象，婚育歷程是否個人化似乎從不同的角度觀察將會獲得不同的答案。有研究認為無論從去標準化或是分化的角度來看，婚姻歷程都更個人化了，較晚進入伴侶關係以及（或）較早經歷伴侶關係的瓦解都是支持的證據（Blair-Loy 1999）。亦有研究發現，婚姻歷程的分化程度沒有明顯的增加，而僅是去標準化的程度增加了，也就是個人的婚姻歷程並沒有經歷更多重的變化，但人們彼此婚姻歷程的樣態差異則增加了（Elzinga & Liefbroer 2006），不過另有研究使用英國十六到四十二歲者的資料卻發現，伴侶形成歷程更為分化（McMunn et al. 2015）。

生育歷程上，多數研究在分化的程度上有一致的發現，也就是隨著生育胎數的減少，生育歷程也跟著在分化的程度上降低了（如McMunn et al. 2015）。不過，對於生育歷程是否更為去標準化尚有不同的見解，有研究認為更為標準化（如Blair-Loy 1999），亦有研究則是認為更加去標準化（Elzinga & Liefbroer 2006）。

國內雖然有很多針對婚育型態或發生率進行分析的研究，但是以生命歷程作為分析對象的研究則相對較少（馬慧君、張世雄，二〇〇六；楊文山等人，二〇一七），更少直接針對個人婚育歷程內與間的差異進行分析。楊文山等人（二〇一七）曾研究日治時期婦女婚育歷程，雖然不以生命歷程個人化為研究主題，但從其研究結果可以推敲，生命歷程個人化在當時不甚明顯。在他們的研究中，百分之八十五的女性，其婚育行為符合傳統文化中早婚生子的型態，且在他們找出的婚育歷程類型中存在一類獨大的情形（「傳統型」占了百分之七十一點四八），顯示標準化的婚育歷程仍是明顯的。筆者二〇一六年的研究雖也非以生命歷程個人化為主題，但是也能提供一些訊息。此研究以一九三五到一九八四出生世代十五到三十五歲者轉至成人生命歷程為分析對象，就發生比例與發生時間來說，按出生世代的演變，婚育歷程可說呈現了去標準化後再標準化的現象，也就是從早期出生世代的普遍婚育、早婚早育，逐漸呈現發生比例下降、發生時間變晚的現象（去標準化發生）。在晚期出生世代則有很大的比例展現此種情形，因此再度呈現標準化的情形。不過，若從生命事件的發生順序與時間間隔來說，則未能觀察到去標準化的現象，因為婚姻與生育的發生順序不僅在不同出生世代都很相似，時間間隔也未改變太多。

上述這些文獻顯示，生命歷程個人化的程度可能存在生命事件的差異，再次突顯了在評估生命歷程個人化規模與變遷時，其中可能涉及的複雜性。

社會結構與社會類屬的影響

將個人化理論對應到生命歷程上時，除概念釐清不足的批評外，也常被批評不夠突顯或忽略結構性因素的影響力。在個人化理論的論述中，個人無論是主動或被迫開展個人化的生命歷程，似乎都預設了編寫自我生命歷程的能力，階級、性別、出生世代等社會類屬，對於生命歷程的限制似乎越趨瓦解（Lesthaeghe 1995）。如上述女性就業歷程與男性越來越相近的研究，似乎間接訴說生命歷程可能超越社會類屬所帶來的傳統約束，進而使得不同群體間的差距縮小。

女性就業歷程趨勢（從較多兼職與中斷轉為長期且持續）的研究雖然指出男性與女性的就業軌跡越來越相似，但是仍然強調兼職與中斷的就業經歷在近期出生世代的女性中是常見的（Brückner & Mayer 2005; McMunn et al. 2015），也較男性有更多家庭與工作的交織（Martin, Schoon & Ross 2008）。

此外，台灣近期的資料亦顯示，雖然晚近出生世代的女性如前述已出現較為穩定且長期的就業型態（李大正、楊靜利，二〇〇四），仍不可忽視的是早期出生世代的女性一旦退出職場並不容易重返的情形。根據行政院主計處二〇一七年的資料，女性在二十五到二十九歲時勞參率可達百分之八十九點七三，第一波下降是來自於三十到三十四歲時，勞參率約下降五個百分點，來到百分之八十四點一五，到了三十五到三十九歲再有另一波的下降，來到百分之七十六點八六（再下降了七點三個百分點），自四十到四十四歲之後則未如日韓有再回升的現象。造成此現象的原因主要來自早期出生世代女性，因此可見退出勞力市場後而未能返回的風險存在明顯的出生世代差異，顯示出生世代對於生命歷程的影響性。

進一步從概念上來說，生命歷程出現分化或去標準化的趨勢時也不一定代表社會類屬的界線削弱。因為當生命歷程個人化的趨勢顯現時，若不同群體以各自的方式展現之，那麼仍然是一種社會類屬影響的表現。其次，即便不同群體的生命歷程展現出相似的個人化內涵，也不必然等同於個人化現象描述的乃出於自主的決策。因為，當生命歷程展現出不同於舊有的社會規範時，可能僅是順應新興社會規範，而非脫離社會規範。當此種情形發生時，即是前述生命歷程展現標準化→去標準化→再標準化的過程。

＊　＊　＊

上述種種討論顯示，生命歷程是否更加個人化是個複雜的問題，不僅不同生命事件（例如就業、婚姻或生育）可能有不同的發展情形，生命歷程個人化的不同內涵（例如去標準化或分化）亦可能帶出不同的結論，即便同個生命事件、同個個人化內涵，從生命事件不同的面向（例如發生比例、時間、順序等）進行分析可能產生不同的觀察，社會類屬的影響還可能有不同發展方向與內容。若沒有深入剖析，這些差異便可能在「生命歷程較過去更為多樣」這類常見的論述中被弭平。

「個人化」雖然是一個引發關注的現象，也因其符合現代社會流動性、多元性與不確定性等特性，使人傾向於將此概念套用在生命歷程上，藉此描繪生命歷程的變遷過程。但不可否認的是，許多文獻對於「生命歷程個人化」此一概念不僅有許多沒說清楚的地方，在分析上也缺乏普遍的共識，使得我們難以將其趨勢正確地描繪出來，甚至連其發生規模都出現截然不同的結論，更遑論進一步細緻地將不同生活領域各自與相互連結的情形解構，其與社會結構、社會類屬的關係也就容易在能動性的側寫與強調中消失。這樣的現象引發生命歷程學界的關心，也提出更精確的概念界定，期望能讓生命歷程個人化的研究可以建立對話與分析的基礎。不過即便如此，關於生命歷程個人化此一議題仍尚待更多的釐清與討論。

參考書目

伊慶春、簡文吟。二〇〇一。〈已婚婦女的持續就業：家庭制度與勞動市場妥協〉。《台灣社會學》一：一四九～一八二。

行政院主計處。二〇一七。〈近年我國女性勞動參與狀況〉。網址：https://www.mol.gov.tw/media/5759086/近年女性勞動參與狀況.pdf，取用日期：二〇一八年七月二十九日。

行政院。二〇一六。〈出生數按生母年齡、生母平均年齡及生第一胎平均年齡〉。網址：https://www.gender.ey.gov.tw/

gecdb/Stat_Statistics_DetailData.aspx?sn=lT4902z3YmLGBZadLKLSzQ%3D%3D，取用日期：二〇二〇年三月二十三日。

翁康容。二〇一六。《台灣民眾轉至成人的生命歷程研究》。台北：國立政治大學社會學研究所博士論文。

薛承泰、簡文吟。一九九六。〈臺灣地區已婚婦女就業型態及其影響因素〉。《人口學刊》十七：一一三～一三四。

簡文吟。二〇〇四。〈臺灣已婚婦女勞動再參與行為的變遷〉。《人口學刊》二八：一～四七。

馬慧君、張世雄。二〇〇六。〈變遷社會中的女性——一個生命歷程的研究觀點〉。《國際文化研究》二（二）：五九～九七。

楊文山、李怡芳、黃郁麟。二〇一七。〈日治時期臺灣女性婚育生命史序列分析〉。《人口學刊》五四：一～三八。

李大正、楊靜利。二〇〇四。〈台灣婦女勞動參與類型與歷程之變遷〉。《人口學刊》二八：一〇九～一三四。

陳國康、段然、張宙橋。二〇一五。〈生命歷程、個體化及風險：社會政策的回應〉。《社會政策與社會工作學刊》十九（二）：一～三〇。

Aisenbrey, Silke and Fasang, Anette E. 2010. “New Life for Old Ideas: The ‘Second Wave’ of Sequence Analysis. Bringing the ‘Course’ Back Into the Life Course.” *Sociological Methods & Research* 38(3): 420-462.

Beck, Ulrich. 1992. *Risk society: Towards a New Modernity*. London: Sage.

Beck, Ulrich and Beck-Gernsheim, Elisabeth. 2002. *Individualization*. London: Sage.

Berger A., Peter, Steinmüller, Peter, and Sopp, Peter. 1993. “Differentiation of Life Courses? Changing Patterns of Labour Market Sequences in West Germany.” *European Sociological Review* 9(1): 43–65.

Bhat, Mohd A. 2013. “Revisiting the Youth Corridor: from Classical through Post-modern to Late-modern Sociology” *International Review of Sociology* 23(1): 200-220.

Blair-Loy, Mary. 1999. “Career Patterns of Executive Women in Finance: An Optimal Matching Analysis.” *American Journal of Sociology* 104(5): 1346–1397.

Brückner, Hannah and Mayer, Karl U. 2005. “De-Standardization of the Life Course: What it Might Mean? And if it Means Anything, Whether it Actually Took Place? *Advances in Life Course Research* 9: 27-53.

Buchmann, Marlis. 1989. *The Script of Life in Modern Society: Entry into Adulthood in a Changing World*. Chicago/London: University of Chicago Press.

Côté, James E. 2002. "The Role of Identity Capital in the Transition to Adulthood: The Individualization Thesis Examined." *Journal of Youth Studies* 5(2): 117-134.

Clausen, John S. 1991. "Adolescent Competence and the Shaping of the Life Course" *American Journal of Sociology* 96(4): 805-842.

Elchardus, Mark and Smits, Wendy. 2006. "The Persistence of the Standardized Life Cycle." *Time & Society* 15(2-3): 303-326.

Elzinga, Cees H. and Liefbroer, Aart C. 2006. "De-standardization of Family-Life Trajectories of Young Adults: A Cross-National Comparison Using Sequence Analysis" *European Journal of Population* 23: 225-250.

Erikson, E. H. 1950. *Childhood and society*. New York: W W Norton & Co.

Espenshade, Thomas J. 1985. "Marriage Trends in American: Estimates, Implication, and Underlying Causes." *Population and Development Review* 11: 193-245.

Giddens, Anthony. 1990. *Consequences of Modernity*. Stanford: Stanford University Press.

Lesthaeghe, R. 1995. "The second demographic transition in western countries: An interpretation." In K. O. Mason & A.-M. Jenson (Eds.), *Gender and Family Change in Industrialised Countries* (pp. 17-62). Oxford; Clarenden Press.

Martin, Peter, Schoon, Ingrid, & Ross, Andy. 2008. "Beyond Transitions: Applying Optimal Matching Analysis to Life Course Research." *International Journal of Social Research Methodology* 11(3): 179–199.

McMunn, Anne, Lacey, Rebecca, Worts, Diana, McDonough, Peggy, Stafford, Mai, Booker, Cara, Kumari, Meena, and Sacker, Amanda. 2015. "De-standardization and Gender Convergence in Work–Family Life Courses in Great Britain: A Multi-channel Sequence Analysis." *Advances in Life Course Research* 26: 60–75.

Nico, Magda. 2014. "Variability in the Transition to adulthood in Europe: A Critical Approach to De-Standardization of the Life Course" *Journal of Youth Studies* 17(2): 166-182.

Nico, Magda and Caetano, Ana. 2015. "Untying Conceptual Knots: The Analytical Limits of the Concepts of De-

Standardization and Reflexivity" *Sociology* 1-19.

Pultz, Sabina and Mørch, Sven. 2015. "Unemployed by Choice: Young Creative People and the Balancing of Responsibilities through Strategic Self-Management." *Journal of Youth Studies* 18(10): 1382-1401.

Raddon, Mary-Beth and Ciupa, Kristin. 2011. "How to Write Your Will in an Age of Risk: The Institutionalization of Individualism in Estate Planning in English Canada." *Current Sociology* 59: 771–786.

Shigihara, Amanda M. 2015. "'Strategic Adulthood': A Case Study of Restaurant Workers Negotiating Nontraditional Life Course Development." *Advances in Life Course Research* 26: 32–43.

Valentine, Gill. 2003. "Boundary Crossings: Transitions from Childhood to Adulthood." *Children's Geographies* 1(1): 37–52.

Widmer, Eric D. and Ritschard, Gilbert. 2009. "The De-standardization of the Life Course: Are Men and Women Equal?" *Advances in Life Course Research* 14(1–2): 28–39.

Worts, Diana, Sacker, Amanda, McMunnc, Anne, and McDonough, Peggy. 2013. "Individualization, Opportunity and Jeopardy in American Women's Work and Family Lives: A Multi-state Sequence Analysis" *Advances in Life Course Research* 18: 296–318.

主體與去主體的當代辯證：從生命政治到生命經濟

洪世謙——國立中山大學哲學研究所

傅柯所描繪的人的價值之市場化現象，在當前的社會中處處可見。從小我們便被教導需要好好地自我投資，認真實行生涯規畫，按部就班地執行，讓自己更有競爭力。於是我們追逐高分，選擇熱門系所，收集各類證照，閱讀財經管理、心靈勵志的書籍，視富商名流的故事為典範，將成功的意義定位在賺大錢或處於社會高位。這一切看似主體自發性的自我實現，其實是資本主義的實現，也就是傅柯「經濟人」概念下的「人力資本」，亦即將自我當成企業體經營。「零工經濟」標榜著更加彈性化的工作，工作時段及項目有更多元的選擇，人人都是「斜槓」，都是自己的企業主，可以根據自己的需求與時間，彈性調配工作時段與項目。這種看似勞動鬆綁、人人都是自體企業主的制度，實際上是讓人無時不刻地進入到資本主義無限剝削的邏輯中。因為更有彈性的上班時間，意味著隨時處於工作狀態，且沒有任何加班費，雖名為不斷地自我砥礪，實則是每個人更加無限地自我剝削。在萬事萬物都可被市場化，連自我都可以投資的新自由主義邏輯底下，人的能動性是可能的嗎？如果可能，它會長什麼樣子？義大利哲學家拉扎拉托告訴我們，不只要注意生命政治，更要注意生命經濟。

我們的當代，我們的處境

從笛卡爾的意識主體以降，當代理論思潮對於主體有兩種想像。一個認為主體是意義的決定者；另一個則強調去主體，主張主體會受到比自身之外更大的他者所決定（如社會結構、文化、語言、歷史），因此應向他者開放。主體於是面臨一種兩難：即若太強調主體，可能會無法容納差異而侵害他者；太過去主體則又可能陷入虛無和偶然性，導致喪失能動性，更無從談論責任。簡言之，若凡事僅從主體的角度出發，則可能造成對事物認知太過局部，且從結構主義的角度來說，主體會受到當時的制度、結構所影響，有太多事物超過主體的認知範圍，無法全然以理性或具體數據理解，更多是受到內在結構的潛在影響。比如長期活在父權的社會結構中，面對女性薪資和職位往往不如男性的問題時，人們會下意識地認為是女性的能力不如男性，而忽略了女性在成長過程中受到社會結構的不平等對待；又例如女性學歷太高無用，或認為家務勞動不是生產活動，因此貶抑女性在家庭中的角色。更甚者長期在異性戀霸權中生活，人們會認為同性戀或同志婚姻是破壞社會秩序與宗法倫常，因此對她／他們予以言語或行為霸凌。在面對移工問題亦有此現象，將移工的許多行為，直接認定他們是恐怖的、危險的，是治安問題的亂源。相對地，太過去主體的立場，則會忽略主體在行動中應為自己的行為、判斷承擔責任。例如在科層制度中負責執行第一線任務的基層人員，是否需要為他們的行為負責？鄉民跟隨著網路言論帶風向而有了歧視性的行為，是否僅需找出帶風向的人，而不須為自己歧視性的言論負責？

結構主義

結構主義認為，事物沒有本質性或固定的意義，意義會伴隨不同的脈絡和關係而有所差異。因此，要理解事物的意義，並非根據已知的知識，而必須進入事物出現的脈絡，即事物的內在結構和因素。因此，相同事物在不同脈絡下，會有不同的理解。易言之，對於某件事物的理解，顯露了我們所處的結構。因此，當主體對某件事物採取某種觀點，並不全然是主體意識，亦可能是受制於其內在結構，這種內在結構的影響往往是無意識或下意識。例如，當主體認為失聯移工是防疫或治安破口時，雖看似是主體意識，但亦可能是社會結構長期對於移工的偏見，導致主體有此判斷。

為了解決上述兩難，上個世紀末的法國哲學希望尋找新的出路，使主體既不作為壓迫他人的來源，亦在結構中具有能動性。其中，深受史賓諾莎（Baruch Spinoza）和馬克思（Karl Marx）影響的德勒茲（Gilles Deleuze），以及深受德勒茲影響的哲學家奈格里（Antonio Negri）以及拉扎拉托（Maurizio Lazzarato），紛紛試圖從政治經濟學的角度，說明處於新自由主義結構下的我們，如何才能作為具有自主意識的主體，又不會傾軋他人。在馬克思主義的傳統下，任何思考都不是空想的，而是具有實際的物質基礎，即當代的社會結構、生產方式、歷史因素、時代氛圍。對處於當代的我們而言，全球資本主義或說市場全球化，就是我們的當代。因此，要思考主體如何才能具有能動性，就必須先理解全球資本主義帶給我們的影響。才得以反思在全球資本主義之下，如何面對全球移動所可能帶來的人權、種族主義、邊界、歧視等問題。這些又影響著我們如何看待敘利亞內戰下逃往歐洲的戰爭難民、美墨邊境間的經濟難民，抑或是二〇二〇年武漢肺炎病毒蔓延，該如何對待他國公民等問題。

出身於義大利自主運動的拉扎拉托在《符號與機器》（*Signs and Machines*）強調政治經濟與當代資本主義主體性生產之間的關聯性，以解釋資本全球化之下，主體形構如何受到金融市場的支配（Lazzarato 2014b: 13, 16）。他指出：「在當代的批判理論中（如巴迪悟、巴特勒、齊澤克、洪席耶等人的理論），在很大程度上討論的都是主體性、主體和主體化、可感性分配的問題。但他們所忽略的是資本主義如何起作用的問題，即如何通過『機器奴役』起作用的問題。」（2014b: 13）對拉扎拉托來說，資本主義下的主體，是一整套以資本邏輯所組裝、生產的主體。主體在自認為是自我實現、自我創造的同時，實際上是實現了資本主義所生產的符號及現實。值得注意的是，主體的組裝不是在工廠運作，而是充斥在每個人日常生活和社會關係之中，人的主體就是由這些符號及其所生產的現實所組裝。

比如，今日流行考取專業證照或者進入明星學校，人們並為此做了許多準備與努力，生產出許多令人動容的勵志故事。然而這種自我實現，亦可能僅是符合資本主義所強調的努力證明自己有用，讓自己成為市場所需。因此這種自我實現，表面上是自我實現，其實是讓自己更符應於資本邏輯，將自己變成更好的商品，以讓資本更好地使用。

於是，本文欲思考的問題是，面對新自由主義全面包圍的情況下，是否存在另一種對主體的重新理解與想像，藉以反抗資本主義邏輯，而不再作為由資本主義所生產出來的主體。對此，哈特（Michael Hardt）提出了一條我們可以嘗試的途徑，他說：「在馬克思的時代，革命思想似乎有三個來源：德國哲學、英國經濟學和法國政治學。到了我們這個時代，情況不同了，從相同的歐美框架來看，革命思想或許可以被表述為來源於法國哲學、美國經濟學和義大利政治學……我以義大利的革命政治學作為範例，更多地是由於義大利可以被看成是新的政治思想的實驗場，而這些新的政治思想又能幫助我們構想出我們這個時代的革命實踐。」（Hardt 1996: 1）此外，哈特長期的學術夥伴，作為義大利自主馬克思主義（Autonomist Marxism）[1] 核心人物之一的奈格里，一如以往地維持了該學派的傳統，既注重馬克思政治經濟學的分析，亦著重工人如何在資本主義的生產關係中，具有相對於資本的自主權。對他們而言，如果資本主義是透過勞動關係生產了關於主體的知識論、治理技術或主體形構，那麼要找尋主體的能動性就必須回到新的勞動形式，從中發現新的可能性及更大的潛能。就此學派來說，勞動就是反叛資本主義的潛在性積極力量，於是他們提出了「非物質勞動」（Immaterial Labor）、「一般智能」（general intellect）等概念，作為新的主體，以擺脫由新自由主義所帶來的生命政治（Hardt 1996: 5）。簡言之，透過對馬克思的重新解讀，尤其是工人階級在（活）勞動中，相對於資本的獨立性、自主性、主體性，重新看待勞動在資本主義的生產關係中所具有的解放潛能，是義大利自主馬克思主義思考政治主體的特色。[2]

在眾多義大利自主馬克思主義的哲學家之中，本文將專門介紹拉扎拉托，以思考當代主體從資本主義解放的可能性。

1 義大利自主馬克思主義的成員，多半參與了二十世紀六〇年代義大利自主主義運動，他們特別強調工人在生產和組織的自主性，從而能對抗資本或國家體系。奈格里指出這個學派目前有三個主要工作，其一，分析生產勞動的變化，並對這樣的變化提出新的政治理論。其次，分析資本主義的活勞動，提出關於主體性的新樣貌，透過整套勞動實踐發展出反叛的潛能。而這個新主體理論又需透過新的知識、傳播與語言才得以實踐。再者，則是以分析一般智能回應生命政治（參見Hardt & Negri 2002: 86-87）。

2 更多關於義大利自主馬克思主義的介紹，可參考特隆迪（Tronti 2013）、萬毓澤（二〇〇六）。本人亦同意萬毓澤在此文中的分析，他指出眾人對《帝國》的閱讀多半聚焦在全球性主權，卻忽略了《帝國》一書中關於「一般智慧」、「非物質勞動」等所具有的解放潛能。

當前主體境況：從生命政治到生命經濟

對拉扎拉托來說，傅柯的生命政治說明了當代主體「生命的歷史入口」（l'entrée de la vie dans l'histoire）與資本主義的興起息息相關（Lazzarato 2000: 45）。生命不再是傳統政治哲學下，從大的權力架構所思考的「權利主體」（sujet de droits），而是一套統合著政治經濟學的複雜領域，這個領域統合了自然資源、勞動力、流通、城市、生活飲食、居住、壽命等，形成了一種「社會構體」（corps social）。於是，對此構體的治理方式，並非在個別的政治或者經濟領域中，而是緊密結合社會關係、經濟的利潤模式和個人生存模式，並構成現實與真理，全面滲透在其所有的關係之中。

傅柯在《生命政治的誕生》的後半部指出，新自由主義對主體的治理術，並非僅是禁制的，而是內化的、生產的。新自由主義的治理術以競爭和風險管理作為對自我的治理。他說：「作為自己的企業家，其自身是自己的資本，是自己的生產者，是自己收入的來源，這種經濟人（homo oeconomicus）連續不斷地替代了作為交換夥伴的經濟人。」（Foucault 2004: 232）於是，個體將自身視為企業，一切行為依照處於競爭環境裡的企業，將市場自由和競爭原則貫徹到自己的生命之中。個體負責生產、投資和產出自己所有的生命活動，還負責爭取各種資源和條件以增值自身。對主體來說，這是一種行為引導（conduct of conduct），使主體執行強化自身臣服的行動（Rose 1996），個人主體的實現便是讓個人成為承擔風險的企業，承擔風險也顯示了個人的能力、責任與勇氣。這種生命政治的轉向，讓生命不再是被動的受規訓或馬克思意義下的被剝削者，而是積極的、自主的主體形構。主體自我鑲嵌進市場，將個人的價值附著在市場機制之上，亦即傅柯在《生命政治的誕生》提到的「人力資本」（capital humain），主體將自己當成企業來投資。個人成為可以（自我）投資的對象，勞動者也成為自己的企業家。如此，生命政治就在自體企業主的所有活動中被自動地生產出來。

這種將市場的競爭邏輯全面貫穿到生活的各種階段與層面，將市場秩序普及到所有領域，包括一切的日常生活、社會關係、人的價值等，市場規則作為所有事物判斷和衡量的標準，即為傅柯所說的市場真言化（véridiction du marché）或真理政體（régimes de véridication）。

傅柯描繪的現象，在當前的社會隨處可見。從小我們便被教導要好好地自我投資，認真實行生涯規畫，按部就班地執行，讓自己更有競爭力。於是我們追逐高分，選擇熱門系所，收集各類證照，閱讀財經管理、心靈勵志的書籍，視富商名流的故事為典範，將成功的意義定位在賺大錢或處於社會高位。這一切看似主體自發性地自我投資、自我實現的表現，實際上僅是傅柯「經濟人」概念下的「人力資本」，亦即將自己當成企業體經營。於是，我們在人生中設定各種指標，甚至設定投資的損益比或各類風險評估。故此，太過冷門的科系、無法快速獲利的行業或知識，皆視其無用而不在考量之內。由生命政治所生產出的「經濟人」，是對主體更全面又更細微地掌握，然其並非以外在強力的脅迫方式，而是讓主體自我形構與生產，以更加貼合於資本主義的需求。生命政治的治理技術之下，個體成了企業家主體（entrepreneurial subject）或人力資本，引導每個個體的意識與欲望，從而生產出服膺市場邏輯的主體。

生命政治

傅柯認為現代的治理技術，已從以往掌握生殺大權，逐步轉變為以關懷為名的治理方式。這種治理技術以一套複雜又細微的機制，引導人如何活，並將此方式視為好的生存方式，繼而以此作為自身主體化的過程。這套從出生前至死後，貫穿著人的日常與全部人生的治理技術，傅柯稱之為「生命政治」。他指出不同於以往展現權力的方式，著重於懲罰、監視與規訓，生命政治的權力是生成的、關係的、運作的，而不是現成的。它是透過無數的微權力（micro-pouvoirs）構成常態化、正常的、好的生存環境與方式。這樣各種微權力之間的調整、交織，構成人的社會、經濟和政治等關係，並成為人的現實。人的行為、價值判斷和主體性皆依此而行。簡言之，治理就是對於活的生命的投資，透過對身體的懲罰展現權力，是內化統治的方法之一。但更重要的是透過與醫療、遺傳、統計等生物性的結合，生產出一套正常化的指標，使個人的身體、生命與主體，皆視這樣的標準為好的生存方式。

綜合上述，傅柯談論的生命政治，一是說明市場真言化如何治理，其作為引導與內在性，使主體在形構的過程中內化為馴服的主體，傅柯將此稱之為「個體的政治技術」(la technologie politique des individus, 1988)；市場真言的另一重點是，在新自由主義影響下，主體成為了「經濟人」，這意味是經濟行為賦予了主體一個可理解的架構，在此架構中，個體才變得可治理（Foucault 2004: 258）。比如，當人們僅習慣性地從個人的年收入、社會位置或者資產來判斷一個人，而忽略了人具有不同面向的價值時，這表示我們對於人以及世界的認知與價值體系皆由市場價值所決定，一切以市場作為最高準則。每個主體的自我實現表現於將自己視為企業，主體成為了「人力資本」，主體的思考與判準皆採取企業化的視角，必須有更多的自我投資、風險評估、財務控管、生涯管理等。在這種「經濟人」的境況下，所有的民主、正義、公共性、利他、互助團結等價值都將被掏空，而僅能跟隨著市場所賦予的意義。

拉扎拉托推進傅柯對「經濟人」的討論。傅柯對當代治理技術與主體關係特別強調環境／介質（milieu）、微權力的部署（dispositif）[3]、自我關切和自我關係：主體自主地讓自己符應於整個治理機制，且越是符合這樣的召喚，越顯現為主體。據此，拉扎拉托認為當代主體是透過將自身鑲嵌入資本主義運作的模式，成為經濟主體，作為生命經濟（bioéconomie）。當個體成為這樣的經濟主體時，這個召喚不再作為外在的要求或者法律，而就是主體自身、主體認同和生存的條件。

在《製造負債之人》（*The Making of the Indebted Man*）中，拉扎拉托展示了新自由主義如何透過政治言說，以關懷和自我關切之名，將主體的實現化過程嵌入個人責任和奴役體系：金融治理投資部署了個體形成主體的環境，個體在形構主體的同時，彷彿具有自由與選擇權。這些炫目的話語包括將勞動與自我作工（work on the self）結合，經濟的生產活動和經濟的倫理政治活動也互相結合。勞動不僅是為了工資，更多是自我投資，將自己變成更好的人。因此，經濟既是行為品行的經濟（the economy of conduct），也是心靈精神的經濟（the economy of the souls），更是生命經濟。於是，這種對自己的工作，不單是自主，還成為對自己的責任，主體因此被形構成經濟主體，一種個體企業主。這套由金融資本所建立的經濟倫理，將更有利於企業。

拉扎拉托的說法，可從伴隨著數位經濟所產生的「零工經濟」（Gig Economy）、「隨選經濟」（on-demand economy）為例。「零工經濟」標榜更加彈性化的工作，工作時段及項目有更多元的選擇，人人都是「斜槓」，都是自己的企業主，可以更獨立地根據自己的需求與時間，彈性調配工作時段與項目。既不需忍受排班，也不需面臨上下班打卡、獎懲等制度的壓力。然實際上，這種看似勞動鬆綁、人人都是自體企業主的制度，卻是讓人無時不刻地進到資本主義無限剝削的邏輯中。因為更有彈性的上班時間，意味著隨時處於工作狀態，且無任何加班費，雖名為不斷地自我砥礪，實則是更加無限地自我剝削。而所謂更多元、更獨立的工作選項，個人就像自體企業，可以多方接單，將人生像企業一般地經營，人生就是多角化經營的企業體。事實是，這些都是非常破碎的工作，先不論在工作中是否真的獲得成就感，更糟的是多數的數位經濟平台業者，均主張與個體企業（外送員、網路直播主、Uber等）為「承攬」關係，而非「僱傭」關係，這意味每個人必須自行承擔「企業經營」的風險，個體企業主不再有任何勞動權益的保障，小從基本薪資、勞健保，大至過勞死、逾時工時、交通意外、工殤職災或非法資遣等，都不再適用於這些個體企業主。個體企業必須自行面對整個資本市場體系，並自行承擔隨之而來的風險，而這一切被視為「企業投資風險」。簡言之，這項看似更加有效整合管理零碎時間的「微工作」，實際上是更加細微並無時不刻地將個人整合進勞

3 所謂的「部署」，傅柯說：「在這個名詞之下我試著定位的是……一種全然的異質整體，它包括話語、組織、建築型式、規章條例、法則、行政方式、科學陳述，以及哲學、道德、慈善的命題；簡而言之，所說的儼然如同未說的，這些就是部署的原素。部署本身就是建立在這些要素關係間的系統（the system of relations）。」承上述，部署是一種異質結合的整體，兩個因素之間不相關甚至矛盾，卻被整合在一套系統或制度之中（例如監獄整合著感化、懲罰和生產制度，而學校和軍隊，亦有相同的機制）。於是也可將部署視為一種戰略，目的在於實行更柔順且微觀的治理，即統治不再僅是展現權力，還有更多是藉由不同的論述（學科知識的、道德的、語言的）所形成的常規化，進而內化到個體的行動或思想之中。

動市場，且面對更不穩定的高風險，僅能自求多福。人們不再能區分工作時段與休息時間，不再能區分家庭生活與勞動現場，不再能區分是自願還是「被」自願，也因此不再能談論勞動權益，更不可能規畫休閒、人際或家庭，而是徹頭徹尾地成為新型數位資本主義所生產的經濟主體。人不再僅是傅柯意義下的生命政治，亦是生命經濟。

除了勞動與對自己作工外，拉扎拉托在另一本書《役人於債》（*Governing by Debt / Gouverner par la dette*）中，進一步地說明債務和債權人-債務人關係，債務同時作為對主體的生產與控制，如何構成了現代資本主義的主體範式。債務人成為人的普遍身分，且債務不僅是資本／勞動的關係，而是整個經濟、社會、政治生活的核心（Lazzarato 2014a: 11）。每個人正是透過他有多少還債能力，展現他的能力、個人信用、社會關係，以及承擔風險與責任的勇氣。他指出，當前的新自由主義，即是將主體生產為「債務人」的生產機制，每個人皆有意識或無意識地捲入了債務經濟體系之中。他以美國的大學為例，指出接近百分之七十的學生藉由學貸完成學業，這看似一種自我投資，但實際上卻意味著必須忍受最破碎化的勞動形式和條件。學貸不僅購買了他們的勞動力，也購買了他們的未來；他們的未來在學貸中早已抵押給擁有鉅額資本的人（2014a: 55-58）。債務關係抹去了就業者與失業者、生產者與消費者之間的差別，使債務人成為人的普遍身分。這不僅強化了資本主義的經濟統治，而且為資本主義的政治統治提供了新的工具；不僅勞動主體，而且生命主體，都不得不服務於資本這個巨大的債權人，並在這套債務經濟體系下生產出倫理關係（例如債務人的負罪感或羞愧）。

簡言之，若傅柯的生命政治所強調的是，個體的生命被一種以競爭、市場價值、自由流通、去干預為判準的新型態貫穿所有生命階段，使個體自始至終服膺於這套價值，自主地視此為好的生存方式，並以此形成主體性，那對拉扎拉托來說，個體的生命在新自由主義下則是被債務所貫穿，金融資本、負債就是我們的環境，個體在此履行了生命經濟（Lazzarato 2011: 126）。因此拉扎拉托認為在今日要分析新的權力關係和主體，必須將視角從生命政治推進到生命經濟，將焦點集中在當代金融資本主義的實際運作。新自由主義就是債務經濟，資本主義生產債務主體，也就是拉扎拉托指出的負債人（L'homme endetté / Homo debtor）。

負債人的反叛

拉扎拉托在其兩本重要著作《製造負債之人》與《役人於債》中，都試圖論證新自由主義是如何透過部署一個主體的環境，進而形構生命經濟，並以關切、自我實現、創造、自我作工等話語，滲透且貫穿主體的日常生活與生命。這也使得馬克思傳統下以階級，甚至是無產階級為革命基礎難以想像。當所有人的關係都成了債權與債務關係，債務人成為人的普遍生存樣態時，我們便無法再以階級構思政治行動的可能。因此，關於主體的解放須改變策略。

深受德勒茲和瓜達里（Félix Guattari）影響的拉扎拉托，試圖從製圖學（cartography）的概念提供出路。[4] 他指出資本主義中，主體形構主要深受兩種影響：社會順從（social subjection）和機器奴役（machinic enslavement），二者之間又相互補充，而這兩種模式成為了我們服從於奴役的製圖學。所謂的社會順從意味著相應於勞動分工，個體被賦予了某些身分、性、身體、職業等，並以此製造個體化的主體，包括他們的無意識、表達和行為（Lazzarato 2014b: 12）。社會順從意味著在新自由主義的範式中所生產出的主體，這種經濟主體既是人力資本又是企業本身，資本和勞動在此意義下喪失了其社會性，僅被視為個人的。而所謂的機器奴役，則是指個體處於前個體（pre-individual）與超個體（supra-individual）層面，即一直處於解主體化（desubjectivation）狀態，不再可能是個體主體（individuated subject）、經濟主體（economic subject）（包括傅柯意義下的人力資本、自體企業），而只被視為是組構商業或金融等裝配[5]（及其轄下運作機構：學校、醫院、電視、網路等）的齒輪或零件（2014b: 25）。因此拉扎拉托認為，如果我們的主體受奴役於某種製圖學的模式，那思索主體解放的可能性就必須打破這種製圖學，打破強調自主的新自由主義對主體形構過程中的滲透，及其生產的生命經濟模式。我們必須更微觀地從「微觀政治」（瓜達里）或「微觀物理」（傅柯）看到權力關係（2014b: 15）。

事實上，拉扎拉托這套對於機器的分析，可說是延續德勒茲對資本主義的分析，而所謂的機器，其實就是異質的（物件、效果、速度、強度、符號……）聚合體或者裝配。裝配並非靜態，也並非有一套既定的組織或組裝方式，而是一連串動態的複合過程，也因此它是不斷「解域」（de-territorialization）和「再域」（re-territorialization）的雙向過程。德勒茲明確指出：「解域化總是與相關的再域化不可分離」（Deleuze et Guattari 1980: 635），這也讓「裝配」成了拉扎拉托尋找解放主體的破口。

機器

「機器」（machine）或「裝配」（agencement / assemblage）在德勒茲意義下是一組相似概念，意味異質創造的過程，而不是依照既有的指示說明按部就班地「組裝」；它是動態的過程，而不是固定的流程。「機器」具有解域、流變、異質連結等特質，將諸異

4 德勒茲意義下的製圖學（cartography）是指各種學科知識建構時，應保持其開放性，面對不同目的或情境，有不同的延伸與連結，這樣的異質連結猶如一幅交錯阡陌的地圖，有不同的入口、路線、交會點，隨時在生成／流變之中。因此，它無法以任何的原型或結構解釋，也不會僅有單一的理解方式，而是一種繪製，根據著不同情勢所生成的新的連結，形成不同樣貌的學科知識。

5 「裝配」在德勒茲的意義下，不同於中文語境下理解的「組裝」。裝配強調的是異質連結的構體（corps），而不是依照既有的原型，有一套說明書式按部就班地「組裝」。也因此「裝配」可視為不斷拆解、連結、重塑的動態過程，亦即德勒茲所說不斷「解域」和「再域」的過程。於是，「裝配」不能僅看到被動意義下的安排、組合，還必須看到解域、異質連結的過程。

質要素聚合在一起的某種生成，因此可將「機器」理解為帶有生成／流變（becoming / devenir）特質的構合體。其具有創造性，會創造新的界域（territories）、新的風格，不再預設同一性、目的性和內在性，也因此它「反伊底帕斯」（一種對同一性、占有-缺乏的愛戀），也因此它既是政治的、也是倫理學的。

對德勒茲來說，資本主義的力量之一，便是認為生產力是流動的，於是它不斷地解碼各種有內在價值的事物，因此形成了各式各樣分子（molecule）形式的「流」（flux），這個世界便是由各種流（資本流、金融流、貨物流、勞動力流、自然資源流……）所決定，這些流之間有不同的連結，增益雙方的力量，得以拆毀一切又重組一切。對德勒茲來說，流與流之間的「連結」（connection），將產生一股新的力量，得以衝破既有的界域；然而，與此同時，流與流之間的「結合」（conjugation）則是再度鞏固超編碼（surcode / overcoding）的支配地位（Deleuze et Guattari 1980: 586）。也因此對德勒茲來說，資本主義是一種精神分裂的狀態，既需要不斷解碼，又需要不斷再編碼界線，將所有體制規範收攏其中。德勒茲舉馬克思在《資本論》的名句：「一邊是被解域的工人，變得自由且一無所有，不得不出賣自己的勞動力，另一邊是被解域的貨幣，已經變成了資本，能夠購買這些勞動力。」（Deleuze et Guattari 1977: 225）。對其而言，資本主義就是生產者流和資本流的交會（Deleuze et Guattari 1980: 653-654）。就自由勞動者這端，是透過土地私有化和對家庭的解碼，使得自由勞動者有利於勞動或機器；就資本這端，是透過貨幣抽象地對財富解域、透過商業資本對生產流的解碼、透過金融資本和公共債務對國家進行解碼、透過產業資本的形成對生產資料進行解碼等。

簡言之，一旦資本主義在解碼的過程中重新編碼，資本便成為了一部裝置，或以國家裝置[6]的形式，占領所有的領域。例如資本主義主張彈性化和自由移動可以減低其生產成本，也因此它們要求彈性工時、派遣制甚至無薪假，盡可能地規避並解除各式對勞工的保障。然而，這種不穩定的工作條件、不熟練的工作技術，以及員工可能隨時罷工，將增加生產成本。於是，資本家會要求國家訂定更嚴格的勞動法規及投資獎勵以保障他們的權益。這裡便可看見各種不同的「流」，即各種不同的細微力量，如何「連結」又如何「結合」，即解碼的分子狀態和編碼的固化狀態[7]是同時並存，且不斷相互作用。

根據德勒茲與瓜達里對資本主義的重新理解，拉扎拉托在《資本主義的革命》（*Les révolutions du capitalisme*）一書中，同樣強調了抵抗與創造交互作用。所謂的抵抗，就是「減法政

6 國家裝置（l'appareils d'Etat），一般中文翻譯為國家機器，為了避免與在德勒茲脈絡下的「機器」（machine）混淆，因此將「l'appareils」翻譯為裝置，「machine」譯為機器。

7 德勒茲的用語是「克分子」（molar），指的是某種固定、僵化的界線，將事物框限於固定範圍或明確區分。

治」（la politique de la soustraction），他強調所謂的鬥爭，就是逃逸於制度以及政治規則之外（fuite hors des institutions et des règles de la politique）。如同德勒茲強調逃逸的雙重邏輯，逃逸不是負面消極，而是積極創造。例如在高教體系無止境的數據指標（KPI、KOR、KBI……）之中，不積極生產期刊論文、產學案件、研究計畫、招生數額，不盡然是不稱職的學者，或許是對量化數據的抵抗，從而以經典專書導讀、哲普推廣（哲學星期五、芭樂人類學、巷仔口社會學……）、社會議題參與、展開公眾對話等，創造另一套更貼近高教價值的路徑。因此主體在資本主義中解放的可能性，就是在逃逸中構成個人與集體的特異性（singularité）。這種主體化的動態過程，既作為集體權利的共同基礎，又展現為對於生活實踐的不同肯認。減法政治既是逃逸，又是賦權（Lazzarato 2004a: 106）。這種藉由逃逸所創造的特異性，不在既有的政治制度、工會、政黨的運作規則中。

拉扎拉托在〈從生命權力到生命政治〉一文中，將傅柯談論生命政治時的核心概念，包括「引導」（conduire）、「戰略關係」、「內在性」、「製造主體」等，轉譯為「協作」、「創造」、「潛能」（puissance）、「成為主體」，並將此視為對於生命政治全面部署的抵抗（Lazzarato 2000: 56）。拉扎拉托引述傅柯的話指出，在改變權力關係的過程中，「抵抗」是最重要的字，是最關鍵的動力（2000: 51）。他主張生命政治的功能是「協作並落實（finaliser）」，所謂的協作（coordination），拉扎拉托定義為創造的過程，他說：「協作誕生於『不』和『拒絕』。但它所關乎的『不』

和『拒絕』，首先具現了傅柯在生命盡頭時所強調的，政治運動不該僅是抵抗和捍衛，而是證明其創造的力量。」（Lazzarato 2004b）協作也因此是一種過程開放的條件，是多重性衝突的突變之處，它創造、更新並且問題化，也就是生成以往的不可能，使主體的構成具有多樣性。協作和生產活動是無數的微小行動和多重行動的複合關係，只有透過協作，我們才能構成一個不穩定的、充滿變化、複雜多樣性的特異點。以目前的地方創生為例，一個地區的介入、轉譯與價值重估，不應以齊一式、流水式、垂直式運作，更不該複製資本主義的商業邏輯。而是看到地方的差異，以及為了解決各異的問題，創造出不同的運作模式及解決方法。例如：高教、政府部門、企業以及社區在共同協作的同時，既拆除了既有的框架，每個群體之間又會有各式的跨域及折衝、整合，不論是高教必須進行跨學科對話、課程革新、轉變研究方法、重構敘事觀點；政府部門必須改變衡量績效的指標；還是社區必須建立各類對話機制、公共事務平台以及資源的盤整與重組等。這種協作可說是「創議」（挖掘被忽視的議題）、「創異」（重視每個區域的差異性，以不同的思考、合作、運作方式解決問題）、「創譯」（轉譯並重估地方價值）和「創逸」（創造逃逸線）的過程。因此，協作是爭議的、對抗的、變動的，一種充滿各種特異點的網絡，而此複雜的整體既作為協作的基礎，亦作為協作共享資源（commonwealth）。

* * *

總結地說，面對傅柯指出的生命政治所遺留下之難題，即主體在生命政治的新治理技術和經濟人的支配下，主體形構的過程如何保持能動性而不至於僅能是順服的主體？本文以兩條路徑作為當代主體可能的解放策略，其一是從德勒茲「機器」的觀點：一個異質元素的構合體，藉以維持不斷流變的狀態，避免各式制度的追捕和固化；其二為拉扎拉托強調的「協作」，協作既是拒絕也是建構，既是對於無法容忍之事的拆解，也是展開新的可能性（Lazzarato 2004a: 108）。也因此，對於作為負債人的反叛，並不是以消極的拒絕，而是藉由裝配本身所具有的異質性與複雜性，以及解域與再域的雙向過程，從內部生成另一種主體形構。不論是裝配或協作更多異質性，皆是反抗亦是創造，一種新的發明與新的社會的「再生產」，而不斷地再生產這些新的發明和協作的模式，亦是解放的意義之所在。

參考書目

萬毓澤。二〇〇六。〈義大利自主主義運動與政治馬克思主義：對《帝國》的脈絡化解讀與批判〉。《政治與社會哲學評論》十八：九三～一四九。

Deleuze, Gilles et Félix Guattari. 1977. *Anti-Oedipus: Capitalism and Schizophrenia*. University of Minnesota Press.

——. 1980. *Mille plateaux*. Paris: Les Éditions de Minuit.

Foucault, Michel. 1988. “La technologie politique des individus.” in Daniel Defert et François Ewald (eds.) *Dits et Ecrits*, 1980-1988, IV. pp. 813-828.

——. 2004. *Naissance de la biopolitique*. Paris: Gallimard.

Hardt, Michael. 1996. “Introduction: Laboratory Italy.” in Paolo Virno and Michael Hardt (eds.) *Radical thought in Italy: A potential politics*. Minneapolis: University of Minnesota, pp. 1-10.

Hardt, Michael, and Antonio Negri（麥可・哈德、安東尼奧・奈格里）。二〇〇二。《帝國》（*Empire*）。韋本、李尚遠譯。台北：商周。

Lazzarato, Maurizio. 2000. “Du biopouvoir à la biopolitique.” *Multitudes*, 1(1): 45-57.

——. 2004a. “La forme politique de la coordination.” *Multitudes* 3(17): 105-114.

——. 2004b. “Projet d’auto-enquête sur la forme coordination.” *Multitudes* 17; été.

——. 2011. *The Making of the Indebted Man: An Essay on the Neoliberal Condition*. Los Angeles: Semiotext(e).

——. 2014a. *Gouverner par la dette*. Paris: les Prairies ordinaires.

——. 2014b. *Signs and Machines: Capitalism and the Production of Subjectivity*, translated by Joshua David Jordan. Cambridge, Mass: The MIT Press.

Rose, Nikolas. 1996. “Governing ‘Advanced’ Liberal Democracies.” in Andrew Barry, Thomas Osborne, and Nikolas Rose (eds.) *Foucault and Political Reason: Liberalism, Neoliberalism and Rationalities of Government*. London: UCL Press. pp. 37- 64.

Tronti, Mario. 2013. *Nous opéraïstes : le ‘roman de formation’ des années soixante en Italie*. Lausanne: Editions d’en bas Paris.

Wright, Steve. 2002. *Storming Heaven: Class Composition and Struggle in Italian Autonomist Marxism*. London: Pluto Press.

adju：排灣族的跨性別「姊妹」

Remaljiz Mavaliv 董晨皓｜原住民多元性別聯合陣線 Colorful Wi

北排灣部落有一群非主流陽剛男性性別氣質的生理男性，她／他們稱自己為「姊妹」，或adju（阿督）。有些人將adju歸類在男同志的範圍，但只有部分adju認為自己是男同志，大部分adju並不具有男同志的認同，甚至會認為「同志」是漢人的用法，難以捕捉adju的特色。「adju」是一種同時具有跨性別認同與原住民族群性的身分。更甚者，許多「adju」也是虔誠的基督徒。了解adju，可以更深刻地體會族群、性別與宗教之間的複雜交織，並對台灣本土發展出來的在地跨性別文化有進一步思考。

「adju」

甜甜：adju，你知道最近隔壁村的「姊妹」很誇張耶。他／她們都跑來搶男人。

愛蒂：真的假的！也太飢渴了吧。我們村莊的「姊妹」還是比較像百合花。

甜甜：對啊。他／她們昨天一群人直接跑到集會所，和我們村莊的帥哥玩。我昨天經過的時候看到的。

愛蒂：adju我跟你講，下一次他／她們再來的時候，我們直接叫我們村莊的「姊妹」過去「嗆聲」一下。

上面是兩位「姊妹」聊天片刻的紀錄。在排灣族裡，這群具有非主流男性性別氣質的生理男性稱自己為「姊妹」，對彼此則以adju互稱。adju原本是排灣族女性友伴之間相稱的詞彙，但現在已被排灣族的adju借用（林文玲，二〇一二）。「姊妹」除了會用adju彼此互稱，「姊」或是「妹」也是「姊妹」們之間常使用的稱呼詞；而誰可以當「姊」或誰可以當「妹」，則和年齡有關係。

我們可從這一來一往的對話當中對「姊妹」和「adju」的使用時機有個初步的認識：「姊

妹」是指「不符合主流男性性別氣質、而較具有女性性別氣質的生理男性」，而adju則是在互稱時使用的詞彙。然而，近兩、三年來，adju一詞也漸漸開始有了「姊妹」這種他稱的意涵，使得adju逐漸成為排灣族語裡「姊妹」的同義詞。

有些人將adju歸類在男同志的範圍，但只有部分adju認為自己是男同志，並非所有的adju都具有男同志的認同。基本上，adju的認同是多元的，無法以LGBTQI中的任何一個單一認同來完全界定。大部分的adju在戀愛關係裡，會覺得自己符合異性戀關係裡的生理女性角色，但不會有想變性的欲望。同時，adju不會喜歡上adju。當別人問她／他們會不會喜歡彼此時，adju們總是會開玩笑地說，「我們又不是女同志！」而且在不同情境中，同一位adju可能會隨情境變化，而覺得自己是男生、女性或是同志。由此可知，adju只有某部分比較接近「跨性別的異性戀」。

在部落與校園，adju和異性戀男性交往的比例不低。「姊妹」們透過部落裡原有的女性友伴互稱adju，並用中文的「姊妹」，以此來表達自己的性別位置更接近社會女性。不管這樣的稱呼是否有貶抑或褒揚的意味，但它給了adju在部落一個不同於主流生理男女的「類社會女性」的性別位置。因此，adju的性別認同是流動的，這也就是為什麼下文中會使用「她／他」作為指稱adju的代名詞。

如果用台灣漢人的眼光來看，adju的性別特質可能會被說是「娘娘腔」；若用欲望對象與她／他們的生理性別來看，adju則會被認為是男同志，但她／他們並不屬於這兩者。特別在以基督宗教信仰為主的排灣族部落，由於社群對性別的想像並未超出典型異性戀的範圍，教會社群可能會使用「他們認為」《聖經》反對男男性行為的章節，來控訴、打壓在教會或是部落裡的adju。

基督宗教與adju

基督宗教不只對於原住民族部落的居民來說是很重要的宗教信仰，對於從小就生活在部落裡的adju們來說，也是生活中無法分割的存在。在我熟悉的教會裡，參與教會聚會的年輕adju們也是青年團契（十二歲至四十五歲以下未婚者）的主力，大部分都是青年團契的幹部或靈魂人物。

約莫在二〇一〇年以前，原住民族部落大部分的教會對於多元性別相關議題，通常持「不問、不談、不說」的態度。然而，二〇一一年的「真愛聯盟事件」以及二〇一二年守護家庭聯盟的「護家盟事件」發生之後，抹黑同志教育的文宣（包含「數十種做愛姿勢的教學」及「人獸戀」等）開始在教會間流行，使得部落教會對於adju的性別氣質開始出現反制的聲浪。比如，在長老教會體系的排灣中會[1]青年事工部所舉辦的某次活動過程中，前所未有地出現公開斥責adju的狀況。

目前台灣有百分之八十的原住民是基督徒，這曾被稱作是台灣傳教史上「二十世紀的神蹟」。根據顧坤惠（二〇〇二）的研究，戰後到一九六五年是原住民改宗的高峰。在這短短不到二十年的時間，原住民大量改宗，比例最高時估計有百分之七十以上的原住民改信基督教。童春發（二〇〇一）指出，在排灣族古早生活裡，排灣族的傳統信仰支配著排灣族部落，部落裡的人過著與「靈」共同生活的時光；後來基督宗教進入了排灣族部落，開始有排灣族人不再跟隨傳統信仰。基督宗教一方面改變了傳統文化，一方面也將原住民的語言、文化融入宗教當中。例如《聖經》的翻譯使用羅馬拼音，將台灣原住民族的語言文字化；聖詩裡大量使用排灣族古調；教會的裝潢布置使用大量原住民圖騰。以上這些這都對排灣族的文化起了保護、傳承、發展、弘揚的作用。

然而，與此同時，隨著基督宗教的進入，原有的雙系繼承與男女相對平權的文化原則也受到挑戰。基督教的教條教導男女二元性別的規範，使男女成為對立、不可跨越的範疇。隨著現代通訊科技的便利與普及，同志的污名、性別二元論、男尊女卑等概念，也藉由報章雜誌、電視、媒體，悄悄地進入了原住民部落（嚴思毅，二〇〇六）。

簡言之，基督宗教不只是單純的信仰，它已經活在大部分的原住民部落的生活裡，影響著食、衣、住、行、育、樂，以及傳統祭典。只要教會對某些特定議題有立場，就足以影響整個部落的氛圍。所以，如果教會對多元性別與多元家庭持反對態度，會影響該教會信徒與部落，使adju在生活上受到影響。部落長老教會體系裡的中會青年事工部對於多元性別及多元成家公開提出譴責，或是在教會的場域裡責難adju，讓adju陷入一種雖然積極參與長老教會的活動，其身分認同卻不被教會高層認可的矛盾狀況。然而，基督信仰已經成為adju們的唯一信仰，生活上、心靈上都需要教會及基督信仰的支持，許多adju因而困於進退兩難的窘境。為何adju不離開教會？在回答這個問題以前，讓我們先看看其他來自「南方」的例子。

歐洲殖民與基督宗教對原住民族非二元性別文化的打壓

基督宗教造成原住民部落對於傳統性別觀念改變的例子，在世界各地俯拾皆是。比如，在早期北美的原住民族群，「雙靈人」（Two-spirits）是受人尊敬的薩滿或是部落領袖。所謂的雙靈人，是被社會認為具有神力或半人半神的跨性別者或「第三性」人，在傳統文化中扮

1 排灣中會成立於一九六四年十月五日。在台灣基督長老教會的組織裡，可以按照族群、區域再細分成各個中會，北排灣族的教會則是隸屬於排灣中會。參考資料：https://www.facebook.com/paiwanpct/。

演著儀式性的角色。北美原住民強調人的精神、性格，而不只在乎其身體的樣貌，所以在精神上屬於中性或跨越生理性別的人被視為獲得雙重祝福，甚至是來自神界的人（Williams 2010）。這些非男女二元的性別類屬鑲嵌在文化裡，有正當的社會位置，甚至具有神聖性。

然而，部落在西方現代的性別霸權影響下，教會開始使用《聖經》攻擊雙靈人（Thomas 1997）。西方教育和基督宗教建構了一套全新的禁忌，忽略了雙靈人重要的社會角色與精神意義，而只把問題放在雙靈人的性行為上。在這樣的趨勢下，族人不再接受雙靈人，而承受了（當時的）現代性所賦予的污名，許多的雙靈人都因此遭到部落的放逐。

非二元的傳統性別也可見於夏威夷。哈默（Dean Hamer）和威爾森（Joe Wilson）拍攝的紀錄片《跨性夏威夷》（*Kumu Hina*, 2015），就是藉由片中主角希娜（Hina）的心路歷程，將文化與現代化的糾葛呈現在鏡頭前。「māhū」（瑪胡）的意思是「中間」。「中間」介於男人和女人之間，正如本片主角希娜——從一個原本靦腆的高中男孩，到渴望愛情、嫁作人婦，並且成為一所學校的文化主管；過去許多人用 māhū 這個詞彙來嘲笑她，現在她讓這個夏威夷傳統中的跨性別角色重獲生機。māhū 在夏威夷的傳統文化中，是兼具男女兩種性別，也同時擁有兩者的優越性的角色，負責傳承夏威夷的歌舞和文化。然而，經過長久的歐洲殖民與基督宗教的進入，象徵夏威夷當地傳統性別文化的 māhū 受到了打壓。māhū 被視為是同性戀、不正常的性別樣貌。由此可知，māhū 由過去傳統賦予的部落重要位置，到成為嘲弄不符合主流生理男性性別氣質的一個形容詞，如今搭著夏威夷文化復振的浪潮，māhū 再度重拾具有優越性與背負文化傳承責任的正面意義。

世界各地傳統中的多元性別

遠在LGBTQI這些性別類屬（Jackson 1997）出現以前，世界各地原住族的傳統中就有非二元的性別類屬。以薩摩亞（Samoa）島上的Fa'afafine為例，她們是從小被當成社會女性養大的生理男性，負責協助照顧老人、小孩等女性工作，但也可從事狩獵等男性工作（Turner 1967）。所以薩摩亞社會在劃分性別類屬時，是根據一個人「做」什麼（也就是社會實踐）來決定其性別，而非單純用性器官來加以區分。至於本文提到的北美原住民雙靈人，則是被視為擁有神聖力量的跨性別薩滿。這些世界各地傳統中的多元性別，往往在歐洲中心的現代性進入後，失去了文化正當性，而等待文化復振的契機。

面對「同性戀外來說」的政治修辭

有部落的長輩曾說：「我根本沒有想過會在原住民發生所謂的同性戀。」會有這樣的說法，就是認為「同性戀」是外來的文化，把同性戀議題種族化（racialized）、文化化（culturalized）。如同史密斯（Barbara Smith）提到的，黑人也認為同性戀是來自「白人」的，黑人沒有同性戀的存在（Smith 1983）。在美國，基督教右派既利用黑人社群裡的恐同情結，也利用白人同志社群裡的種族歧視情結，成功地用同性婚姻分裂黑人社群與同志社群。談到黑人社群的恐同情結，許多人都會提到黑人教會對同性戀的反對立場，而反對者都在教會裡擁有權力和領導力的位置，像是合唱團成員／指揮、音樂家，乃至牧師。這與排灣族部落的adju所要面臨的狀況類似。在台灣原住民族的社會中，反同的原住民也會利用弱勢族群作為反對同性戀婚姻的藉口。

今日，「文化復振」成為台灣原住民族部落相當重視的面向，原住民族常以恢復文化主體之姿與整個台灣社會對話。然而，在恢復主體的過程中，「傳統的樣貌」成了某些人口中所定義的「傳統」，而對不同的人群造成傷害。比如，某些adju在跳「勇士舞」時，一定要把上衣脫掉才算符合「傳統」，不脫上衣就是有違傳統，部分牧師、長輩則會以「老人家」或「原住民」為由，拒絕接受「姊妹」的存在。

同性戀外來說

即認為「同性戀」是外來的文化，是「白人」的或「西方人」的文化。在美國，基督教右派既利用黑人社群裡的恐同情結，也利用同志社群裡的種族歧視情結，來分裂黑人社群與同性戀社群。這與排灣族部落的adju所要面臨的狀況類似。在台灣原住民族的社會中，反同的原住民也會利用弱勢族群作為反對同性戀婚姻的藉口。這樣的說法，是忽略了過去曾有過多元性別的傳統，或是正在發生的多元傳統。

那麼，為什麼adju不乾脆離開教會或部落呢？事實上，部落與教會都不是鐵板一塊，還是會有支持adju的長輩或牧師存在，她／他們通常會在私底下給予adju力量。同時，教會雖然可能有不友善的聲音，卻也是adju重要的生活空間。adju們透過青年團契的聚會時間辦理同志友善的活動，不管是播放同志友善的電影、紀錄片，或是adju自己透過音樂、玩笑、歡樂氣氛打造的友善空間，都讓adju可以暫時遠離非青年團契時間所感受到的拘束與不自在。也是在青年團契時間，可以讓友善的牧師在這個既私下又公開的場合，發表同志友善的立場，讓青年團契的契員可以吸收到在主日禮拜、祈禱會時，不會聽到的言論。另外，也因為adju的群體夠龐大，有影響力，讓教會不太敢有過於明顯及強烈的反彈。

長老教會中的青年團契聚會作為一個具有神聖性與合法性的空間，或是一個讓adju可以用來作為跨部落、跨教會的連結（排灣中會的活動）場域，對adju們來說至為重要。教會的青年團契不但提供場地，讓adju們可以「合理的」聚會，且這個聚會對於adju們的聲譽有加分效果，adju們更可藉由這個空間自由自在地展現自己的性別氣質，並發展諸如音樂上、藝術上的興趣。長輩在部落裡有著明顯的影響力，是否有長輩出現，會影響adju的性別氣質展現。且不只對adju來說是個影響，對整個教會而言，長輩也非常具有影響力。青年團契的聚會時間成了一個保護時空，隔離了adju們所擔心的長輩。

值得注意的是，adju在國、高中的就學階段，學校其實有點類似教會裡的青年團契空間，阻隔大家擔心的長輩，也沒有拘束氣氛，因此讓adju在校園內形成一個內聚力極強大的團體。團體裡的成員跨部落、跨年級，甚至跨族群；即使不是排灣族，但性別氣質與性傾向很接近adju的人亦能加入。雖然沒有相關研究的論證足以證明，相對於其他非原住民學校，adju在校內受到的歧視及霸凌情況是否較少，但無庸置疑地，adju在校園內所形成的團體是具有保護性且相互支持的。可惜的是，回到部落或是漢人為主的社會，這個保護性的團體消失，adju不但要處理性別歧視，更要面對種族歧視的問題。

adju作為一個在地性別類屬的後殖民辯證

所謂的後殖民（postcolonial）隱含的是一種殖民狀態的延續及尚未超越。用後殖民來形容，是因為「殖民」國家離開「後」，即使新興國家獨立，但仍然保留著殖民國（西方文化）的文化意識型態、知識形式（宋國誠，二〇〇三）。換句話說，後殖民主義（Postcolonialism）一方面是在批評「殖民後」經過重新包裝的殖民主義，另一方面也透過論述來解構殖民後的狀態，尋求民族主體性的重建，讓民族自我和民族的「傳統狀態」重建並再出發。

北排灣族的adju在生理性別上屬於男性，喜歡的是生理男性，可是在使用男同志一詞時會覺得「這是漢人在用的」，這點出了性別認同如何鑲嵌在文化與族群認同鑲嵌之上。然而，北排灣族的adju在戀愛狀態、追求他人或被追求時，會認為自己是女性的角色。這個狀態比較接近跨性別的異性戀，但是單用跨性別來形容adju的性別氣質與流動的性別認同，又太過於武斷，所以北排灣族的adju是文化、生物性別、社會性別、性傾向的多向度雜合體。

性別、族群與宗教的多重交織，使得adju在性別研究裡更顯特別，也更「在地」。在台灣的原住民研究論述裡，adju的性別類屬似乎給了西方現代意義的分類與台灣原住民研究一個解殖的機會。台灣性別研究主要使用的LGBTQI是根據西方現代意義的性別分類，讓北排灣族的adju找不到一個可以被放置的位置，或是被強迫放到一個「類似」的性別類屬裡，adju的主體性就此消失了。

從上述可以了解到，排灣族的「adju」用詞或特別的adju社群與文化，雖可以讓adju將自己的性別認同與性別類屬置於排灣族的特有脈絡之中，但「排灣族的文化」卻也可能是打壓姊妹的力量之一。性別類屬是一種取得文化情境後，反映在性別分類上的表達，應該專注在人際間的互動與文化體制的層面；性別類屬更是社會情境的成果，以及各項社會分配與合理化各種社會的安排，所以關於性別類屬，北排灣族的adju有自己的一套做法。這套做法不是現代西方意義的同性戀中，強調無社會連帶的「個人」「性傾向」所決定的性別類屬，而是強調鑲嵌在文化脈絡、社會情境中的性別與認同流動。

文化不應被固化或去脈絡化，文化一直在變動。當文化成為生活，才是讓文化繼續延續、繼續脈動的生存之道。

＊　＊　＊

二〇〇九年，在民間人權團體多年的推動下，立法院終於三讀通過了「兩公約」。在最近的審查報告中，有性別團體對於原住民族委員會提出疑問，認為每當性別平等相關權益在遇到原住民族文化時，都需要退讓一步。例如，某些族群止女性狩獵，甚至不能碰獵具。這是否可以直接評論為「違背性別平等精神」？有沒有可能，男女分工並不一定代表性別不平等？又，當弱勢族群在試圖保有認同時，面對「傳統」的態度，是否會產生保守的態度以求自保？弱勢族群的文化創新，與主流族群的文化創新，有何關鍵性差異？

二〇一七年的十二月十五日，adju們在部落裡舉辦了台灣史上第一場以原住民多元性別為主的音樂節——adju音樂節。這是台灣史上第一場原住民多元性別音樂節。她／他們認為，沒有人願意站出來替我們發聲，那麼我們就自己來讓世界認識我們，捍衛自己的生存權。與夏威夷、薩摩亞或北美原住民的多元性別傳統不同的是，adju是個正在發生的傳統。使用排灣族語的稱謂，是否能讓adju得到一些來自文化認同的養分？而adju的興起，是否與排灣族認同有關，使得原本的族群邊緣性轉變為一種文化創新的開口？如今，adju是否已經形成一個相對穩定的性別類屬？adju體現了族群、性別與宗教之間複雜的交織性，幫助我們思考由台灣本土所發展出來的在地跨性別文化。相信總有一天，或許一百年後，adju也可以成為北排灣族的「傳統」。

參考書目

尤哈尼・伊斯卡卡夫特。一九九八。〈台灣原住民族簡史〉。收錄於酋卡爾編，《台灣基督長老教會原住民宣教史》，頁三～四二。台北：臺灣基督長老教會總會原住民宣道委員會。

宋國誠。二〇〇三。《後殖民論述：從法農到薩依德》。台北：擎松圖書。

林文玲。二〇一二。〈部落「姐妹」做性別：交織在血親、姻親、地緣與勞動之間〉。《台灣社會研究季刊》八六：五一～九八。

林建二。一九七七。《臺灣山地教會》。台北：臺灣基督長老教會總會原住民宣道委員會。

童春發。二〇〇一 。《臺灣原住民史——排灣族史篇》。南投：臺灣省文獻會。

嚴思毅。二〇〇六。《臺灣基督長老教會對排灣族宣教之研究》。嘉義：國立中正大學歷史研究所碩士論文。

顧坤惠。二〇〇二。〈宗教過程：轉宗vs.本土化——一個排灣的案例〉。《文化研究月刊》十八。

Jackson, P. A. 1977. "Kathoey><Gay><Man:the Historical Emergence of Gay Male Identity in Thailand." In D. Manderson & M. Jolly (Eds.), *Sites of Desire, Economies of Pleasure: Sexualities in Asia and the Pacific*. Chicago: University of Chicago Press.

Smith, B. 1983. "Homophobia: Why bring it up?" From book: *The truth that never hurt*; pp. 111-115,Rutgers University Press (1994): New Jersey.

Thomas, Wesley. 1997. "Navajo cultural constructions of gender and sexuality." Jacobs, Sue-Ellen, Wesley Thomas, and Sabine Lang, eds. *Two-spirit people: Native American gender identity, sexuality, and spirituality*, pp. 156-73.

Turner, V. 1967. "Betwixt and Between:The Liminal Period in Rites of Passage." In Victor Turner, *The Forest of Symbols:Aspects of Ndembu Ritual*. Itacha:Cornwell University Press.

Williams,W. L. 2010. "The 'two-spirit' people of indigenous North Americans." Retrieved November 25, 2014, from http://www.theguardian.com/music/2010/oct/11/two-spirit-people-north-america.

左岸｜社會議題313

南方的社會，學（上）

她者亦是共同體

主　　編　趙恩潔
作　　者　Taiban, Sasala台邦・撒沙勒、邱韻芳、丁仁傑、張維安、張翰璧、洪馨蘭、趙恩潔、陳美華、王宏仁、楊芳枝、翁康容、洪世謙、Remaljiz Mavaliv董晨晧（依文章出現順序）

總 編 輯　黃秀如
責任編輯　孫德齡
企劃行銷　蔡竣宇
校　　對　文雅
封面插畫　川貝母
封面設計　maybe chang
電腦排版　宸遠彩藝

社　　長　郭重興
發行人暨出版總監　曾大福
出　　版　左岸文化／遠足文化事業股份有限公司
發　　行　遠足文化事業股份有限公司
　　　　　23141新北市新店區民權路108-2號9樓
電　　話　02-2218-1417
傳　　真　02-2218-8057
客服專線　0800-221-029
E-Mail　rivegauche2002@gmail.com
左岸臉書　https://www.facebook.com/RiveGauchePublishingHouse/

法律顧問　華洋法律事務所　蘇文生律師
印　　刷　成陽印刷股份有限公司
初　　版　2020年10月
定　　價　400元
ISBN　978-986-99444-0-3

國家圖書館出版品預行編目資料

南方的社會，學，上：她者亦是共同體
台邦・撒沙勒等作；趙恩潔主編.
-- 初版. -- 新北市：左岸文化出版：遠足文化發行, 2020.09
面；14.8 x 21公分. -- (左岸｜社會議題；313)

ISBN 978-986-99444-0-3(平裝)

1. 社會學　2.臺灣社會　3.文集

540.7　109012428